사례로 이해하는

# 사회복지조사론

함재봉 · 전대성 · 백창환

KNOWLEDGE COMMUNITY 공동체

# 머리말

사회복지조사론의 주된 목적은 과학적 방법 및 사회복지조사방법에 관한 기본 개념과 기초이론 및 윤리성을 학습하는 것입니다. 이 과정에서 설계, 측정, 자료수집방법을 학습합니다. 이를 토대로 하여 조사연구의 설계와 보고서의 작성을 통해 사회복지조사의 실제 수행능력을 학습합니다.

본 과목은 한국사회복지사협회에서 제시한 교육 과정을 토대로 하여 기술하였습니다. 사회복지조사론은 사회복지 실천현장에서 사용되는 다양한 양적·질적 조사방법을 학습합니다. 조사방법의 기초지식으로 조사방법의 기본 개념, 형태와 절차 등을 다루고, 양적 조사방법으로 측정과 척도구성, 설문지(질문지) 작성, 신뢰도 및 타당도 검증, 표본추출 등 사회조사의 설계와 설문지조사, 면접조사, 관찰, 실험, 내용분석, 욕구조사, 평가조사 등 자료수집방법을 다루며, 질적 조사방법으로 조사 설계, 자료수집 및 분석방법을 다룹니다. 또한 실무에 도움이 될 수 있도록 조사 설계의 이해를 토대로 보고서를 작성하는 방법을 다룹니다.

## PREFACE

이를 뒷받침하기 위해 각 장 말미에 여러 가지 사례를 통하여 이론을 확장시킬 수 있도록 했습니다. 그리고 사회복지사 1급 시험과 사회복지직 공무원 시험에 조금이나마 도움을 주기 위하여 관련 기출문제를 추가하여 그 활용도를 높이고자 했습니다.

이 한 권의 부족한 사회복지조사론을 통해서 사회복지조사론 전부를 알기에는 한계가 있겠지만 아무쪼록 유용한 한 권의 책이 되었으면 하는 마음이 간절합니다. 출판을 허락하여 주신 도서출판 공동체에게도 감사의 마음을 전합니다.

2023년 2월

저자 일동

# 차 례

CONTENTS

## CHAPTER 04 측정과 척도구성



## CHAPTER 05 신뢰도와 타당도



## CHAPTER 06 표본추출



## CHAPTER 07 자료수집방법

# 차 례

## CHAPTER 08 실험설계



## CHAPTER 09 단일사례설계



## CHAPTER 10 욕구조사



## CHAPTER 11 평가조사

CONTENTS

CHAPTER

# 01

# 과학과 사회조사방법

1. 과학의 의의, 과학적 지식 및 방법
2. 사회조사방법의 중요성
3. 사회과학의 한계성
4. 사회과학의 윤리성
5. 사회과학과 사회복지학의 특징

CHAPTER 01

# 과학과 사회조사방법

## 1. 과학의 의의, 과학적 지식 및 방법

### 1) 과학의 의의

과학(science)의 본질에 대해서는 20세기 중반 이후 과학철학자들에 의해 활발히 논의되어 왔으나 학자들 간에 완전히 일치된 견해는 없다.

여러 학자들의 견해를 종합해 보면 과학이란 진리, 본질, 본성 또는 법칙을 찾아내기 위한 논리적 · 체계적인 방법이라고 정의할 수 있다. 즉, 과학이란 자연현상과 사회현상에 관한 지식이나 이론을 체계적 · 경험적 · 비판적으로 습득하기 위한 방법이라고 규정할 수 있다.

한편 과학은 논리적 · 체계적인 방법에 의해서 얻어진 지식 또는 이론을 의미하기도 한다. 이 경우 과학은 일반적으로 자연과학과 사회과학으로 분류된다. 자연과학은 자연현상을 연구대상으로 하며, 사회과학은 인간과 관련된 사회현상, 즉 인간의 믿음, 행동, 상호작용, 제도 등을 연구대상으로 한다. 간단히 말하자면 각종 사회현상들에 대한 '지식'을 탐구하는 것이다. 그렇기 때문에 과학에서 객관성은 과학자 공동체에 속한 모든 사람의 동의가 아니라 그 문제에 대하여 관심을 가지고 이해할 수 있는 사람들 간의 동의를 말한다. 즉, 일부가 자기들끼리 동의한 것이라는 의미에서 간(間)주관성 혹은 상호주관성이라고 부른다.

과학의 의의에 대한 여러 학자들의 정의를 종합해 보면 크게 세 가지로 분류 가능하다.

첫째, 절차 또는 방법을 중시하는 견해로 이들은 과학을 진리, 법칙 또는 이론을 찾아내기 위한 논리적, 체계적 방법이라고 정의한다.

둘째 결과, 소산을 중시하는 견해로 이들은 과학을 진리, 법칙 또는 이론에 대한 설명이라고 정의하고 있다.

셋째, 절차와 결과를 중시하는 견해로, 이들은 과학은 진리, 법칙 또는 이론을 찾아내기 위한 논리적이고 체계적 방법과 이의 소산인 체계적·이론적 지식을 의미한다고 정의한다.

자연과학이나 사회과학은 또한 순수과학과 응용과학으로 분류할 수 있다. 순수과학은 자연현상이나 사회현상 그 자체를 이론적·체계적으로 연구하는 것을 주된 목적으로 한다. 반면에 응용과학이란 순수과학의 이론이나 지식을 이용하여 인간 사회에 유용하게 사용할 수 있는 지식, 기술 등을 연구하는 것을 주된 목적으로 한다. 물리학, 화학, 생물학 등은 순수자연과학에 속하고, 공학, 의학, 약학 등은 응용자연과학에 속한다.

사회과학 중에서는 사회학, 경제학, 정치학 등이 순수사회과학에 속하고, 사회복지학, 행정학, 경영학, 교육학 등은 응용사회과학에 속한다.

그러나 각 학문 분야가 순수과학과 응용과학으로 엄격히 구분되는 것은 아니며, 양자의 특성을 약간씩 가지고 있다. 자연과학은 주로 실험이라는 방법에 의해 지식을 축적해 왔기 때문에 사회과학보다 좀 더 빠른 발전을 해왔다. 사회과학은 그 연구대상의 특수성 때문에 실험이라는 방법을 쓰기 어려우며, 실험 대신 다른 방법, 즉 사회조사방법, 역사적 방법 및 기타 논리적 사고에 기반을 둔 방법들을 사용하고 있다. 사회과학 방법 중 실증적인 자료에 의해 사회현상을 분석하는 가장 대표적인 방법이 사회조사방법이다.

## 2) 과학적 지식의 특성

우리는 다양한 방법, 즉 부모나 주변 사람들에게서 전해 듣거나, 스스로 경험하거나, 책이나 잡지를 읽거나 혹은 영화나 텔레비전 시청을 통해 생활에 필요한 지식을 습득한다. 그러면 이러한 방법을 통해 얻은 지식과 과학적 방법(scientific method)을 통해 얻은 지식은 어떻게 다를까?

과학적 방법에 의해 얻어진 지식은 몇 가지 면에서 위에서 제시한 여러 방법들에 의해 얻어진 지식과 다르다고 할 수 있다. 과학적 지식(scientific knowledge)이 가지고 있는 몇 가지 특징을 살펴보면 다음과 같다.

### (1) 재생 가능성(reproducibility)

과학적 지식의 첫 번째 특징은 재생 가능성이다. 재생 가능성이란 같은 방법을 사용했을 때 누구나 같은 결과를 얻을 수 있는 가능성을 의미한다. 즉, 표준화된 방법에 의해 동일한 결과나 결론을 얻을 수 있는 가능성을 말한다. 재생 가능성이란 절차에 관한 것과 결과에 관한 것으로 나눌 수 있다. 전자를 입증 가능성이라 하며, 후자를 산출 가능성이라 한다. 이러한 재생 가능성은 과학과 예술을 구분하는 지침이 될 수 있다. 예를 들어, 사진은 재생 가능성이 있는 반면, 그림은 재생 가능성이 없다. 이러한 재생 가능성은 과학적 조사에서 조사방법 자체의 표준화를 증가하게끔 해준다. 어떠한 사실은 그 성질상 재생이 불가능한 것같이 느껴지는 것이 있다. 예를 들면, 역사적 유물은 재생할 수가 없다. 그러나 역사적 유물, 유족, 자료 등을 통해 어떠한 사실을 입증한다는 것은 그러한 결론을 얻어내는 방법이나 절차를 재생한다는 것을 의미하는 것이다. 이 경우에는 결국 과학적 방법을 동원한 것이라 할 수 있고, 따라서 절차가 표준화된 것이라 할 수 있다. 그러나 과학은 절대적으로 재생 가능한 지식을 찾는 방법이라기보다는 보다 더 재생 가능한 지식을 얻는 방법이라고 할 수 있다.

### (2) 경험 가능성(empiricism)

과학적 지식의 두 번째 특성은 경험 가능성이다. 경험 가능성이란 지식이 우리의 감각기관에 의해 지각될 수 있는 것이어야 한다는 의미이다. 경험 가능성에 대해서는 몇 가지 논란의 대상이 되는 것이 있다.

첫째는 인간의 감각기관을 신뢰하기 어렵다는 것이고, 둘째는 사회과학의 경우 추상적 용어가 많이 사용되는데, 이를 감각기관에 의해 지각하기가 곤란할 수 있다는 것이다. 감각기관을 신뢰할 수 없다는 것, 즉 객관성이 부족하다는 것에 대해서는 다음에 설명하기로 하고, 여기서는 두 번째 문제인 추상적 용어의 경험 가능성 결여 문제에 대해서만 설명하고자 한다. 예를 들어, 사랑, 행복, 우정 등의 추상명사나 2+3=5라는 연산 등은 비경험적인 것같이 보인다. 그러나 이러한 개념들은 우리가 경험했거나 경험할 수 있는 것들이다.

즉, 이러한 개념들은 이 세상에 존재하는 사실들을 설명하기 위하여 귀납적으로 구성된 인위적 표현방법에 지나지 않는다. 사랑이라는 개념은 우리가 경험한 사랑에 관계되는 사실들의 조합이며, 이것을 과학적으로 측정하려면 우리의 생활 주변에 나타나는 구체적인 사건들을 찾아내면 되는 것이다. 사랑이라는 개념이 구체적으로 경험 가능한 사실로 나타나는 것을 보면 데이트, 따뜻한 언어 교화, 포옹 등이 있다. 이러한 경험 가능한 사실들이 사랑이라는 개념을 이해하고 타 개념들과 구분하는 데 도움을 주는 일종의 지표(indicator)이다. 과학적 방법에서는 이렇듯 추상적인 개념을 잘 대변하면서 경험 가능한 지표를 찾아내는 것이 중요하다. 2나 3이라는 수도 이 세상에 존재하는 것이 아니라 2개의 연필, 3개의 연필 등으로 표현할 때 우리의 머릿속에 존재하는 것이다. 따라서 2+3=5라는 것도 연필 2개와 3개를 더하면 연필 5개가 된다는 사실을 통해 경험적으로 인지할 수 있다는 것이다.

### (3) 객관성(objectivity)

과학적 지식의 세 번째 특징은 객관성이다. 앞에서 사람은 감각기관을 통해 세상을 인지하는데, 감각기관이 객관성을 결여할 수 있는 문제를 가지고 있다고 하였다. 객관성은 건전한 감각기관을 가진 다수의 사람들이 하나의 대상을 같게 인식하고 그로부터 얻은 결과가 일치하는 것을 의미한다. 즉, 누구나 동일하게 인식하는 사상은 객관성이 있다는 것이며, 과학적 지식은 이러한 특성을 가지고 있어야 한다는 것이다. 그러나 우리의 감각기관은 일정한 한계를 가지고 있어 사실이나 현상을 왜곡되게 인지할 수 있다. 예를 들어, 시각에 의한 관찰에 의하면 우리는 태양이 지구를 돈다고 판단할 수 있다는 것이다. 그래서 갈릴레오(Galileo) 이전 사람들은 천동설을 주장하였다. 그러나 오늘날은 지동설을 믿고 있다. 이와 같이 객관성이란 과학기술의 발달과 밀접한 관련이 있으며, 따라서 현재 객관성을 가진 것이 과학기술의 발달에 의해 허구임이 드러날 가능성도 있다는 것을 인식하여야 할 것이다. 이와 같은 문제를 다루는 것이 철학의 인식론이며 과학철학이다. 한편 건전한 감각기관을 가진 사람들 간에도 같은 대상을 다르게 인지할 수 있는 경우가 많은데 그 원인은 다음과 같은 이유에 기인하다.

① 대부분의 우리의 지각은 반응기관의 훈련과 단련의 결과로 얻어진다.

② 우리의 감각기관은 생리적 · 환경적 조건, 즉 피로도, 나이, 성별, 기후환경 등에 의해 영향을 받는다.

③ 자극에 대한 해석은 과거 경험으로부터 발전시켜 온 감수성과 우리가 받은 반응에 의해 결정된다.

이러한 문제들을 해결하기 위해 좀 더 객관성을 높일 수 있는 도구를 개발하고, 그러한 도구를 통하여 과학적 지식의 객관성을 확보할 필요가 있다. 그러나 어떤 사상은 그 자체의 성질상 감각기관에 의한 인지가 일치될 수 없는 것이 있다. 예를 들면, 산이 아름다우냐 바다가 아름다우냐 하는 것은 정상적인 감각기관을 가진 사람들 간에도 일치하기 어려운 문제이다. 이는 사람마다 각기 다른 주관적 가치판단 기준을 가지고 있기 때문이다. 이러한 가치판단에 의한 인식의 차이는 객관적 과학지식의 습득을 저해시키는 요인이 되고 있다.

결국 과학적 지식이 모든 정상인에게 객관적으로 인식되도록 하려면, 첫째는 서로 다른 사람의 감각기관을 동일하게 자극하여 이들로 하여금 동일한 자극에 이르도록 할 수 있는 객관적 도구를 개발하고, 둘째는 감각 경험을 정밀하게 기술하고 전달할 수 있는 표준화된 기호나 용어체계를 고안할 필요가 있다. 이러한 필요성에 의해 설문지, 척도와 같은 객관화된 도구의 발달이 이루어진 것이다. 이와 같이 과학은 보다 더 재생 가능하고 경험적이며 객관적인 지식을 얻으려는 끊임없는 노력의 과정이며, 과학적 조사방법(scientific research)은 이러한 지식을 얻기 위한 기술 및 방법을 연구하는 학문이다.

하지만 사회복지사의 윤리적 실천이나 윤리적 의사결정을 위해서 과학적 조사가 필요한 것은 아니다. 그러나 욕구조사, 평가조사에는 과학적 조사를 사용한다. 경험적 근거에 기반한 사회복지실천, 책임성 있는 사회복지실천을 위해 과학적 조사가 필요하다.

## 3) 지식탐구 과정에서 범하게 되는 대표적인 오류

과학적 연구방법은 우리가 얻고 있는 지식과 정보의 정확함에 대한 평가를 내릴 수 있도록 한다. 과학적 연구방법은 논리적이며 체계적이고 가치중립적이어야 한다. 루빈(Rubin)과 바비(Babbie)는 비과학적 방식을 통해 지식을 습득할 경우 발생할 오류를 다음과 같이 기술하고 있다.

### (1) 부정확한 관찰

일상적 탐구든 과학적 탐구든 시작은 관찰이다. 하지만 우리의 일상적 삶은 때로는 매우 엉성하고 부정확한 관찰에 의해 특징지어진다. 우리의 일상적 관찰은 대개 정확하지 못하고 확신하지 못하는 관찰로 특징짓는다. 반면에 과학적 관찰은 의도적 활동이며, 단순히 비체계적인 기법에 의존하기보다 관찰한 것을 체계적으로 기록한다면 부정확한 관찰의 가능성을 줄여줄 것이다.

### (2) 과도한 일반화

소수의 표본 관찰에서 발견되는 주도적인 경향이나 패턴을 전체 연구대상인 모집단으로 확대·적용하는 것을 말한다. 그런데 여기서 과도한 일반화란 몇몇 소수의 관찰을 통해 발견한 패턴을 적절한 정도의 관찰도 하지 않은 상태에서 나머지도 같은 패턴을 보일 것이라 미리 추측하는 것을 의미한다.

### (3) 선별적 관찰

사전에 특정한 유형이나 양식이 존재한다고 결론을 가지고 그 결론에 일치하는 사건에만 주의를 기울이고 일치하지 않는 것을 의도적으로 무시하는 경향을 말한다. 이러한 특징 때문에 과학에서는 이러한 선별적 관찰의 오류를 최소화하기 위해 미리 수행해야 할 관찰의 종류와 숫자를 엄격히 정하고 이를 상세히 설명한다.

### (4) 꾸며진 정보

우리는 많은 경우 현상을 관찰하면서 사람들이 일반적으로 가진 결론에 모순되는 사건을 그냥 아무 일 없었다는 듯이 무시하는 것이 아니라 모순되는 상황을 해결할 정보를 꾸미는 경향이 있다.

### (5) 사후발생적 가설

대개의 경우 과학적 가설 설정의 경우에는 이론적 논의나 논리적 연역에 의해 기대되는 현상을 미리 가설로서 설정한 다음 가설의 진위 여부를 확인하기 위해 경험세계에서 관찰을 실시한다. 하지만 일상적 관찰에서는 소급가설로서 경험세계의 현실을 관찰한 이후 소급해서 관찰에 일치하는 가설을 사후에 설정하는 경우가 많은데, 이를 사후발생적 가설이라고 한다.

### (6) 비논리적 추론

많은 사람들은 일상적인 삶에서 비논리적 추론의 오류를 저지른다. 도박사들은 도박사의 오류라고 부르는 비논리적 추론을 한다. 일반적으로 도박사의 오류는 서로 독립적으로 일어나는 확률적 사건이 서로 확률에 영향을 미친다는 착각에서 기인한 논리적 오류로, 도박사들이 성격의 특성상 앞에서 일어난 사건과 그 뒤에 일어날 사건이 서로 독립되어 있다는 확률 이론의 가정을 받아들이지 않는 것을 말한다. 하지만 사회복지는 비판적인 사고를 해야 하며 자아의 개입이나 이해관계로 인해 그릇된 주장이나 논증을 하는 비논리적 추론을 찾을 수 있어야 한다.

#### (7) 자아가 개입된 이해

관찰된 현상을 분석하고 그 의미를 해석함에 있어서 해석자의 이해관계가 개입되는 것을 의미한다. 이해관계의 개입은 다양한 종류와 형태로 나타나는데 경제적 이해관계, 정치적·이데올로기적 차원의 이해관계, 그리고 심리적 차원으로 나타나기도 한다.

#### (8) 탐구의 성급한 종료

사물이나 현상을 완전하게 이해하기도 전에 탐구를 미리 종료하는 것을 말한다. 앞에서 언급한 과도한 일반화나 비논리적 추론 등이 사실상 탐구를 섣부르게 종료하도록 만든다.

#### (9) 신비화(mystification)

어떤 현상에 대한 이해를 구하는 과정에서 이해하기 어려운 현상에 직면했을 때 초자연적인 현상이라고 간주하거나 우리가 감히 범접하기 어려운 신비한 원인 탓으로 돌리는 경향을 의미한다.

### 4) 과학적 방법의 특징

#### (1) 논리적

과학에서는 연역법, 귀납법의 두 가지 추론 방법에 기초하여 여러 가지 현상을 논리적으로 설명한다.

### (2) 경험적 검증 가능

어떤 명제가 관찰이나 측정을 통해 수집된 실제 자료를 통해 확인되어야 한다는 것이다. 또한 경험적으로 검증할 수 있어야 한다.

### (3) 확률적 결정론

모든 현상은 우연하게 발생하는 것이 아니라 어떤 배후 원인에 의해 결정된다고 보는 것이다. 이는 보다 높은 확률로 설명할 수 있는 원인을 찾고자 한다.

### (4) 체계적 절차

모든 과학적 조사는 체계적인 절차에 따라 진행되어야 하며, 일정한 규칙과 절차를 통해 이루어져야 한다. 또한 이 과정은 다른 연구자들이 알 수 있도록 공개될 수 있어야 한다.

### (5) 수정 가능성

과학적 이론은 잠정적이며 수정 가능성을 향해 열려있다. 이는 지속적으로 이론을 검토하고, 새로운 경험적 자료에 기초해 언제라도 반증할 수 있는 것이다.

### (6) 객관성

객관성은 과학에서 공동체에 속한 모든 사람의 동의가 아니라 그 문제에 대하여 관심을 가지고 이해할 수 있는 사람들 간의 동의를 말한다. 즉, 일부가 자기들끼리 동의한 것이라는 의미에서 간(間)주관성(상호주관성)이라고 부른다.

### (7) 일반화

과학은 일반화를 목표로 한다. 즉, 개별적인 현상 하나하나가 아니라 보편적이고 일반적인 현상에 대한 이해와 설명을 추구한다.

### (8) 간결한 설명

과학은 가급적 적은 수의 원인을 통해 현상을 잘 설명하는 데 관심을 둔다. 이를 간결성을 추구한다고 말한다.

### (9) 재생 가능성

과학은 재생 가능성을 전제로 한다. 이는 실행된 연구에 대하여 다른 연구자가 동일한 조건 아래에서 동일한 연구를 했을 때 동일한 결과가 도출되어야 함을 의미한다.

# 2. 사회조사방법의 중요성

## 1) 사회조사방법의 의의

사회조사방법은 사회현상에 대한 새로운 사실, 지식이나 사실·지식 간의 관계(이론)를 체계적·논리적·경험적으로 찾아내기 위한 방법이라고 할 수 있다. 즉, 사회조사방법은 조사라는 실증적인 자료수집 과정을 통하여 사회현상에 대한 사실, 지식이나 이론을 체계적·논리적으로 밝혀내는 방법이다. 따라서 사회조사방법은 실증적 자료수집과 논리적·체계적 과정이라는 두 개의 중요한 요소를 가지고 있다.

### 2) 사회조사방법의 중요성

어떤 일을 할 때 방법 또는 수단이 좋으면 쉽고 정확하게 우리의 목적을 달성할 수 있다. 학문을 연구하는 것도 마찬가지이다. 그 방법이 좋으면 쉽고 정확하게 진리에 도달할 수 있다. 예를 들어, 아주 오래전 원시사회의 사람들은 나무를 베기 위해 돌도끼를 사용하였다. 그러나 과학기술이 점점 발달함에 따라 사람들은 칼을 사용했고, 그 다음 톱을 사용했으며, 오늘날에는 전기톱을 사용하고 있다. 전기톱을 사용함으로써 사람들은 쉽고 정밀하게 나무를 벨 수 있다.

사회조사방법이 바로 이 나무를 베는 도구와 같다고 할 수 있다. 다시 말해, 좋고 정확한 연구방법을 사용했을 때 우리는 연구대상을 좀 더 체계적·논리적으로 분석할 수 있으며 좋은 결과를 얻을 수 있을 것이다. 이것이 우리가 조사방법을 배우는 이유이다. 일반적으로 서양이 동양보다 학문이 발달했다고 하는 이유도 따지고 보면 학문의 과학화, 즉 학문하는 방법이 발달되었기 때문이다. 현재 한국의 대학에서 가르치고 있는 대부분의 학문들은 서구 선진국에서 발달된 내용들이다. 우리가 서구에서 발달된 내용들을 가르치는 것은 그들의 학문이 우리보다 발달되었기 때문이며, 서구에서 학문이 발달한 이유는 학문하는 방법이 발달되었기 때문이다.

결국 학문이 발달되기 위해서는 학문하는 방법이 발달되어야 하며, 특히 실증적인 자료에 의해 체계적으로 사회현상을 연구하는 사회조사방법이 발달되어야 한다. 사회복지학 등 응용사회과학은 현실 사회에 직접 적용되는 정책을 개발하고 집행하는 것을 다루는 학문이기 때문에 현실을 실증적으로 연구하는 방법인 사회조사방법이 더욱더 필요하며, 이에 대한 지식이 절실히 요구된다 하겠다.

## 3. 사회과학의 한계성

사회과학은 자연과학에 비해 과학적 방법에 의해 연구하는 데 많은 장해 요인이 있다. 이러한 장해 요인으로 인해 사회과학은 자연과학보다 더디게 발달되어 왔다. 그러나 자연과학이 사회과학보다 더 빠르게 발달되었다고 해서 자연과학자가 사회과학자보다 더 훌륭한 과학자라고 할 수는 없다. 이는 다음과 같은 비유를 통해 쉽게 이해할 수 있다. 육상선수가 수영선수보다 빠르다고 해서 육상선수가 수영선수보다 더 훌륭한 선수라고 말할 수는 없다. 수영선수가 육상선수보다 느린 이유는 선수의 능력이 부족해서라기보다 저항을 받는 요소가 많기 때문이다.

즉, 사회과학은 자연과학보다 사회현상을 분석하고 진리에 접근하는 데 더 많은 장해 요인을 가지고 있으며, 이러한 요인이 사회과학의 발달을 더디게 하고 있다. 사회과학이 자연과학에 비해 과학적 방법에 의한 접근이 어려운 점을 검토해 보면 다음과 같다.

### 1) 연구대상

사회과학은 자연과학과는 다른 연구대상을 가지고 있다. 자연과학은 자연현상을 연구대상으로 하는 반면 사회과학은 인간과 관련된 사회현상을 연구대상으로 한다. 연구대상이 다른 점이 사회과학 자연과학의 가장 큰 차이점이며, 사회과학에 대해 과학적 접근을 가장 어렵게 하는 요인이다. 사회과학에 대해 과학적 방법을 어렵게 하는 다른 모든 요인들은 이 요인으로부터 기인한다고 할 수 있다.

### 2) 윤리성

사회과학은 인간과 관련된 사회현상을 연구대상으로 하기 때문에 연구대상을 다루는 데 여러 가지 윤리적인 문제가 따를 수 있다. 즉, 인간을 목적으로만 사용할 수 있지 수단으로 사용할 수 없기 때문에 함부로 연구대상으로 다룰 수 없으며, 이것이 과학적 연구를 더디게 하는 요인이 되고 있다. 우리는 인간에 대해 무생물, 식물, 동물과 같이 실험적 처리를 할 수 없다는 것을 쉽게 알 수 있다. 의학적 치료기법이나 약품을 개발하는 경우에도 처음부터 사람을 실험대상으로 하지 않고, 동물을 실험대상으로 한 후 어느 정도 확신을 가질 때 인간에게 적용하는 것을 볼 수 있다. 사회조사의 윤리성(ethics) 문제는 중요한 사항이므로 다음 절에서 자세히 다루고자 한다.

### 3) 통제, 조작의 어려움

사회과학은 자연과학에 비해 연구대상에 대한 통제, 조작이 어렵다. 연구대상인 인간의 행동은 항상 연구자의 의도를 뛰어넘을 수 있기 때문에 예측이나 가정이 어려우며, 통제나 조작이 불가능한 경우가 많다. 또한 인간은 자기가 실험대상이 되고 있다는 것을 알면 다른 반응을 보일 가능성이 많아 실험적 결과의 타당성을 저해할 가능성이 많다. 이러한 사실들은 과학적 방법을 통한 연구를 어렵게 하고 있다.

### 4) 접근방법

사회과학은 자연과학에 비해 연구대상에 접근하는 방법을 달리해야 한다. 자연과학의 경우 외적으로 나타나는 현상 또는 현상 간의 관계에 중점을 두는 반면, 사회과학의 경우는 외부로 나타나는 현상을 관찰, 설명하기보다는 그 사건에 관련된 내면적인 이해나 주변의 사회문화적인 요인을 고려함으로써 보다 정확하게 분석, 설명할 수 있다는 것이다. 예를 들면, 종이가 빨리 날아가는 것을 보고 바람이 세게 분다는 현상을 알 수 있을 것이다. 그러나 사람이 빨리 달리는 경우는 어째서 그 사람이 빨리 달리는지 그 사람의 내면적인 생각을 이해하지 못하고는 파악하기가 어렵다. 어떤 사람은 운동을 하기 위해 빨리 달린다고 해석할 수 있고, 어떤 사람은 누구에게 쫓기어 빨리 달린다고 해석할 수 있으며, 어떤 사람은 바쁜 일이 있어 빨리 달린다고 해석할 수도 있다.

### 5) 사회문화적 및 시간적 요인

사회현상에 대한 설명은 연구자의 사회문화적 혹은 시간적 요인에 의해 많이 달라진다. 예를 들면, 자연과학의 경우 사과가 떨어지는 것을 보고 중력을 발견할 수 있으며, 중력의 발견은 연구자의 사회문화적 배경에 별로 영향을 받지 않는다. 그러나 이혼을 한 사람에 대한 편견의 경우 한국에서는 개인적으로 문제가 많은 사람으로 보기 쉬우나 미국이나 서유럽에서는 개인에게 별로 큰 문제가 있는 것으로 보지 않는다. 또 똑같은 한국사회에서도 시대에 따라 이혼에 대한 편견이 다를 수 있다. 독신, 동성혼, 재혼 등에 대한 견해도 사회문화적 배경과 시대에 따라 다를 수 있다.

## 4. 사회과학의 윤리성

사회조사는 그 연구대상을 인간으로 하기 때문에 조사와 관련하여 많은 윤리적인 문제(ethical problem)가 발생할 수 있다. 특히 실험의 경우 통제, 조작을 많이 하기 때문에 더 많은 문제가 생길 수 있다. 그러나 실험 이외의 조사방법의 경우에도 많은 문제가 생길 수 있다. 사회조사의 윤리적인 문제를 ① 연구내용 및 주제, ② 연구대상 및 과정, ③ 연구결과와 관련한 문제로 나누어 살펴보고자 한다.

### 1) 연구내용 및 주제

연구내용 및 주제와 관련된 윤리적 문제(ethical problem)란 연구내용이 사회적 윤리에 어긋나지 않아야 한다는 것이다. 즉, 연구내용이 인간에게 해를 주는 것을 목적으로 해서는 안 된다는 것이다. 예를 들어, 살인을 효과적으로 하기 위한 연구 등은 그 내용이 윤리적인 한계를 크게 벗어난다고 볼 수 있다. 또 다른 예로 부정선거를 효과적으로 하기 위한 방법, 교통사고로 위장하여 보험금을 많이 타기 위한 행동 등도 윤리적으로 제약을 받는 주제라고 할 수 있다. 연구내용을 제한하는 이러한 사회적 윤리 기준은 사회와 시대에 따라 약간씩 달라질 수 있다.

연구의 내용에 대한 윤리적인 기준과 관련하여 또 하나 생각해 볼 수 있는 것이 정부의 규제이다. 정도의 차이는 있지만 대다수의 국가에서 체제를 유지한다는 명목하에 연구내용에 대한 정부의 규제가 인정되고 있다. 독일 나치정부의 경우 대학 및 연구소에 재직 중이었던 40% 정도의 교수와 연구원들이 정화를 이유로 해고당한 적이 있으며, 미국의 경우 1950년대 매카티즘(McCarthyism : 사회주의 사상을 가진 사람을 공직에서 물러나게 하는 정책) 조사에 협조하지 않거나 반공주의를 맹세하지 않는 교수 및 연구원들 수백 명이 해직당했다. 이러한 정부의 구제는 저개발, 비민주주의 국가일수록 심하다고 할 수 있다. 만약 우리가 150년 전에 살았다면 양반상민제도의 철폐를 내용으로 한 연구는 어려웠을 것이다. 이러한 제한들은 학문의 편견 없는 연구 또는 학문의 진전을 위해서 혹은 국민의 알 권리를 위해서 변화될 것이다.

## 2) 연구대상 및 과정

연구의 윤리적인 문제는 대부분 연구대상 도는 연구과정과 관련하여 발생하는데, 이는 다음 몇 가지로 나누어 생각해 볼 수 있다.

### (1) 연구대상을 수단으로 이용하는 문제

우리는 교육을 통해 인간을 수단으로 이용해서는 안 되며 목적으로만 사용해야 한다고 배웠다. 즉, 어떤 연구결과를 얻기 위해 인간을 실험의 대상으로 사용해서는 안 된다는 것이다. 예를 들면, 우리가 어떤 약품의 효과를 실험하거나 인공심장의 효능을 실험하고자 할 때, 처음부터 인간을 대상으로 하지 않고 먼저 동물을 대상으로 해서 연구결과를 어느 정도 확신한 후에 인간에게 적용하는 것도 바로 인간을 수단으로 이용할 수 없기 때문이다.

이러한 윤리적인 한계를 무시하고 인간을 수단으로 이용한 예를 우리는 몇 곳에서 찾아볼 수 있다. 제2차 세계대전 당시 히틀러의 나치정부나 일본의 군국주의 정부는 유대인이나 한국인 또는 중국인을 실험대상으로 하였다. 일본은 생화학무기의 살생 정도를 측정하기 위해 마루타 실험실에서 중국인이나 한국인을 실험대상으로 이용했으며, 독일은 유대인을 이용해서 빙점에서 사람이 사망하기까지 얼마나 시간이 걸리는지, 굶주림으로 인해 사람이 사망하기까지 얼마나 시간이 걸리는지 등을 실험했다.

그러나 어떤 방법의 효과를 측정하기 위해 인간을 실험대상으로 사용해야 할 경우가 더러 있다. 예를 들어, 자폐아의 치료방법을 검사하기 위해 자폐아를 두 집단으로 나눈 후 실험집단에는 일정 기간 동안 치료를 하고 통제집단에는 치료를 하지 않은 후 두 집단 간의 차이를 비교하는 방법 등이 이에 해당한다.

인간을 실험대상으로 사용해서는 안 되지만 너무 엄격하게 규제하는 경우 사회과학에 대한 연구 자체가 어렵거나, 사회현상에 대한 정확한 결과를 얻어내지 못할 수 있다. 정확한 결과를 얻어내기 위해서는 어느 정도 인간을 수단으로 이용할, 즉 통제, 조작할 필요가 있다. 이런 경우 어느 정도까지 통제, 조작하는 것을 인정해야 할 것인가에 대해서는 적절한 사회적 합의점을 찾아야 할 것이다. 이에 대한 기준으로는 그러한 조사를 통해 조사대상자가 얻을 수 있는 혜택 또는 사회적 이익이 조사로 말미암아 생길 불이익보다 커야 한다는 것이다.

또한 자연과학에서는 관찰대상물과 관찰자가 분명히 구별될 수 있지만, 사회과학에서는 이들 양자가 대부분 혼연일체가 되는 경우가 많은데, 이를 피란델로 효과(Pirandello effect)라 한다. 즉, 사회과학에서 관찰대상자와 관찰자가 혼연일체가 될 수 있음을 말한다.

### (2) 연구대상에게 신체적 · 정신적 · 심리적 · 물질적 · 법적 피해를 주는 연구

연구자는 연구대상에게 신체적 · 정신적 · 심리적 · 물질적 · 법적 피해를 주는 연구를 하는 데 신중을 기해야 한다. 연구대상자가 직접적으로 신체적 피해를 입는 경우는 많지 않지만 간접적으로 질문에 대한 대답 중 스트레스를 받아 혈압의 상승, 신체의 마비 등 신체적 피해를 입는 경우가 있을 수 있다. 한편 사회조사는 조사대상자에게 스트레스, 긴장, 불유쾌한 상황을 초래하는 경우가 상당히 있다. 예를 들어, 질문에 대한 응답이 불쾌한 사건과 관련되어 있는 경우 응답자에게 긴장과 불편함을 제공해 줄 수 있다.

또한 조사가 응답자들의 소득과 경력에 부정적인 영향을 미칠 수도 있다. 예를 들어, 조사가 응답자들의 업무수행 능력을 평가하고자 하는 것일 때, 업무수행 능력이 좋지 않다고 평가되면 보수, 승진 등에서 불이익을 줄 수 있다. 일반적으로 연구의 3~5%는 연구대상자에게 이러한 여러 가지 형태 중 하나의 피해를 주는 연구로 밝혀지고 있다.

연구대상자에게 피해를 주는 조사를 해서는 안 되지만 이를 너무 엄격하게 규제하면 사회현상에 대한 연구 자체가 어려울 수 있다. 따라서 어느 정도 융통성이 인정되어야 하며, 이를 인정하는 기준은 그러한 조사를 통해 조사대상자가 얻을 수 있는 혜택 또는 사회적 이익이 조사로 말미암아 생길 불이익보다 커야 한다는 것이다. 이런 기준에 의해 조사가 인정되는 경우에도 연구자는 연구로 발생할 모든 형태의 피해를 미리 인지해야 하며, 그러한 피해를 최소화하도록 노력해야 한다.

### (3) 연구대상자의 승낙

사회조사의 경우 또 다른 윤리적인 원칙은 연구대상자의 승낙을 얻어야 한다는 것이다. 연구자는 연구대상자에게 조사대상이 되는 것을 강요할 수 없다. 연구자는 조사대상자에게 연구의 목적이 무엇이고 연구에의 참여가 어떤 결과를 가져오리라는 것을 이해하도록 도와줄 필요가 있다.

이러한 정보를 제공한 다음 조사대상자가 아무런 강요도 받지 않고 조사 연구에 참여하기로 동의해야 한다. 한편 교도소 수감자, 어린이, 지적장애아 등 특수한 경우에는 연구대상자의 승낙이 반강요적이거나 불충분한 인식 상태에서 이루어지는 경우가 있다. 이런 경우에는 본인 및 보호자의 승낙을 받아야 한다. 이를 고지된 동의라고 한다. 하지만 고지된 동의를 항상 지켜야 하는 것은 아니다. 즉, 조사대상자에게 돌아갈 잠재적 이익이 피해보다 더 큰 경우는 예외가 인정될 수 있다. 연구조사의 의도를 숨겨야만 정확한 결과를 얻을 수 있는 경우에는 최소한의 범위 내에서 연구대상자의 승낙 없이 조사를 할 수 있다. 예를 들어, 갱집단의 활동, 윤락행위, 마약 밀거래 등을 연구할 경우 이를 미리 연구대상자에게 알리면 정확한 연구결과를 얻기가 어려울 수 있기 때문이다.

이러한 경우 최소한의 범위 내에서 연구대상자를 속이는 것이 허용된다. 이 경우 조사 후에 조사대상자에게 간단히 그 과정을 설명해야 하며, 그들에게 의견을 표현할 기회를 주어야 한다. 또한 이 경우 조사대상자에 대한 익명이 보장되어야 하며, 조사대상자가 조사로 인해 피해를 보는 일이 없도록 해야 한다.

### 3) 연구결과와 관련한 문제

#### (1) 조사대상자에 대한 익명성 보장

조사결과와 관련하여 조사대상자의 신분을 밝혀도 좋은가 하는 문제가 대두될 수 있다. 연구결과에서 얻는 자료는 개인의 사생활이 침해되지 않도록 비밀이 보장되어야 하는 것이 원칙이다. 이는 자료가 누구의 응답인지 연구자조차 몰라야 한다는 것이다. 그러나 공개토론 등 공개적인 상황에서 자료를 얻었을 경우에나 본인의 승낙을 받았을 때는 조사대상자의 신분을 밝힐 수 있다.

#### (2) 자료원에 대한 비밀보장

자료원(data source)이란 자료가 제공된 근원을 의미한다. 자료원에 대한 비밀보장이란 조사대상자의 익명성과 어느 정도 연관이 있는 것으로, 어디에서 그런 자료를 얻었는가에 대해 연구자는 비밀을 지킬 의무가 있다는 것이다. 특히 비행, 일탈행동을 저지르고 있는 자들이 연구대상인 경우 자료원의 비밀이 요구된다 할 수 있다. 예를 들면, 킨제이(Kinsey) 성 연구(sex study)의 경우 미 연방수사국(FBI : Federal Bureau of Investigation)에서 성 연구의 대상이 된 개인들의 정보를 요구했다. 그러나 킨제이 성 연구소는 이를 거절하였다. 미국의 경우 자료원에 대한 비밀을 보호하기 위해 1989년 자료원 보호에 관한 규정을 제정하였다. 우리나라의 경우에는 연구결과가 법적인 문제와 관련될 때 법적으로 그 자료원을 밝히도록 의무 지워진 경우가 있어, 자료원에 대한 비밀보장이 어려운 경우가 있다. 그렇기 때문에 비밀보장에는 예외(예 자해, 자살 등 위협 가능성이 있을 때)가 있으며, 예외가 있을 수 있음을 사전에 고지해야 한다.

또한 연구자의 신분을 숨기거나 연구참여자의 정보(혹은 신분)를 동의 없이 공개하는 것은 조사연구의 윤리에 위배된다. 하지만 기관윤리위원회(IRB : Institutional Review Board)의 승인에 의거하여 연구자의 신분을 숨겨도 연구참여자가 입을 피해가 없고 궁극적으로 연구참여자를 위해 더 도움이 되는 연구를 진행할 수 있다고 인정되는 경우에는 연구자의 신분을 숨기고 연구하는 것이 윤리적으로 허용될 수 있다.

### (3) 연구결과의 사용 권한 : 표절의 문제

연구조사에서 얻어진 결과를 연구자가 아닌 다른 사람이 어느 정도 사용할 수 있는가? 연구자가 아닌 다른 사람이 타인의 연구결과를 사용할 때는 반드시 인용의 근거를 제시해야 한다. 타인의 연구결과를 인용 없이 자신의 것처럼 사용하는 경우가 있는데 이를 표절(plagiarism)이라 하며, 표절은 엄격히 규제되어 있다. 인용 없이 다른 사람의 연구결과를 사용하는 것은 일반적으로 엄격히 제약되고 있다.

또한 타인의 연구결과를 인용해서 사용하는 경우에도 연구결과의 대부분을 수정 없이 그대로 사용하는 것은 문제이며, 많은 부분을 수정 없이 그대로 사용해야 하는 경우에는 연구자의 사전허가를 얻어야 한다.

### (4) 고지된 동의

고지된 동의란 잠정적 조사대상자의 의사결정에 영향을 미칠 수 있는 정보를 그에게 미리 알려준 후 조사에 참여할 것인지 아닌지를 결정하게 하는 절차를 말한다. 이는 연구 참여로 인한 득과 실을 사전에 고지해야 하는 것을 말한다. 아동이나 판단에 어려움이 있는 대상의 경우에는 부모나 후견인이 대신 동의하는 것이 가능하다. 특히 고지된 동의를 항상 지켜야 하는 것은 아니다. 조사대상자에게 돌아갈 잠재적 이익이 피해보다 더 큰 경우는 예외가 인정된다.

## 5. 사회과학과 사회복지학의 특징

### 1) 사회과학이 사회복지학과 다른 점

사회과학이 자연과학과 다른 점은 관점에 따라 동일한 현상이라도 다르게 본다는 점이다. 이는 사회문화적 특성의 영향을 받았기 때문이다. 연구대상인 인간의 복잡성과 가변성으로 명확한 결론을 내리거나 일반화하기 어렵다는 특징이 있다. 동시에 가치중립적이기 어렵다. 자연과학과 달리 관찰대상과 관찰자가 명확히 구분되지 않는다는 특징도 있다.

### 2) 사회복지학의 특성

사회복지학은 문제해결을 최우선으로 하는 응용과학이자 실천과학이다. 이는 사회문제에 대처하기 위한 학문으로 볼 수 있다. 그렇기 때문에 다학문적 특성을 가지고 있고 인접 사회과학 분야들과 밀접한 교류관계를 유지함과 동시에 자체가 갖는 독특한 학문적 정체성을 가지고 있다. 더 나아가 사회과학에 의해 발전된 개념들을 활용할 수도 있다.

사례로 본 사회복지조사

### 저소득 '도심 1인가구' 소통빈도 낮았다

서울에 사는 1인 가구 중 고시원과 원룸이 밀집된 도심 거주 1인 가구의 소통빈도가 특히 낮은 것으로 조사됐다. 서울시는 이들이 사회적으로 고립될 가능성이 큰 것으로 보고 대책을 마련할 방침이다.

서울시는 이 같은 내용을 담은 '서울 시민생활 데이터'를 29일 발표했다. SK텔레콤, 서울시립대와 협력해 300만 명의 통신데이터와 통계청의 인구 · 가구 통계조사를 토대로 1인 가구의 삶을 지역 · 연령 · 성별로 분석한 결과다.

서울시는 평균 통화 · 문자량, 통화 · 문자 대상자 수, 카카오톡 등 소셜네트워크서비스(SNS) 사용횟수를 반영해 '소통지수'를 산출했다. 올 3~5월 평균 '소통지수'를 분석한 결과 고시원과 원룸 등이 밀집된 지역에 사는 1인 가구의 소통빈도는 다른 지역에 비해 상대적으로 낮은 것으로 나타났다.

서울의 1인 가구 중 소통지수 '하위 10%'가 인구 대비 가장 많은 지역은 '중구 명동'이었다. 명동 인구의 12.1%가 소통 빈도 최저그룹에 해당했다. △중구 을지로동(11.3%) △종로구 종로1 · 2 · 3 · 4가동(9%)이 뒤를 이었다. 서울시 관계자는 "해당 지역에는 고시원과 원룸 등이 밀집해 있다"며 "소통이 부족하면 사회적으로 고립될 가능성이 큰 만큼 말벗사업, 커뮤니티 활동 등과 연계해 고독 문제 해소 방안을 추진할 것"이라고 밝혔다. / 동아일보 2022-08-30

#### 생각해 봅시다

- 위의 자료는 통신데이터와 통계청의 통계조사를 토대로 분석했다고 합니다. 저소득층의 현황을 파악하기 위해 사용할 수 있는 자료에는 또 어떤 것이 있을까요?

CHAPTER 01

# 관련문제

**1. 사회복지실무자에게 사회복지조사방법론 지식이 필요한 이유로 옳지 않은 것은?** 〈10회〉

① 지역주민의 복지욕구 분석

② 클라이언트에 관한 임상적 자료의 체계적 수집

③ 조사대상에 대한 비윤리적 행위의 예방

④ 서비스 프로그램의 효과성 평가실행

⑤ 사회복지실무자의 정치적 민감도 제고

**2. 과학적 조사가 필요한 사례에 해당하지 않는 것은?** 〈12회〉

① 사회복지사의 윤리적 갈등을 해소할 필요가 있을 때

② 결혼이주민 조사 시 연구자의 문화적 편견을 검토하고 싶을 때

③ 주민대표자의 응답이 전체 주민의 의견을 대표하는지 알고 싶을 때

④ 정량평가 외에 정성평가를 체계화하고 싶을 때

⑤ 선임사회복지사의 경험적 지식이 타당한지 알고 싶을 때

**3. 과학적 방법에 관한 설명으로 옳지 않은 것은?** 〈11회〉

① 잠정적이지 않은 지식을 추구한다.

② 경험적 증거에 기반하여 지식을 탐구한다.

③ 체계적이고 포괄적인 방법에 의존한다.

④ 객관성의 추구를 강조한다.

⑤ 재현과 반복의 가능성이 높다.

**4. 과학적 조사에 관한 설명으로 옳지 않은 것은?** 〈9회〉

① 연구결과에 대해 잠정적이다.

② 인과관계의 규명을 추구한다.

③ 조사자의 규범적 판단에 의거한다.

④ 관찰에 의한 증거에 바탕을 두고 있다.

⑤ 일정한 규칙과 절차를 통해 이루어진다.

**5. 조사윤리를 준수하기 위한 일반적 활동으로 볼 수 없는 것은?** 〈13회〉

① 조사 참여자의 익명성을 보장하였다.

② 조사 참여를 통해 받을 혜택을 조사 후에 알려주었다.

③ 정신장애인을 대상으로 한 연구에서 연구대상과 보호자로부터 동의를 구했다.

④ 조사 과정 중 본인이 원하면 언제라도 중단할 수 있음을 알려주었다.

⑤ 연구결과의 활용계획에 대해 알려주었다.

**6. 연구윤리에 관한 설명으로 옳지 않은 것은?** 〈14회〉

① 아동 대상 연구에서 보호자에게 연구 참여 동의를 얻어야 한다.

② 연구결과의 분석과 보고 단계에서도 연구윤리가 준수되어야 한다.

③ 기관생명윤리위원회의 심사를 통과한 경우 사전에 연구 참여자에게 연구목적을 밝히지 않을 수 있다.

④ 사회복지사인 연구자가 연구 참여자의 아동학대 행위를 알게 되었더라도 비밀 보장의 원칙을 준수해야 한다.

⑤ 설문조사 참여자에게 자발적 참여를 보장하는 것을 연구윤리의 기본 원칙이다.

정답 1. ⑤ 2. ① 3. ① 4. ③ 5. ② 6. ④

CHAPTER

# 02

# 사회복지조사의 기본 이해

1. 정의와 목적
2. 기본 개념
3. 활용과 유형
4. 절차와 과정

CHAPTER 02

# 사회복지조사의 기본 이해

## 1. 정의와 목적

### 1) 조사의 정의

조사에 대한 정의는 학자에 따라 다양하지만, 폴란스키(Polansky, 1960)는 "기존의 지식에 첨가하려는 의도에서 전달될 수 있고 입증될 수 있는 형식으로 체계적 발견을 하는 것"이라고 했으며, 그린우드(Greenwood, 1957)는 "지식탐구를 위한 표준화된 절차의 이용"이라고 정의하고 있고, 남세진과 최성재(1991)는 "조사란 일종의 지식탐구이며 일정한 논리에 따라 수행되는 것"이라고 정의하고 있다. 그러므로 조사는 연구하려는 대상에 관한 일정한 논리적 관계를 체계적으로 관찰·분석·해석·일반화하는 과학적 방법에 의해 수행되는 지식탐구 수단이라 정리할 수 있다.

조사에 대한 이론의 역할은 다음과 같다.

첫째, 이론은 조사의 안내자로서 연구해야 할 사실의 범위를 한정시키며, 조사해야 할 현상에서 필요한 요인의 유형을 알려준다. 또한 이론은 사실의 논리적인 관계를 알게 하고 한 걸음 더 나아가서 구체적인 가설을 용이하게 세우게 한다.

둘째, 이론은 의도적으로 사회현상의 주요한 개념들을 분석하며, 제

개념 간의 이론적 연관성을 설명한다. 또한 이론은 방대한 자료 가운데서 무엇을 조사에 포함시키고, 무엇을 제외할 것인가를 지시함으로써 조사자로 하여금 자료를 재구성할 수 있도록 해준다.

셋째, 이론은 조사를 통합하고, 경험된 관찰을 토대로 보편화 혹은 일반화의 기능을 수행한다.

이론에 대한 조사의 역할은 다음과 같다.

첫째, 조사는 이론의 기초를 수립하기 위한 것이며, 새로운 발견이 새로운 이론을 낳게 하는 것과 같은 적극적인 역할을 수행한다.

둘째, 조사를 통해 이론의 재구성을 가능하게 하며, 이를 위해 조사는 계속적인 조사활동을 통하여 어떤 이론이 사실에 부적합한 것인가를 발견하게 되어 이론을 수정하거나 재구성하도록 한다.

셋째, 조사를 통해 이론이 정밀화됨으로 말미암아 이론이 일반적인 진술에서 나아가 더욱 상세한 사실을 가지고 이론을 뒷받침한다.

이와 같이 이론과 조사, 연역적 방법과 귀납적 방법의 순환적인 상호작용 과정에 의해서 진행한 조사가 설령 개인적인 동기나 영감에 의해 수행되었을지라도 동일한 조사절차를 통해 동일한 결과가 도출되도록 공공성을 가져야 하며, 이러한 공공성에 기초한 과학적 연구방법에 의해 생산된 지식은 재생 가능성, 경험성 및 객관성을 그 특성으로 확보하게 된다.

### 2) 조사의 목적

'조사연구를 하는 목적이 무엇인가'라는 질문은 '조사의 수준이 어떠한가?' 하는 질문과 또 조사연구의 목적에 대한 해답을 제공하는 것이고, 조사의 유형이라고 할 수 있다. 그래서 조사는 사회 내에 존재하는 특정 사회현상이나 문제를 탐색하거나 어떤 집단 내지는 사건 혹은 현상에 대한 변화를 예측해서 보고하는 것을 목적으로 한다.

과학적 연구방법의 궁극적 목적은 이론을 개발하는 데 있으며, 어떤 현상에 내재된 논리적 특성을 이론으로 구축하기 위해서는 그 현상을 기술하고, 예측할 수 있어야 한다. 따라서 과학적 연구방법의 목적을 살펴보면 다음과 같다.

첫째, 기술(descriptive) 목적으로 한 연구에서는 어떤 현상이 있으면 왜 그런 현상이 나타나게 되었는지를 설명하기보다는 단순히 속성이나 특성을 있는 그대로 관찰하여 서술하는 데 그 주안점을 두고 있다. 어떤 현상에 대해 기술할 때에는 그 현상을 나타내는 개념이나 변수들의 값의 정도를 기술하기도 하고, 변수와 변수 간의 관계를 설명하기도 한다.

둘째, 설명(explanation)은 어떤 현상이 있으면 왜(why) 그러한 현상이 나타나게 되었는지를 설명해야 한다. 설명을 목적으로 한 연구에서는 이러한 '왜'에 대한 질문의 답을 제시할 수 있어야 한다. 설명을 목적으로 하는 연구에서는 평균이나 백분율 등과 같은 단순기술통계를 적용하기보다는 분산분석이나 회귀분석 등과 같은 추리통계방법이 주로 적용된다.

셋째, 예측(prediction)을 목적으로 한 연구에서는 변수 간의 인과관계를 기초로 현상에 대한 변화를 과학적 근거에 의해 제시하는 것이다. 유용하고 가치 있는 이론이란 미래에 나타날 수 있는 현상을 정확하게 예측할 수 있는 이론이다.

## 2. 기본 개념

### 1) 과학적 탐구과정

과학적 탐구과정은 이론 → 가설 → 관찰 → 일반화로 요약된다. 즉, 기존의 이론에서 새로운 가설을 이끌어 내고, 이러한 가설을 관찰을 통해 사실 여부를 판단하며, 관찰결과를 일반화시킴으로써 새로운 이론을 만들어 낸다는 것이다. 이 과정은 순환한다.

그리고 관찰을 통해 이론에 도달하는 것, 즉 각각의 특수한 경험적 사실로부터 공통의 일반성을 찾아내어 보편적 · 일반적 원리에 도달하는 추리방법을 귀납법이라 하고, 기존 이론에서 새로운 가설을 세우는 것, 즉 확실한 보편원리를 바탕으로 여기에서 특수한 명제를 끌어내어 진실한 인식에 도달하는 추리방법을 연역법이라고 한다. 아울러 이론을 추상의 세계라 한다면, 관찰은 경험의 세계이다. 사회조사는 관찰이 가장 핵심적인 방법이다.

### 2) 귀납법과 연역법

귀납법은 소크라테스(Socrates)가 시작해 아리스토텔레스(Aristoteles)가 완성하였으며, 베이컨(Bacon)과 밀(Mill)이 근대적으로 발전시켰다. 귀납은 개별적인 특수한 사실이나 현상에서 일반적인 결론을 이끌어 내는 추리방법이다. 예를 들어, A도 사망하고, B도 사망하며, C도 사망한다는 사실을 보고 "모든 사람은 죽는다"는 일반적인 원리를 이끌어 내는 것이다.

귀납적 추리는 몇 가지 방법이 있다. 가장 대표적인 것이 통계적 추리이다. 통계적 추리란 여론조사에서 보듯이 모든 조사대상을 관찰하는 것이 아니라 표본을 추출한 다음 그 표본에 대한 관찰을 통해 일반적인 결론을 이끌어 내는 것이다. 그리고 유비적 추리가 있는데, 사물이나 사태의 유사성에 근거하여 결론을 이끌어 내는 것이다. 또한 과거에 발생했던 일에 근거해 미래의 일을 예측하기도 한다. 이와 같이 귀납은 주어진 사실이나 현상들에 근거해 새로운 정보와 지식을 얻을 수 있게 해준다.

그러나 귀납법에는 한계가 있다. 귀납적 추리는 관찰이나 실험에서 얻은 부분적이거나 특수한 사례를 근거로 전체에 적용하는 일반화(이를 '귀납적 비약'이라 한다)를 거치기 때문에 언제든지 예외가 발생할 가능성이 있고 그렇게 되면 귀납적 추리의 결론이 무너진다. 다시 말해, 귀납에서 얻어진 결론은 필연적인 것이 아니라 단지 일정한 개연성을 지닌 일반적 명제 내지는 가설에 지나지 않는다는 것이다. 예를 들어, 주변의 관찰을 통해 얻은 '모든 인간은 죽는다'는 원리는 죽지 않는 사람이 나오면 부정된다.

또한 귀납법에서는 '인과의 오류'가 나타날 수 있다. 이는 상관관계를 인과관계로 해석하거나 원인과 결과를 거꾸로 해석하는 등의 오류를 말한다.

주제선정 → 관찰 → 유형발견 → 임시결론

**대전제** 소크라테스는 죽었다.
**소전제** 아리스토텔레스도 죽었다.
이순신도 죽었다.
**결 론** 내가 아는 사람들 모두가 죽었다.
고로 나도 죽을 것이다.

한편 연역법은 이미 알고 있는 판단을 근거로 새로운 판단을 유도하는 추론방법이다. 다시 말해, 이미 알고 있는 하나 또는 둘 이상의 명제를 전제로 하여 형식적 논리에 근거해 새로운 명제를 결론으로 이끌어 내는 추리의 방법인 것이다.

귀납법이 진리일 가능성을 따지는 것과 달리 연역법은 전제들로부터 절대적 필연성을 가진 결론을 이끌어 낸다. 즉, 귀납적 추론은 전술한 대로 근본적으로 관찰과 실험에서 얻은 부분적이고 특수한 사례를 근거로 전체에 적용시키는 귀납적 비약을 통해 이루어지기 때문에 귀납에서 얻어진 결론은 일정한 개연성을 지닐 뿐 절대적인 진리가 아니지만, 연역적 결론은 논리적 형식의 타당성을 갖추고 있는 한 필연성을 가진다. 명제를 전제로 한 연역은 전제가 결론을 뒷받침하는 결정적 근거가 된다.

이를 '구성의 오류'라고 한다. 즉, 어떤 원리가 부분적으로 성립해도 전체적으로 성립하지 않을 수 있음에도 불구하고 전체적으로 성립한다고 추론하는 것이다.

연역적 추리는 기존의 명제들로부터 도출된 것이기 때문에 전제가 된 명제를 벗어난 새로운 명제를 만들지는 못한다. 모든 연역의 출발점이 되는 최초의 명제는 연역에 의해 도출될 수 없다는 것이다. 출발점이 되는 명제는 귀납법, 즉 인간의 다양한 경험이나 실천 등의 결과를 일반화하는 과정을 통해서 만들어진다. 이것은 학문연구에서 연역과 귀납 모두가 필요하다는 것을 의미한다. 그리고 사회조사와 같은 관찰이 학문연구에 매우 중요하다는 것을 뜻한다.

연역적 추리는 논리적 일관성과 체계성을 갖추고 있으며 일상생활 속에 널리 적용되고 있다. 대표적인 것이 윤리적 판단이다. 인간 행위의 옳고 그름을 따지는 윤리적 판단은 보편적인 윤리규범으로부터 도출된 것인데, 이러한 윤리적 판단은 대부분 연역적 방법에 의해 도출된 것이다. 수학도 상당 부분 연역적 추리에 의존한다.

한편 연역적 추리의 대표적인 것이 삼단논법이다. 삼단논법의 형식은 아리스토텔레스가 완성했다. 연역적 추리는 하나의 전제에서 결론이 도출되는 직접추리와 두 개 이상의 전제에서 결론이 나타나는 간접추리가 있다. 간접추리는 대전제 → 소전제 → 결론의 형식을 취한다. 다음과 같은 예가 그것이다.

가설(이론) → 조작화 → 관찰·경험 → 검증

대전제 모든 사람은 죽는다.

소전제 소크라테스는 사람이다.

결 론 소크라테스는 죽는다.
고로 사람인 나도 죽는다.

### 3) 가 설

가설(hypothesis)이란 일련의 현상을 설명하기 위해 어떤 학설을 논리적으로 구성하는 명제를 말한다. 즉, 두 개 이상의 변수들 간에 추정된 관계 또는 이론적 관계에 관한 진술이다. 명제는 판단을 언어로 표현한 것이다. '개는 동물이다'와 같은 진술문이 명제이다.

가설이 실험이나 관찰을 통해 사실인 것으로 규명되면 이론이 된다. 검증되지 않았다면 가설은 가설로 남는다. 종교적 교리나 철학에는 가설단계에 있는 명제가 적지 않다. 가설은 기존의 이론이나 경험적 사실로부터 새로운 개념이나 명제를 만들어 내는 것이므로 창조적인 경우가 많다.

사회조사와 같은 경험적 연구에서 가설은 매우 중요하다. 연구자는 어떤 현상에 대해 연구하고자 할 때 관찰 · 실험 · 조사 등을 통해 생산된 자료를 검토하여 새로운 가정을 세운다. 이 과정에서 연구자의 직관적 판단이 개입되는 경우가 많다.

실험이나 사회조사와 같은 경험적 연구에서 가설이 갖는 위치를 정리하면 가설의 설정 → 가설로부터 검증 가능한 여러 명제의 연역 → 이러한 명제에 대한 검증 → 가설의 수용 여부 판단 → 가설의 검증 = 이론의 성립 혹은 가설의 부정 = 이론의 불성립의 과정을 거친다. 이를 가설연역법이라고 한다.

### 4) 비과학적 탐구방법

사회조사에서 지양되어야 할 것이 비과학적 탐구방법이다. 비과학적 탐구방법의 예는 다음과 같은 것들이 있다.

#### (1) 관찰의 오류

부정확한 관찰이나 선택적 관찰을 말한다. 부정확한 관찰은 사실과 다르게 관찰하는 것이고, 선택적 관찰은 원하는 것에 맞는 사실만 관찰하고 다른 것은 무시하거나 과소평가하는 것이다.

#### (2) 지나친 일반화

관찰된 일부 사례만을 가지고 모든 현상을 설명하려는 것을 말한다. 어떤 의도를 가지고 접근하는 사람들이나 특정 이념에 치우친 사람들에게서 이러한 경향이 나타난다.

#### (3) 고정관념

어떤 형상이나 사물 또는 인간 집단에 대해 고정된 관념이나 편견을 가지고 접근하는 자세이다. 고정관념은 연구결과를 왜곡한다.

#### (4) 비논리적 근거

논리성은 과학에서 매우 중요하다. 아무런 근거 없이 또는 근거가 매우 부족한 어떤 논리를 가지고 설명하려는 것은 과학이 아니라 비합리적인 주장에 불과하다.

#### (5) 사후가설

원래 의도했던 것과 다른 연구결과가 나올 경우 가설이 잘못되었음을 인정하고 처음부터 새로 시작해야 한다. 사후에 연구결과에 부합되는 새로운 가설을 만들어 자신의 주장을 굽히지 않는 자세를 사후가설이라 하는데, 과학적 탐구에서는 반드시 지양되어야 한다.

#### (6) 성급한 종료

연구는 시종일관 충분히 진행되어 사실이 확실해진 이후에 종료되어야 한다. 사실을 예단하여 성급하게 연구를 종료하면 오류가 발생할 가능성이 높다.

### 5) 과학철학

#### (1) 포퍼(Popper)의 반증주의

과학의 발전은 기존 이론과 상충되는 현상을 관찰하는 데서 출발하며, 기존 이론의 모순에 대한 계속적인 반증과정을 통해 이루어진다고 본다. 즉, 이론이란 명확히 검증될 수는 없고, 기존 이론의 예측이 실패한다면 새로운 이론이 필요한 것이며, 이론은 반증될 때까지 채택되는 과정을 반복하는 것이 과학이라는 것이다. 이는 과학의 발전은 끊임없는 반증 노력을 통해 점진적이고 누적적으로 이루어진다는 것이다. 하지만 이에 대해서 사학자 홉스봄(Hobsbawm)은 '모든 사람은 죽는다는 사실을 증명하기 위해서는 지구의 마지막 사람이 죽기까지 기다려야 하느냐?'고 하면서 그의 논리를 궤변으로 인식하기도 했다.

#### (2) 쿤(Kuhn)의 과학적 혁명론(패러다임론)

과학의 변화와 발전은 지식이 축적되는 누적적인 과정이 아니라 혁명적인 과정을 통해 성취된다. 즉, 과학적 혁명론에서는 패턴과 구조가 있다. 그 구조는 전과학 → 정상과학 → 위기와 혁명 → 새로운 정상과학의 순으로 전개된다. 동시에 쿤은 혁명(패러다임)의 우열을 비교할 때 객관적 기준은 존재하지 않으며, 서로 다른 패러다임을 비교할 수 있는 객관적인 언어도 존재하지 않는다고 보았다.

### 6) 사회과학 패러다임(인식론)

#### (1) 실증주의

경험주의라고도 한다. 사회과학에도 자연과학과 같은 방법이 적용할 수 있다는 것이다. 단일한(객관적) 실재가 있으며, 현상에 대한 직접적 이해가 가능하다. 주로 양적연구(연역법), 보편적 분석 도구를 인정하며 객관성을 강조한다. 이는 과학과 비과학을 철저히 구분하려 하고, 연구 결과를 잠정적인 지식으로 간주한다.

#### (2) 해석주의

사회과학에 자연과학과 동일한 방법을 적용할 수 없다는 것이다. 단일한 실재는 없으며, 사람들에 의해 구성될 뿐임을 강조한다. 현상은 경험자들을 통해 간접적으로 이해되며, 경험의 의미를 강조한다. 즉,

사회적 행동을 행위자의 입장에서 이해하려 한다. 주로 질적인 연구(귀납법), 보편적 분석 도구를 부정하며 주관성을 강조한다.

### (3) 기타

후기실증주의는 객관적으로 존재하는 실재에 대한 직접적인 확증은 불가능하므로 과학적 지식은 반증되기 전까지만 타당한 잠정적이고 확률적인 지식으로 보고 있다. 이는 비합리적 행위도 합리적으로 이해할 수 있다. 포스트모더니즘(post-modernism)은 객관적 실재란 없다는 것을 말한다. 비판사회과학은 억압받는 이들의 임파워먼트를 강조한다.

# 3. 활용과 유형

## 1) 조사목적에 따른 분류

사회조사는 조사자가 달성하고자 하는 목적 또는 조사 정도 및 조사결과의 수준에 따라 탐색적 조사, 기술적 조사, 설명적 조사로 구분할 수 있다.

### (1) 탐색적 조사

특정 조사설계를 확정하기 전에 주로 문제를 규명하기 위해 예비적으로 실시되는 조사로 예비조사(pilot study)라고도 한다. 조사하고자 하는 문제를 보다 명확히 규명하는 것이 주된 목적이며, 대부분의 경우 보다 정확한 연구문제 및 가설을 정립하기 위해 실시한다. 문헌조사, 경험자 조사, 전문가 의견 조사, 사례(특례)조사 등의 방법을 활용하며, 특별한 절차를 필요로 하지는 않는다.

### (2) 기술적 조사

단순히 무엇이 어떠한가에 대한 해답을 구하는 것, 즉 어떠한 사건이나 현상의 발생빈도, 크기, 비율 등 단순 통계적인 것에 대한 해답을 구하기 위해 실시되는 조사로 서술적 조사라고도 한다. 즉, 현상의 실태를 조사하는 것이라고 할 수 있는데, 이런 의미에서 '실태조사'라고 하는 것은 기술적 조사에 해당된다.

기술적 조사에는 어떤 개념과 개념 간의 인과관계를 발견하려는 목적은 거의 없으며, 다만 현상을 명확히 기술함으로써 어떤 개념과 개념 간의 관계를 추리할 수 있는 근거를 제공할 수는 있다. 따라서 기술적 조사의 결론에서 개념 간 관계의 가능성을 시사하거나 가설적 관계를 조심스럽게 제시할 수는 있지만 그것은 결코 조사의 주된 목적은 아니며 단지 부수적 결과라 할 수 있을 뿐이다.

### (3) 설명적 조사

원인이 되는 사실과 결과가 되는 사실 간의 인과관계를 규명하거나 미래의 사실에 대해 미리 예측하는 조사를 말한다. '왜(why)'라는 의문에 대한 해답을 제공하는 것이다. 탐색적 조사나 기술적 조사를 근거로 하거나 기존의 이론이나 직관 또는 선험적·논리적 사유로 가설을 설정하여 그 가설을 검정하거나 상관관계 또는 인과관계를 발견하는 것을 목적으로 한다.

## 2) 활용목적에 따른 분류

조사결과의 활용목적 또는 용도에 따라 기초조사(또는 기본조사, 순수조사), 응용조사 그리고 평가조사로 구분할 수 있다.

#### (1) 기초(기본)조사 또는 순수조사

사회적 현상에 대한 지적인 이해와 지식 그 자체만을 획득하기 위해 수행되는 조사를 말한다. 사회문제 해결에 직접적으로 활용되지는 않지만 사회현실에 대한 기본적 이해를 증진시키는 데 도움을 준다.

#### (2) 응용조사

조사결과를 직·간접적으로 사회적 현상에 응용함으로써 문제의 해결이나 개선을 위해 수행되는 조사를 말한다. 대부분의 사회복지조사는 인간의 욕구와 관련하여 직접적으로 해결을 위한 측면이 강하므로 순수조사보다는 응용조사의 성격이 더욱 크다고 할 수 있다.

#### (3) 평가조사

어떤 사회정책이나 프로그램이 얼마나 효과적인지 또는 이들 정책이나 프로그램의 지속성 여부 또는 예산 및 인원의 증감 여부 등을 결정하는 데 사용되는 조사이다. 평가조사는 사회복지 분야에서 새로운 중시되는 조사로서 일종의 응용조사에 속한다.

### 3) 시간적 차원에 따른 분류

조사대상에 대한 관찰이나 자료 수집을 일정한 시점에서 한 번만 하는가 아니면 일정한 시간간격을 두고 여러 번 하는가에 따라 횡단조사와 종단조사로 구분할 수 있다.

#### (1) 횡단조사

일정 시점에서 인구의 횡단을 조사하는 것으로 조사대상에 대하여 자료수집이나 관찰을 한 시점에서 한 번만 하는 조사를 말한다. 일정

시점에서 측정이 이루어지므로 정태적인 특성을 갖는다. 조사대상의 특성에 따라 여러 가지로 분류해야 하기 때문에 상대적으로 표본의 크기가 커야 한다.

### (2) 종단조사

조사대상을 일정한 시간 간격을 두고 적어도 2회 이상 관찰하거나 자료를 수집하는 조사를 말한다. 횡단조사보다 복잡하고 시간과 비용이 많이 들지만 장기간에 걸쳐 조사대상자와 상황의 변화 또는 특정 경향을 조사할 수 있다는 것이 장점이다. 시간의 흐름에 따라 변화하는 상황에 대해 조사하므로 동태적인 특성을 갖는다.

〈표 2-1〉 **종단조사의 종류**

| | |
|---|---|
| **패널조사** | 동일한 대상(집단)을 일정한 시차를 두고 추적조사하는 것을 말한다. 조사주제와 대상이 모두 바뀌지 않는 것으로, 만약 조사대상이 사망, 이민, 조사거부 등으로 제외될 경우 이를 패널사망이라고 표현한다. 패널 선정 및 관리 등에 비용이 많이 든다는 단점이 있다.<br>예 1차 조사 A, B, C<br>2차 조사 A, B, C<br>3차 조사 A, B, C |
| **시계열조사** | 동일한 정보(주제)를 동일한 대상 또는 다른 대상에 대하여 시차를 두고 2회 이상 수집하는 조사를 말한다. |
| **동년배조사<br>(코호트조사)** | 패널조사와 비슷한 점이 있지만 조사대상이 동일한 것이 아니라 일정 연령이나 일정 연령범위 내 사람들의 집단이거나 일정 조건에 해당하는 사람들의 집단이라는 점에서 패널조사와는 다르다.<br>예 같은 해 출생한 사람, 같은 해 졸업생 |
| **경향조사** | 동년배 조사와 비슷한 면이 있으면서 다른 조사로서 각각 다른 시간에 일정한 연령집단을 조사하는 것을 말한다.<br>예 2010년대와 2020년대 10대들의 직업 선호도 조사 비교 |

〈표 2-2〉 **종단조사의 비교**

| 구 분 | 1차 조사 (2021년) | 2차 조사 (2022년) | 3차 조사 (2023년) |
|---|---|---|---|
| 패널조사 | 2021년 졸업생 100명 | 1차 조사대상자와 동일 | 1차 조사대상자와 동일 |
| 동년배조사 | 2021년 졸업생 100명 | 2021년 졸업생 100명 | 2021년 졸업생 100명 |
| 경향조사 | 2021년 졸업생 | 2022년 졸업생 | 2023년 졸업생 |

## 4. 절차와 과정

### 1) 조사문제의 형성

조사의 주제, 목적, 이론적 배경, 중요성 등을 파악하고 이를 체계적으로 정립하는 과정이다. 기존의 관련 자료나 문헌조사, 전문가의 의견, 탐색 예비조사 등을 참고로 할 수 있다. 조사문제의 형성은 주제선정과 문제형성으로 나눌 수 있는데 주제선정은 문제를 인식하고 특정 현상이 존재하는지 확인하는 과정이다. 문제형성이란 선정된 주제와 관련하여 연구대상의 문제를 보다 구체적이고 체계적으로 표현하여 가설로 발전할 수 있도록 체계화하는 과정이다.

### 2) 가설의 형성

선정된 조사 문제를 조사 가능하고 실증적으로 검증 가능하도록 구체화하는 과정이다. 그렇기 때문에 이론을 토대로 설정되어야 한다. 가설은 조사대상과 자료수집, 검증 방법 선정에 있어 구체적인 방향을 제시한다. 가설은 연구목적과 조사문제와 일관성을 유지하면서 세부적으로 경험적이며 현실적으로 연구 가능하며 측정 가능해야 하고 문제에 대해 구체적인 해답을 제공할 수 있어야 한다. 변수 간 관계의 방향은 정(+)적일 수도 있고 부(−)적일 수도 있으며, 특정 방향이 설정되지 않을 수도 있다. 또한 가설은 구체적이여야 하며, 가설을 구성하는 개념은 조작화를 통해 측정 가능한 변수로 전환되어야 한다. 왜냐하면 이를 통해 경험적 검증이 가능해지기 때문이다.

### 3) 조사설계

조사연구를 효과적, 효율적, 객관적으로 수행하기 위한 논리적인 전략이다. 또한 가설을 검증하기 위하여 자료를 수집하고 분석하는 전반적인 과정을 계획하고 통제하기 위한 전략이다. 조사설계는 어떤 이론을 가지고 구체적인 관찰에 의하여 그것을 검토해 보는 연역적 논리와 관찰된 자료를 가지고 단계적으로 추상하여 이론을 형성해 가는 귀납적 논리가 있다.

### 4) 자료의 수집

자료는 관찰, 면접, 설문지 등 여러 가지 방법을 통해 수집되는데, 과학적 조사 자료는 조사자가 직접 수집하는 1차 자료와 다른 주체에 의해 이미 수집된 2차 자료로 구분된다.

### 5) 자료분석 및 해석

수집된 자료의 편집과 코딩과정이 끝나면 통계기법을 이용해 이루어진다. 통계분석방법은 조사 설계 때부터 수집할 자료의 성격을 일관성 있게 결정해야 한다. 자료분석이 끝나면 결과에 대해 의미 있는 해석이 이루어져야 한다.

### 6) 보고서 작성

연구결과를 객관적으로 증명하고 경험적으로 일반화시키기 위해 일정한 형식으로 기술하여 타인에게 전달하기 위한 보고서를 작성한다.

사례로 본 사회복지조사

**고립사회 실태 설문조사 해보니…사회 단절 '심각' 60% '외롭다' 30%**

통계청이 발표한 2020 인구주택총조사 결과에 따르면 20대(20.2%)와 70세 이상(18.1%)이 1인 가구 비중의 40%를 차지했다. 설문 결과 20대 청년 31.8%가 외로움을 느낀다고 응답했다. 이어 30대(29.9%), 60대 이상(29.6%) 순이다. 다음으로 현재 우리나라의 단절 · 분화 현상을 얼마나 심각하게 생각하느냐는 질문에는 63.5%가 '심각하다'며 우려했다. 심각하지 않다는 응답은 10% 수준에 그쳤다. 사회 전체적으로 '고립 사회' 현상이 심화되고 있다는 데 동의했다. / 매일경제 2022-01-21

**생각해 봅시다**

- 통계청의 인구주택총조사는 대한민국 영토 내의 모든 인구 주택에 대해 조사해 주요 정책의 수립과 개발을 위한 기초자료로 쓰이는 중요한 국가 통계조사 중 하나입니다. 국가 영토 내의 사람과 거처 전체(완전성)를 대상으로, 일시(동시성)에, 각각 개별적(개별성)으로, 일정한 주기(주기성)를 갖고 실시하는 국가 기본 통계조사입니다. 국가기관, 개인기업, 학술단체 및 일반 대중의 정책입안, 계획수립, 연구 및 평가 등을 포함한 각종 분야의 기초자료로 활용됩니다. 모든 사회 분야 통계의 기준(benchmark) 통계로서, 각종 가구 표본조사의 모집단 및 표본틀로 제공됩니다. 이외에도 활용할 수 있는 분야에는 어떤 것이 있을지 생각해 봅시다.

CHAPTER 02

# 관련문제

**1. 귀납법과 연역법에 관한 설명으로 옳은 것은?** 〈11회〉

① 귀납법과 연역법은 상호 배타적이다.

② 귀납법은 이론에서 조작화와 관찰로 이어진다.

③ '모든 사람은 죽는다'와 같은 명제에서 시작하는 것은 귀납법이다.

④ 연역법은 개별 사례의 관찰에서 출발한다.

⑤ 경험적 관찰에서 보편적 유형을 찾는 것은 귀납법이다.

**2. 연구질문에 대한 연역적 탐구방법의 과정으로 옳은 것은?** 〈10회〉

① 이론적 이해 → 가설 → 조작화 → 측정 → 가설검증

② 이론적 이해 → 조작화 → 측정 → 가설 → 가설검증

③ 관찰 → 잠정적 결론 → 일반화

④ 관찰 → 유형의 발견 → 잠정적 결론

⑤ 관찰 → 잠정적 결론 → 유형의 발견

**3. 횡단연구와 종단연구에 관한 설명으로 옳은 것은?** 〈11회〉

① 일정 기간에 걸쳐 발생하는 변화에 관한 연구는 종단연구이다.

② 횡단연구는 상대적으로 비용이 많이 든다.

③ 종단연구는 한 시점에서 대상을 관찰한다.

④ 동일대상을 반복 관찰하는 것은 횡단연구이다.

⑤ 특정 집단의 변화에 대한 횡단연구는 경향연구(trend study)이다.

**4. 사회조사의 유형에 관한 설명으로 옳은 것은?** 〈13회〉

① 횡단연구는 탐색, 기술, 설명의 목적을 갖는다.
② 동년배(cohort) 조사는 특정 하위모집단의 변화를 관찰하기 위해 매번 동일대상을 선정한다.
③ 종단연구는 장기간에 걸쳐 조사하는 연구로 질적 연구로는 이루어지지 않는다.
④ 패널(panel) 연구는 새로운 경향을 확인하기 위해 해마다 다른 표본을 선정한다.
⑤ 추이(trend) 조사는 패널연구보다 개인의 변화에 대해 더 명확한 자료를 제공한다.

**5. 다음 내용에 해당하는 조사연구 단계는?** 〈9회〉

> 조사대상 변수들 사이의 논리적 구조를 설명하고 가설설정에서 일반화에 이르기까지 필요한 제반 활동에 대하여 계획을 세우는 단계

① 조사문제 선정 단계
② 자료분석 단계
③ 측정도구 개발 단계
④ 자료수집 단계
⑤ 조사설계 단계

정답 1. ⑤ 2. ① 3. ① 4. ① 5. ⑤

CHAPTER

# 03

# 조사주제의 선정과 조사연구

1. 조사주제의 선정
2. 연구문제 및 연구가설의 형성
3. 변수의 정의
4. 변수의 개념화와 조작화
4. 조사설계의 개념 및 중요성

CHAPTER 03

# 조사주제의 선정과 조사연구

## 1. 조사주제의 선정

사회복지 조사연구의 과정은 문제설정 → 조사설계 → 자료수집 → 자료처리 및 분석 → 결과해석 및 보고서 작성의 순서대로 이루어진다. 조사가 결정되고 조사주제, 즉 문제가 설정되면 조사를 수행하기 위한 계획을 수립하게 된다. 이 단계를 조사설계라고 하는데, 조사목적에서부터 조사결과가 도출되기까지의 과정에 대한 설계이다. 이 과정에는 다섯 차원에 대한 계획, 즉 조사목적(가설 포함), 측정, 조사대상 표본선정, 조사(자료수집), 분석 등의 계획이 포함된다.

그러나 첫 번째 과정인 조사목적에 대한 계획은 조사설계 단계에서 어떻게 수립할 것인가를 계획하는 것이 아니라 아예 수립된다. 즉, 조사목적에 대한 계획은 조사목적을 어떻게 세울 것인가를 계획하는 것이 아니라 조사목적을 확립하는 것을 의미한다. 조사목적을 수립하는 이유는 조사가 방향성을 잃지 않도록 하기 위해서이다.

두 번째 과정은 측정계획을 수립하는 것이다. 측정계획이란 측정도구에 대한 계획이다. 측정도구에 대한 계획은 질문과 응답형태에 대한 계획을 의미한다. 측정에 대한 계획 수립이 끝나면 조사대상자인 표본을 선정하는 세 번째 과정의 계획을 수립하여야 한다. 대부분의 조사에서 조사대상이 될 수 있는 모든 대상(모집단)을 조사하지 않고 그 가운데 일부에 대해 조사를 하기 때문에 전체 집단에서 조사의 실제 대상인 표본을 선정하게 된다.

다음으로 네 번째 과정인 실제조사(자료수집)에 대한 계획을 수립한다. 설문조사를 이용할 것인가 혹은 실험을 이용할 것인가 혹은 현장조사를 이용할 것인가 등에 대한 계획이다. 물론 이 과정은 조사주제와 측정 및 표본 등을 고려하여 결정하게 된다. 자료수집에 대한 계획이 수립되면 다음은 수집된 자료를 어떻게 분석할 것인가를 계획한다. 일반적으로 자료분석에 대한 계획은 철저하게 수립되지 않고 자료수집 이후에 계획과 동시에 분석에 들어가는데 다른 과정과 마찬가지로 이 과정 역시 세밀하게 세워지는 것이 좋다. 계획이 잘 수립되면 분석과정에 오류가 생길 가능성이 줄어들기 때문이다.

## 2. 연구문제 및 연구가설의 형성

### 1) 가설의 정의

가설은 두 개 이상의 변수 간의 관계에 대한 진술이며, 가설이라고 하는 이유는 그것이 아직 검증되지 않은 사실이고 잠정적 해답에 불과하기 때문이다. 가설의 주요 목적은 이미 알려진 사실들의 원인을 추측하여 설명해 내는 것이다. 연구자는 가설이 검증에 의해 확정되면 채택하고, 검증결과가 가설과 다르게 나타나면 기각하게 된다. 가설은 일상생활의 관찰이나 선행연구, 보편적 신념, 탐색연구를 위한 자료분석, 기존 이론으로부터 추론될 수 있다. 하나의 진술을 정설이라 하지 않고 가설이라고 하는 이유는 아직 검증되지 않았기 때문이며 이러한 가설은 과학이론과 다르다는 점에 주목해야 한다. 가설은 어디까지나

추측한 진술이므로 잠정적이며 검증되어 타당성이 입증된 경우에만 과학이론으로서 자격을 갖추게 된다.

과학철학에서 말하는 발견의 논리는 가설의 성격과 역할에 대해 말해준다. 과학발전의 한 중요한 계기로서 가설을 제기하는 과정에는 연구자의 창의성과 통찰력 있는 추측이 요구된다. 가설이 창의성과 통찰력을 갖추기 위해서는 다음의 과정을 거치는 것이 바람직하다.

첫째, 연구자는 세심한 관찰을 통해 획득한 여러 근거와 규칙성을 토대로 가설을 제기한다.

둘째, 제기된 가설로부터 검증 가능한 명제들을 도출한다.

셋째, 이 명제들을 일정한 절차를 통해 객관적으로 검증한다.

넷째, 검증결과에 따라 가설의 수용 여부를 결정한다. 만약 가설이 참으로 입증된 경우에는 과학이론으로서의 자격을 획득하게 되는 것이고 그렇지 않을 경우에는 제기된 가설에 대해 기각 결정을 한다.

연구문제가 변수들 간의 관계에 대한 의문을 제기하는 것이라면 가설은 그러한 의문에 대한 가정적인 해답을 제시하는 것이다. 따라서 가설이 될 문장은 조건문 형태로 선행조건과 결과조건이 명시되어야 한다.

〈표 3-1〉 **가설 조건문 형태**

| 만약 ○○○ 하면 ○○○할 것이다. |
|---|
| 예 나이가 많아질수록 병원 진료비가 증가할 것이다.<br>경제가 어려워지면 생활형 범죄가 증가할 것이다. |
| ○○○와(과) ○○○는 관계가 있을 것이다. |
| 예 소득과 출산율은 관계가 있을 것이다.<br>인구와 범죄율은 관계가 있을 것이다. |

위 가설 조건문에서 나이, 경제는 선행조건이고, 병원 진료비 증가, 생활형 범죄 증가는 선행조건의 변화에 의해 영향을 받아 나타난 현상인 결과조건이다.

### 2) 가설의 조건

좋은 가설이 되기 위해 갖추어야 할 조건은 검증이 가능해야 하고, 표현이 간단명료해야 하며, 간결한 논리로 이루어져야 한다. 또한 연구문제에 답을 제시해야 하고, 관련 분야의 이론과 부합되어야 한다.

#### (1) 검증 가능

단순한 연구자의 의견이나 희망사항, 가치판단이나 규범적 성격을 지닌 명제는 가설이 될 수 없다. 또 개념 정의가 불분명하여 가설내용이 너무 막연해도 검증이 곤란하게 된다.

#### (2) 간단 · 명료한 표현

가설은 누구나 쉽게 이해할 수 있는 보편적 언어를 사용하고 표현도 간단 · 명료해야 한다. 같은 의미를 지닌 개념 간 관계를 나타낸다거나 동어반복적인 내용은 피해야 한다.

#### (3) 간결한 논리

한 가설에는 두 개 정도의 변수 간의 관계만을 간결하게 설명해야 한다. 만약 한 가설에 두 개 이상의 변수들 간의 관계에 대한 내용이 포함되어 있으면 측정상의 문제가 발생하게 된다. 즉, 한 가설은 검증된 결과 채택되었는데 다른 한 가설은 기각될 경우 해석상 혼돈을 초래하게 된다. 이런 경우에는 그 한 가설을 둘로 나누어 검증하여야 한다.

### (4) 연구문제에 대한 해답 제시

가설의 검증결과는 연구문제에 적용되어 그 문제에 대한 답을 제시해 주어야 한다. 분석에 포함된 독립변수가 과연 종속변수에 영향을 미치는지의 여부와 영향력이 있다면 어느 정도인지를 파악함으로써 가설이 채택되고 연구문제는 해결된다. 가설의 기각 또는 채택 여부는 연구문제의 해결과 바로 연결되는 부분이므로 가설이 참으로 밝혀질 수 있도록 가설 설정 전에 현상에 대한 세밀한 관찰과 선행연구 고찰 등의 연구 활동이 선행되어야 한다.

### (5) 관련 분야 이론과 부합

이 조건은 가설이 도출되는 과정과 밀접한 관계를 가지고 있다. 조사보고서나 연구논문의 목차를 보면 서론에 연구목적을 설명한 다음에 선행연구 고찰이나 이론적 배경에 대해 서술하는데, 그 이유는 연구목적을 수행하기 위해 설정한 가설이 연구자의 주관적 생각이나 판단에 의한 것이 아니라 선행연구에서 검증을 거친 과학적 근거하에 설정되었음을 나타내기 위함이다. 이런 맥락에서 볼 때 가설은 반드시 관련 분야의 이론과 부합되어야 한다. 또한 관련 변수들은 사회적 상황에 맞게 수정할 수 있다는 것까지 포함한다.

### (6) 개념 계량화 가능

가설을 검증하기 위해서는 측정하고자 하는 개념을 계량화하거나 계량적인 형태를 취할 수 있어야 한다. 여기서 계량화라는 것은 변수의 속성들이 수식이나 숫자로 전환되어 통계적 분석을 할 수 있어야 한다는 의미이다. 사회복지 연구에서 계량적인 형태를 지닌 가설은 그리 많지 않으나 가설을 검증하기 위해서는 계량화할 수 있어야 한다.

### (7) 모집단 일반화 가능

연구의 궁극적 목적은 많은 사람이나 집단 또는 현상에 적용될 수 있는 보편적 원리를 찾아 일반화하는 데에 있다. 따라서 가설 검증의 결과는 적용되는 범위가 크면 클수록 좋고, 보다 광범위한 적용범위를 갖는 것이 바람직하다. 가설의 적용 범위가 작은 영역에 국한된다면 연구결과는 지식의 발전에 기여하는 바가 작아진다.

## 3) 가설의 종류

조사가설을 검증하기 위해서는 영가설(귀무가설, null hypothesis)과 대립가설이 필요하다. 만약 연구자가 어떤 이론으로부터 도출해서 '돈이 행복에 영향을 미친다'는 조사가설을 세웠다고 가정하자. 이 가설을 반증하는 입장, 즉 돈과 행복은 아무 관계가 없다 혹은 돈은 행복에 영향을 미치지 않는다고 부정하는 입장을 영가설(귀무가설)이라고 한다. 이는 포퍼(K. Popper)의 반증주의 입장에 따라 조사가설의 진위 자체를 직접 검증하는 방식이 아니라 조사가설을 반증하는 노력을 통해 조사가설이 참일 가능성을 높이는 방식으로 이루어진다는 것과 관련이 있다.

한편 자료분석을 통해 영가설이 거짓일 때 이를 기각하고 채택하기 위해 '두 변수 간 관계가 있다'는 형태의 가설을 설정하게 되는데 이를 대립가설(대안가설)이라고 한다.

이처럼 연구자는 영가설과 대립가설 중 어떤 입장이 맞는지를 확인하기 위해 자료를 수집해 분석하고 확인하게 된다.

〈표 3-2〉 **조사가설, 영가설, 대립가설 비교**

| |
|---|
| 조사가설 : A가 B에 영향을 미칠 것이다. |
| 영가설(귀무가설) : A와 B는 관계가 없을 것이다.<br>(조사가설을 반증하기 위해 설정하는 가설) |
| 대립가설(대안가설) : A와 B는 관계가 있을 것이다.<br>(영가설을 기각할 때 채택하고자 설정하는 가설) |

하지만 이러한 가설 검증 과정에서 연구자가 범할 수 있는 오류에는 제1종 오류와 제2종 오류가 있다. 먼저 제1종 오류($\alpha$ 오류)는 참인 영가설을 기각하는 오류를 말한다. 제1종 오류를 범할 확률은 유의수준($\alpha$)과 같다. 따라서 유의수준을 낮추면 제1종 오류를 범할 확률도 감소한다. 다음으로 제2종 오류($\beta$ 오류)는 거짓인 영가설을 채택하는 오류를 말한다. 표본의 수(표본크기)가 클수록 통계적 검정력이 좋아져서 제2종 오류를 범할 가능성이 감소한다.

또한 신뢰수준과 유의수준은 반대되는 개념이다. 신뢰수준을 높인다는 말은 유의수준을 낮춘다는 말과 같다. 따라서 신뢰수준을 높이면 유의수준이 낮아지므로 1종 오류 또한 줄어든다.

## 3. 변수의 정의

변수란 경험적인 개념을 말한다. 변수와 개념은 종종 구분되지 않고 쓰이기도 하나 구분을 하자면 개념은 추상적인 것이며, 변수는 개념의 조작화를 통해 만들어진 구체화된 것이다. 모든 개념이 변수가 되는 것은 아니지만 모든 변수는 개념이 된다. 사회과학 이론을 구성하는 대부분의 개념들은 변수의 성격을 가진다. 따라서 변수란 변화의 성질을 가진 개념으로 볼 수 있다.

### 1) 속성에 따른 분류

변수는 이론과 가설의 기본 단위가 되며, 변수의 속성에 따라 명목변수, 서열변수, 등간변수, 비율변수로 구분할 수 있다. 변수가 어떤 속성을 가졌으며, 어떤 등급의 변수로 분류되느냐에 따라 어떤 종류의 수학적 연산을 할 수 있으며, 어떤 통계기법을 사용할 수 있는가 하는 것이 결정된다.

#### (1) 명목변수

명목변수는 측정대상의 특성을 단순히 분류하거나 확인할 목적으로 수치를 부여하는 것이다. 여기서 숫자는 단지 구별을 하기 위한 것이므로 숫자가 가지는 수량적 의미는 전혀 없다. 어떤 사물의 속성을 질적인 특성에 의해 서로 다른 몇 개의 범주로 분류할 수 있을 뿐 그 범주를 서열이나 수치로 나타낼 수 없는 변수를 말한다. 성별(남, 여), 지역(대도시, 중소도시, 농·어촌), 종교(불교, 기독교, 천주교, 유교, 기타) 등을 예로 들 수 있다.

범주분류는 반드시 모든 분류대상이 전부 포함될 수 있도록 총망라하고, 하나의 대상이 두 개 이상의 범주에 속하지 않도록 상호배타적이어야 한다.

#### (2) 서열변수

서열변수는 측정대상을 그 속성에 따라 서열이나 순위를 매길 수 있도록 수치를 부여하는 것이다. 어떤 사물의 속성을 서로 다른 몇 개의 범주로 나눌 수 있고 범주 간의 서열을 측정할 수 있는 변수를 말한다. 서열변수는 서열을 측정할 수 있으나 각 서열 간의 차이를 측정할 수는 없다. 서열변수의 각 부여된 수치는 단순히 서열을 의미할 뿐이지 범주 간의 차이를 나타내지는 않는다. 서열변수에 속하는 예로는 학점(A, B, C, D, F), 장애정도(1급, 2급, 3급, 4급, 5급), 교육수준(초졸, 중졸, 고졸, 대졸) 등을 들 수 있다.

### (3) 등간변수

등간변수는 측정대상을 속성에 따라 서열화함은 물론 서열 간의 간격이 동일하도록 수치를 부여하는 것이다. 즉, 어떤 변수의 범주 간의 순서뿐 아니라 범주 간의 정확한 간격을 알 수 있는 변수를 말한다. 그리고 등간변수는 각 범주 간에 동등한 간격을 가지고 있다. 이의 예로는 학년(1학년, 2학년, 3학년, 4학년), 온도(-10, …, 0, …, 10), 지능지수(90, 95, 100) 등을 들 수 있다.

### (4) 비율변수

비율변수는 측정대상의 속성에 절대적인 영(0), 자연적인 영(0)을 가진 척도를 가지고 수치를 부여하는 것이다. 절대기준점이나 영(0)의 의미는 그 값보다 더 작은 값은 존재하지 않는다는 것이며 모든 값의 시작점이라고 볼 수 있다. 또한 측정 간의 간격이 같으므로 가감승제를 의미 있게 할 수 있다. 즉, 변수의 범주 간의 간격이 등간격일 뿐만 아니라 범주 간에 몇 배나 크고 작은가를 측정할 수 있는 변수를 말한다. 비율변수는 등간변수의 모든 특성을 가지고 있는 동시에 절대 영점을 가지고 있으며, 변수값들을 곱하고 나누는 것이 가능하다. 비율변수에 속하는 예로는 키, 무게 등을 들 수 있다. 또한 변수들은 크게 연속적 변수와 비연속적 변수 두 가지로 분류할 수 있다. 연속적 변수는 변수가 연속성을 가지고 있는 것을 말하고 등간변수, 비율변수가 여기에 속한다. 비연속적 변수는 변수가 연속성을 가지고 있지 않는 것을 말하고 여기에는 명목변수와 서열변수가 속한다. 하지만 때때로 서열변수는 연속적 변수로 사용되기도 한다.

### 2) 기능적 관점에 따른 분류

변수는 이론이나 가설을 통해 현상을 설명하는 과정에서 어떠한 기능을 하느냐에 따라 독립변수, 종속변수, 매개변수, 통제변수, 조절변수, 외생변수 등으로 분류할 수 있다.

#### (1) 독립변수

어떤 변수가 다른 변수의 발생에 대한 원인이 된다고 가정될 때 우리는 그 변수를 독립변수라고 할 수 있다. 즉, 원인변수라고도 한다. 예를 들면, 부모의 이혼과 비행청소년의 관계를 연구하고자 할 때 부모의 이혼 여부가 독립변수가 된다. 부모의 이혼 여부가 비행청소년의 발생과 관계가 있다면 비행청소년 발생의 원인이 되는 것은 바로 부모의 이혼이기 때문에 원인적 변수, 즉 독립변수라 할 수 있는 것이다.

#### (2) 종속변수

독립변수의 영향을 받아 일정하게 변화된 결과를 나타내는 기능을 하는 변수를 종속변수라고 할 수 있다. 이는 결과변수라고도 한다. 예를 들어, 부모의 이혼과 비행청소년의 관계를 연구하고자 할 때, 부모의 이혼으로 말미암아 비행청소년이 될 가능성이 커진다면 비행청소년은 종속변수가 된다.

#### (3) 매개변수

독립변수의 영향을 받아 종속변수에 영향을 주는 변수이다. 즉, 독립변수와 종속변수 사이에 영향을 미치는 매개자의 역할을 하는 것이다. 예를 들어, 부모의 이혼이 그 자녀에게 자아정체성 혼란을 가져오고 그로 인해 비행청소년이 된다고 가정할 때 부모의 이혼은 그 자녀의 자아정체성 혼란을 가져다주는 독립변수이고, 자녀의 자아정체성 혼란은 부모의 이혼에 영향을 받아 비행청소년이 되는 데 영향을 미치는 매개변수이며, 비행청소년은 자아정체성 혼란에 영향을 받는 종속변수라고 할 수 있다. 즉, 매개변수는 독립변수의 결과인 동시에 종속변수의 원인이 되는 변수이다.

〈표 3-3〉 **독립변수, 매개변수, 종속변수의 관계(1)**

| 독립변수<br>(부모의 이혼) | → | 매개변수<br>(자아정체감) | → | 종속변수<br>(비행) |
|---|---|---|---|---|

〈표 3-4〉는 외국인 근로자와 동료 근로자 간의 관계가 외국인 근로자의 장기근속에 미치는 영향조사의 사례이다. 이를 살펴본다면 외국인 근로자와 동료 근로자 간의 관계가 좋을수록 직장만족도가 높아져 이직이 예방되며, 따라서 장기근속하게 된다.

〈표 3-4〉 **독립변수, 매개변수, 종속변수의 관계(2)**

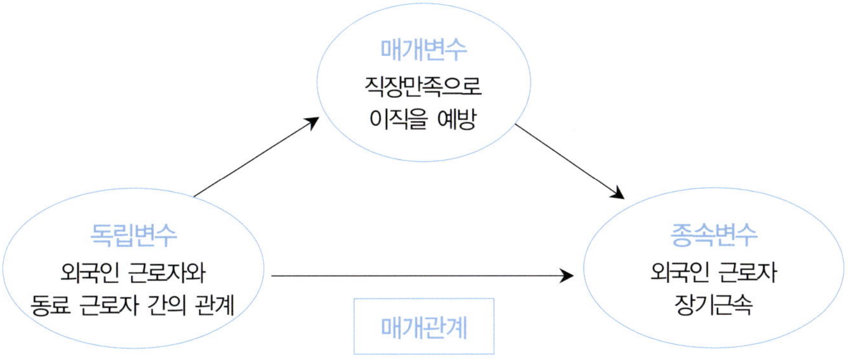


## (4) 통제변수

두 변수 간의 관계를 더 정확하게 파악하기 위해서 두 변수 간의 관계에 영향을 미칠 수 있는 제3의 변수를 사용하여 통제하는 것을 말한다. 즉, 인과관계를 밝히는 것을 목적으로 하는 설명적 조사에서 조사설계의 목표는 가설에서 설정한 독립변수와 종속변수 사이의 인과관계가 맞는지 아닌지를 검증하는 것이다. 이때 필요한 것이 통제변수이다.

### (5) 조절변수

독립변수와 종속변수 간의 관계에 강도나 방향을 변화시키는 혹은 조절하는 변수를 말한다. 예를 든다면, '청소년이 제공받은 전문가 지지는 외상경험이 정신건강에 미치는 부정적 영향을 완화시켜 줄 것이다'라는 가설에서 본다면 전문가 지지는 조절변수가 되고, 외상경험이 독립변수, 정신건강이 종속변수가 된다.

〈표 3-5〉의 경우는 학교폭력이 아동의 자아존중감에 영향을 미침에 있어 교사 지지의 조절효과 연구로, 이를 살펴본다면 교사의 지지가 높으면 학교폭력 피해 아동의 자아존중감에 미치는 영향력을 감소시킬 것이다.

〈표 3-5〉 **조절변수 관계**

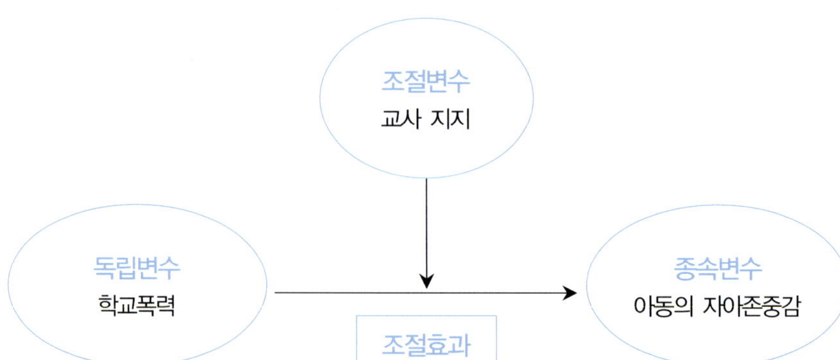

### (6) 외생변수

외생변수는 관찰된 독립변수와 종속변수의 관계를 잘못 이해하도록 만들 수 있는 변수이다. 그러므로 외생변수를 통제하지 못하면 독립변수와 종속변수의 인과관계를 규명하지 못하게 된다. 즉, 독립변수가 종속변수에 표면상으로 영향을 미쳐 관계가 있는 것처럼 보이지만 제3의 변수로 인하여 그렇게 보이는 것일 뿐 실제로는 관계가 없는 경우를 말한다. 이들 두 변수는 가식적 관계에 있다고 하며, 이때의 제3의 변수를 외생변수라 한다. 〈표 3-6〉은 환자의 입원기간과 수명 사이에 어떤 관계가 있는가에 대한 조사이다. 이를 살펴보면 질병의 심각성이라는 변수를 무시하면, 입원기간과 수명의 관계가 잘못 설명된다. 이때 외생변수를 통제하게 되면 독립변수와 종속변수 간의 가식적 관계는 사라진다.

〈표 3-6〉 **외생변수 관계**

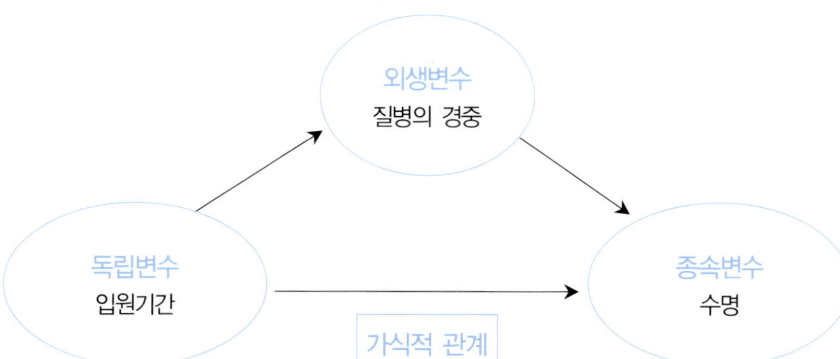


또한 외생변수, 매개변수, 조절변수를 실제로 통제하는 경우 이러한 변수들을 통제변수라고 한다. 여기서 통제한다는 것은 조사연구에서 가설을 통해 인과관계에 영향을 미치는지를 검토한다는 의미로 이해할 수 있다.

## 4. 변수의 개념화와 조작화

조사를 위해서는 조사문제나 조사가설에 포함되어 있는 변수에 대하여 구체적으로 개념을 정의해야 한다. 이때에는 조사문제와 조사가설 설정 단계에서 개념을 정의하는 것이 바람직하다.

### 1) 변수의 개념화

개념의 정의를 명확하게 정의하는 것이다. 개념적 정의는 명목적 정의, 사전적 정의와 같은 의미로 볼 수 있다. 개념적 정의만으로는 구체적 측정이 가능하지 않으며, 조작적 정의로 변환되어야 측정이 가능해진다.

### 2) 변수의 조작화

추상적 개념을 측정 가능한 변수로 정의하는 것이다. 조작적 정의이며 양적조사에서 중요하다. 이러한 조작적 과정은 추상적인 개념을 측정 가능한 변수로 구체화하는 과정이다. 따라서 조사의 순서는 개념화 → 조작화 → 측정으로 이루어진다.

## 5. 조사설계의 개념 및 중요성

### 1) 조사설계의 정의

조사설계란 선정된 조사문제에 대한 해답을 구하고 설정된 가설들을 경험적으로 검증하기 위해 어떤 자료가 필요한지, 필요한 자료를 어떻게 수집할 것인지, 수집된 자료를 어떻게 분석하고 해석할 것인지 등을 계획하는 것이다.

## 2) 조사설계의 목적과 기능

조사설계는 연구자가 수행하고자 하는 특정 연구에 대한 종합적인 평가를 수행할 수 있는 기회를 제공해 준다. 즉, 조사설계를 구상하는 과정에서 연구자는 자신의 고유한 관심, 연구능력, 사용 가능한 자원과 인력 등에 관하여 충분히 고찰할 수 있는 기회를 가질 수 있다.

조사설계는 연구자가 조사문제에 대한 해답을 가능한 한 타당성 있고 객관적이며 정확하게 그리고 경제적으로 확보할 수 있도록 해준다. 따라서 모든 조사설계는 주어진 조사문제에 대한 경험적 증거를 찾을 수 있도록 의도적으로 그리고 특정하게 고안된 것이라고 할 수 있다.

조사설계는 관찰대상 및 결과분석의 방법을 명확하게 결정하기 위한 것이다. 연구자는 조사설계를 수립하는 과정에서 자신의 연구목적을 달성하기 위하여 관찰할 대상과 그에 따른 표집방법 그리고 관찰에 의하여 수집된 자료를 효과적으로 처리할 분석방법을 미리 결정하고 그 결정에 대한 근거를 분명히 확인할 수 있다.

조사설계는 연구자의 실험가설을 효과적으로 증명하고자 하는 목적을 가지고 있다. 대부분의 사회조사는 특정한 주제에 대하여 연구자가 가진 실험가설을 증명하기 위하여 수행되는 것이 보통이다. 그런데 모든 연구에는 연구자의 실험가설 외에도 연구대상의 변화를 설명할 것으로 기대되는 대안가설들이 다수 존재한다. 따라서 조사연구에서 가장 중요한 것은 이와 같은 대안가설들을 어떻게 효과적으로 배제할 것인가에 관한 전략을 수립하는 것이며, 조사설계는 이를 위한 가장 효과적인 실험가설 검증방법을 고안하는 과정이다.

### 3) 조사설계의 중요성

조사설계는 조사를 수행할 때 설계도면의 역할을 수행하기 때문에 조사가 계획적이고 체계적이며 질서 있게 수행되도록 함에 있어 매우 중요한 역할을 한다. 조사설계는 효과적이고 효율적인 프로그램이나 정책대안을 형성하는 데 필요한 기초자료를 체계적으로 수집하고 분석할 수 있는 절차와 방식을 제공함으로써 사회적 책임성을 이행하고 사회 구성원의 행복을 증진시키는 데 중요한 역할을 한다.

조사설계는 조사문제와 관련된 가설을 통일성을 가지고 논리적이고 경험적으로 검증할 수 있는 절차와 방법을 제시함으로써 조사문제와 관련된 이론을 형성하는 데 중요한 역할을 수행한다.

### 4) 조사설계의 구성요소

#### (1) 주제 – 문제 – 가설 설정

주제를 선정하고 이를 조사문제로서 특정화하며, 특정화된 조사문제는 경험적으로 검증 가능한 가설로 발전한다.

#### (2) 대상선정

정보의 원천으로서 무엇이 적절한가, 조사대상이 무엇인가, 분석단위가 무엇인가, 개인인가, 집단인가, 조직체인가, 사회적 가공물인가, 시간인가, 문헌인가, 통계자료인가 등으로 구분하여 볼 수 있다.

#### (3) 표집전략

자료를 수집할 적절한 모집단은 무엇인가, 표집단위는 무엇으로 할 것인가, 표본의 수(크기)는 얼마로 할 것인가, 어떤 방법으로 표본을 선정할 것인가로 구분할 수 있다.

### (4) 연구방법의 선택

선정된 대상에서 정보를 수집하는 방법은, 사람인 경우 관찰법 · 면접법 · 질문지법(설문지법) · 실험 등 어느 것으로 할 것인가, 서류나 문헌이라면 사례연구법 · 내용분석법 · 통계적 방법 등 어느 것을 사용할 것인가의 결정이다.

### (5) 측정(또는 관찰)

대상을 어떻게 관찰하고 측정하여 경험적인 자료를 수집할 것인가, 자료를 측정하는 전략은 무엇인가, 어떠한 척도를 사용할 것인가의 결정이다.

### (6) 자료의 수준

자료수집 과정의 유형을 어떻게 결정할 것인가, 일반적 현상을 탐색할 필요가 있는가, 상세한 기술이 필요한가, 변수 간의 관계를 분석해야 하는가의 수준을 결정해야 한다.

### (7) 조사결과의 분석과 해석

분석할 자료가 무엇인가, 어떤 방법으로 자료를 조합하고 분석할 것인가, 통계적 처리는 어떠한 방법을 활용할 것인가, 통계분석 결과 해석은 어떻게 내릴 것인가, 적절한 결론은 어떻게 내릴 것인가의 분석이다.

### (8) 보고서 작성과 발표

보고서에 무엇을 그리고 어떻게 담을 것인가, 보고서는 어떤 형식인가, 사회에 어떻게 알릴 것인가의 결정이다.

**사례로 본 사회복지조사**

**"세금 더 내고 복지확대… 20대 81%가 반대"**

복지 확대를 위한 추가적인 세금 납부에 20 · 30대가 가장 부정적이라는 조사 결과가 나왔다.

6일 서울대 국가전략위원회의 '코리아 리포트 2022' 보고서에 따르면 전국 만 19세 이상 국민 2159명을 대상으로 설문조사를 한 결과 '복지 확대를 위해 추가 세금을 지불할 의향이 있다'는 문항에 20대의 19.1%만 긍정적으로 답했다. 이는 전체 세대 중 가장 적은 수준이다. 이어 30대 24.6%, 50대 29%, 60세 이상 30.6%, 40대 33.5%의 순으로 나타났다.

소득계층별 세금 부담에 대한 인식에서도 세대별로 차이가 나타났다. 40~60대는 고소득자의 세금 부담이 적다는 응답이 절반 이상(40대 61.8%, 50대 63.4%, 60세 이상 53.9%)이었지만 30대는 48.4%, 20대는 30.1%에 그쳤다. 20대는 본인은 물론 고소득자의 세금을 더 걷는 것에 대해서도 다른 연령대보다 부정적인 것이다.

고소득자의 세금 납부에 대한 인식은 정치적 성향과 계층에 따라서도 갈렸다. 정치적으로 진보 성향을 띠고 있다고 밝힌 응답자 중 고소득자가 납부하는 세금이 적다는 응답은 68.5%에 달했다. 반면 자신이 보수 성향이라고 밝힌 응답자 중에서는 40.2%였다. 자신의 계층이 '하층'이라고 인식한 응답자 중에서는 59.3%, 상층은 35.4%로 차이가 벌어졌다.

위원회는 보고서를 통해 "조세 정책의 재분배 효과가 떨어지면 대다수 국민이 조세 정책에 대한 신뢰를 잃어버린다"며 "복지국가 확대를 위해서는 사회적 연대 의식의 형성이 필수인 만큼 앞으로의 조세 정책은 정치적 · 상징적 정책에서 벗어나 복지국가를 향한 보편증세의 방향으로 나아가야 한다"고 주장했다. / 세계일보 2022-02-06

**생각해 봅시다**

- 복지 확대를 위한 세금 지출 의향에 대하여 의견을 나누어 봅시다.

CHAPTER 03

# 관련문제

**1. 변수에 관한 설명으로 옳은 것은?** 〈12회〉

① 독립변수는 모든 형태의 척도(명목, 서열, 등간, 비율)가 활용될 수 있다.

② 매개변수는 독립변수와 종속변수에게 영향을 미친다.

③ 통제변수는 종속변수와 관련성이 없어야 한다.

④ 조절변수는 독립변수에게 영향을 미친다.

⑤ 종속변수의 수는 외생변수의 수에 따라 결정된다.

**2. 변수 간의 관계에 대한 설명으로 옳지 않은 것은?** 〈11회〉

① 복지정책이 소득수준 향상의 원인일 때 복지정책은 독립변수이다.

② 소득수준 향상이 경제발전의 결과라면 소득수준은 종속변수이다.

③ 경제수준이 비슷한 국가를 대상으로 복지정책의 빈곤감소 효과를 조사할 때 경제수준은 통제변수이다.

④ 경제발전으로 복지정책의 재원이 늘어 생활수준이 향상되었다면 경제발전은 매개변수이다.

⑤ 경제여건에 따라 복지정책의 빈곤감소 효과가 달라진다면 경제여건은 조절변수이다.

**3. 다음 가설에서 사용된 변수의 종류를 옳게 나타낸 것은?** 〈9회〉

> ㉠ 교사의 지지가 높으면 ㉡ 집단따돌림이 ㉢ 아동의 자아자존감에 미치는 영향을 감소시킬 것이다.

| | ㉠ | ㉡ | ㉢ |
|---|---|---|---|
| ① | 선행연구 | 종속변수 | 독립변수 |
| ② | 독립변수 | 매개변수 | 종속변수 |
| ③ | 통제변수 | 독립변수 | 종속변수 |
| ④ | 조절변수 | 독립변수 | 종속변수 |
| ⑤ | 독립변수 | 종속변수 | 매개변수 |

**4. 독립변수와 종속변수의 관계를 명확히 밝히기 위해 실제 자료의 통계분석에서 사용하는 변수를 모두 고른 것은?** 〈13회〉

> 가. 조절변수　　나. 통제변수
> 다. 매개변수　　라. 외생변수

① 가, 나, 다　　② 가, 다
③ 나, 라　　④ 라
⑤ 가, 나, 다, 라

**5. 가설에 관한 설명으로 옳지 않은 것은?** 〈9회〉

① 검증을 통해 문제해결에 도움을 준다.
② 추상적이기보다는 구체적이어야 한다.
③ 2개 이상의 변수들 간의 관계를 서술한 것이다.
④ 이론이나 선행연구에 기초해서 도출될 수 있다.
⑤ 사용되는 변수의 수에 따라 영가설과 대립가설로 구분된다.

6. 다음 중 비율측정에 해당하는 것만을 모두 고르면? 〈2019년 지방공무원〉

ㄱ. 명목, 서열, 등간측정의 특성을 모두 가진다.
ㄴ. 절대영점을 가지고 있다.
ㄷ. 사칙연산(+, -, ×, ÷)이 불가능하다.
ㄹ. 온도, 지능지수(IQ)가 해당한다.

① ㄱ, ㄴ
② ㄱ, ㄷ
③ ㄴ, ㄹ
④ ㄷ, ㄹ

7. 사회복지 조사연구의 과정을 순서대로 바르게 나열한 것은? 〈2020년 국가공무원〉

ㄱ. 조사설계
ㄴ. 문제설정
ㄷ. 자료처리 및 분석
ㄹ. 자료수집
ㅁ. 결과해석 및 보고서 작성

① ㄱ → ㄴ → ㄷ → ㄹ → ㅁ
② ㄱ → ㄴ → ㄹ → ㄷ → ㅁ
③ ㄴ → ㄱ → ㄹ → ㄷ → ㅁ
④ ㄴ → ㄱ → ㄷ → ㄹ → ㅁ

8. 측정수준과 그에 대한 예시를 옳게 짝 지은 것은? 〈2020년 국가공무원〉

① 명목척도 - 학점, 몸무게
② 서열척도 - 결혼 여부, 성별
③ 등간척도 - 토익(TOEIC) 점수, 지능지수(IQ)
④ 비율척도 - 학년, 온도

정답 1. ① 2. ④ 3. ④ 4. ① 5. ⑤ 6. ① 7. ③ 8. ③

CHAPTER

# 04 측정과 척도구성

1. 측 정
2. 척 도

CHAPTER 04

# 측정과 척도구성

## 1. 측 정

측정(measurement)은 어떤 현상을 묘사하거나 기술하는 방법으로 정의되기도 한다. 또한 측정은 측정하고자 하는 대상의 속성에 존재하는 일정한 규칙에 따라 숫자나 기호를 부여하는 과정을 말한다. 측정을 통해 추상적인 개념이 경험적으로 관찰 가능한 대상이 되며, 이는 특히 양적 조사에서 중요한 과정이다.

### 1) 측정수준

측정을 통해 산출하는 것이 '수치'이다. 숫자가 갖는 가장 최상의 기능은 사칙연산이지만 측정을 통해 얻은 모든 수치가 연산이 가능한 것은 아니다. 단순히 서로 다른 것을 구분하는 기능만 하는 수치도 있고, 순서를 알려주는 기능을 하는 수치도 있다. 수치가 갖는 이러한 속성(기능)의 차이를 측정수준의 차이라 한다.

측정수준에는 명목, 서열, 등간, 비율수준이 있다. 각 수준으로 측정된 변수를 명목변수, 서열변수, 등간변수, 비율변수라 부른다. 명목변수의 측정수준이 가장 낮고 비율변수의 측정수준이 가장 높다.

높은 측정수준은 낮은 측정수준이 갖는 속성을 모두 내포하며, 낮은 측정수준으로 변환하는 것이 가능하다. 낮은 측정수준은 높은 수준으로 변환하는 것이 불가능하다. 측정수준에 따라 사용 가능한 통계분석 방법이 다르며, 측정수준이 높은 변수일수록 고급 통계 기법을 적용할 수 있다.

### (1) 변수별 측정수준

#### ① 명목변수

명목변수는 측정을 통해 얻은 수치가 단순히 서로 다른 범주를 분류하는 기능만 가지며, 명목변수의 수치에는 서열이나 양적 의미가 없다. 명목변수의 예로는 종교, 직업, 성별, 가족 형태, 복지국가 유형, 거주 지역, 출신학교 등이 있다.

명목변수에서 서로 다른 범주를 구성할 때는 포괄성의 원칙과 상호 배타성의 원칙을 지켜야 한다. 포괄성의 원칙은 모든 사례가 어느 범주든 속할 수 있게 충분한 수의 범주를 구성해야 한다는 것이다. 만일 아래 질문 중 거주에 대한 응답 범주에서 '⑥ 기타'가 제시되지 않았다면 이는 포괄성의 원칙을 위배하는 것에 해당한다. 상호 배타성의 원칙은 동일한 사람이 둘 이상의 범주에 중복되게 속하는 일이 없도록 범주가 확실히 차별화되도록 구분되게 설정되어야 한다는 것이다. 그리고 문항 범주를 구성할 때는 범주 간 논리적 연관성이 있어야 한다.

| '포괄성'이 결여된 경우의 예 |
|---|
| ● 귀하가 현재 거주하는 지역은 어디입니까?<br>① 서울 ② 경북 ③ 경남 ④ 부산 ⑤ 울산 |

| '상호 배타성'이 결여된 경우의 예 |
|---|
| ● 현 정부의 사회복지정책에 대한 귀하의 입장은 어떠합니까?<br>① 매우 찬성 ② 찬성 ③ 반대 ④ 매우 반대 |

### ② 서열변수

서열변수는 명목변수보다 측정수준이 한 수준 높은 변수로, 서열수준에서 측정된 수치는 범주를 구분(분류)하는 기능에 더하여 범주 간의 대소 관계(순서, 서열)까지 나타낸다. 즉, 측정대상을 그 특징이나 속성에 따라 일정한 범주로 분류(=명목)하고 각 범주들 간의 상대적 순서관계를 밝히는 것이다. 따라서 서열변수에는 학점 등급(A, B, C), 반 등수(1등, 2등, 3등), 학력(무학, 초졸, 중졸) 등이 속한다. 서열변수에서 수치 간 간격은 동일하지 않다(등간격이 아니다). 그리고 서열변수 역시 범주로 구성되므로 범주 구성 시 포괄성과 상호배타성의 원칙을 지켜야 한다.

### ③ 등간변수

등간변수는 서열변수보다 한 단계 더 높게 측정되는 변수이다. 등간변수는 분류, 서열의 속성뿐만 아니라 연속적 수치 간 간격이 동일하다는 '등간격'의 의미 또한 갖는다. 등간변수에는 온도, 지능지수(IQ), 수학능력시험 점수, 학점의 환산 평점 등이 속한다. 등간격이 성립되므로 온도의 경우 1℃와 2℃의 차이는 10℃와 11℃의 차이와 동일하다.

주목할 점은 등간변수에서 측정값 0은 해당 속성이 '없다'는 의미에서의 0(이를 '절대적 0'이라 한다)이 아니라는 점이다. 등간변수에서의 0은 임의로 설정된 것으로, 예를 들어 학점이 0점이라고 해서 실력이 전혀 없음을 말하는 것이 아니며, 지능지수가 0이라고 해서 지능이 없음을 말하는 것이 아니라는 것이다. 온도가 없어서 0℃라고 하는 것이 아니라 '물이 얼기 시작하는 온도'를 임의로 0℃라고 설정한다는 것을 떠올리면 이해하기 쉬울 것이다. 등간변수는 사칙연산 중에서 덧셈과 뺄셈은 가능하지만 곱셈과 나눗셈은 불가능하다. 따라서 평균이나 표준편차처럼 곱하거나 나누는 작업이 포함된 연산은 할 수가 없다. 아울러 5℃보다 10℃가 5℃ 높다고 말할 수는 있지만 2배 더 덥다고 말할 수는 없다.

④ 비율변수

비율변수는 측정수준이 가장 높은 변수이다. 명목변수, 서열변수, 등간변수의 기능을 모두 가지면서 거기에 더하여 절대적 0의 속성을 갖는다. 즉, 0은 임의로 설정된 값이 아니라 해당 속성이 '없다'는 의미를 갖는다. 소득, 중량, 길이, 거주 기간 등이 비율변수에 속한다. 사칙연산 모두 가능하며 배수 관계가 성립한다. 따라서 100kg은 50kg보다 2배 더 무겁다고 할 수 있다. 비율변수는 평균이나 표준편차처럼 사칙연산 모두를 필요로 하는 값의 계산이 가능하다.

〈표 4-1〉 **측정수준에 따른 척도와 특성 비교**

| 구 분 | 범 주 | 순 위 | 등간격 | 절대 영점 | 비교 방법 | 수 학 | 자 료 |
|---|---|---|---|---|---|---|---|
| 명목변수 (척도) | ○ | × | × | × | 확인 분류 | = | 비계량적 |
| 서열변수 (척도) | ○ | ○ | × | × | 순위 비교 | = > < | |
| 등간변수 (척도) | ○ | ○ | ○ | × | 간격 비교 | = > < ± | 계량적 |
| 비율변수 (척도) | ○ | ○ | ○ | ○ | 절대적 크기 | = > < ± × ÷ | |

## 2) 측정도구(척도)의 요건

### (1) 상호 배타성과 포괄성이 있어야 한다

명목변수를 포함한 모든 변수 각각의 분류범주는 한 범주에 속하면 다른 범주에는 속할 수 없어야 하고(상호 배타성), 변수의 모든 값이 어느 범주 중 하나에 속할 수 있을 정도로 범주의 수가 충분해야 한다(포괄성).

### (2) 단일 차원성이 확보되어야 한다

하나의 개념을 측정하는 모든 지표가 다 같이 높은 상관관계를 보여야 한다는 것이다.

### (3) 개념이나 변수의 여러 측면을 고려하여 다양하게 구성되어야 한다

예를 들어, '아동에 대한 태도'를 측정하는 척도를 만들 경우 아주 긍정적인 태도와 아주 부정적인 태도 사이의 여러 태도를 모두 포함하여야 할 것이고 또한 신체적, 심리적, 사회적 측면도 고려하여야 할 것이다.

### (4) 타당도와 신뢰도가 확보되어야 한다

척도의 가장 핵심적인 요건으로 척도는 그 개념이나 변수가 측정하고자 하는 것을 측정해야 하고(타당도 확보), 또한 일관성 있게 측정할 수 있어야 한다(신뢰성 확보).

## 2. 척 도

척도는 광의의 의미로는 '측정도구'를 말하며, 협의의 의미로는 측정도구 중에서도 둘 이상의 지표(문항)로 구성된 도구를 말한다. 대부분 척도는 단일 차원성(unidimensionality)의 원칙에 근거해 만들어진다. 단일 차원성의 원칙이란 척도의 구성 항목(문항, 지표)이 단일한 차원을 반영해야 한다는 뜻이다. 예를 들어, '자존감'을 측정하기 위해 10문항짜리 척도를 구성하는 경우 이 자존감 척도의 10문항은 모두 하나의 차원(자존감)을 반영해야 한다. 만일 자존감을 측정하는 척도 안에 자아통합이나 행복감 등 다른 개념(혹은 차원)을 측정하는 문항이 포함되어 있다면 이는 단일 차원성의 원칙에 위배되는 것이다. 이처럼 척도는 측정하고자 하는 대상에 부여하는 숫자가 기호들의 체계이다.

척도를 사용할 때 좀 더 구체적으로 살펴보면 다음과 같다.

첫째, 충분한 검증을 통한 다양하고 복잡한 개념을 충분히 반영할 수 있는 여러 문항으로 구성되어 있으므로 타당도를 높일 수 있으며 오차 또한 줄일 수 있다.

둘째, 하나의 개념에 대해 반복적 주제를 다루기 때문에 측정결과에 대한 신뢰도를 높일 수 있다.

셋째, 변수들은 단순화시켜 양적으로 측정 가능하도록 하였기 때문데 조사자의 편견이 배제되어 객관성과 정확성을 추구할 수 있다는 점이 상당히 효율적으로 사용된다.

넷째, 복수의 자료로 구성된 척도를 사용하면 단일문항(지표)을 사용하는 경우보다 측정의 오류를 줄일 수 있고, 측정의 타당성과 신뢰성을 높일 수 있다.

이와 같은 척도를 효율적으로 사용하기 위해서는 다음과 같은 사항에도 유의할 필요가 있다.

첫째, 모집단 크기와 성격에 알맞은 표본을 추출해야 한다. 즉, 문항이 연구하고자 하는 개념들을 반영할 수 있도록 구성되어야 한다.

둘째, 종합적인 하나의 개념을 측정하기 위해서는 각 문항들이 동일한 차원으로 구성되어야 한다.

### 1) 총화평정 척도

'총화'는 합한다는 의미이고 '평정'은 점수를 부여한다는 의미이다. 둘 이상의 문항(항목)에 각각 점수를 부여한 후 전체 점수를 합산하는 방식을 총화평정 척도(합계평정 척도, summated rating scale)라 한다. 이때 각 문항에 대한 점수는 동일하게 배점(평정, rating)한다. 우리가 살아오면서 많이 치러온 시험은 대부분 총화평정 척도에 해당한다. 가장 쉬운 예로, 공무원 임용시험의 사회복지학개론 시험에 출제된 20문항을 채점할 때 각 문항에 대해 맞으면 5점, 틀리면 0점을 모든 문항에 동일하게 배점한 후 총점을 계산하게 되는데, 바로 이 방식으로 척도를 구성하는 것이 총화평정 척도이다. 합산 점수가 높을수록 측정하고자 하는 개념의 속성이 더 강하다(혹은 크다)고 해석한다. 예를 들어, 사회복지학개론 시험 20문항을 채점한 합산 점수가 높을수록 사회복지 실력이 좋다고 해석한다.

하지만 총화평정 척도는 합산 점수가 같더라도 개별 문항에 대한 응답은 다르기 때문에 합산 점수가 같다고 이것을 어떤 개념에 대해 동일 수준이라 해석해도 되는가의 문제가 있다. 예를 들어, 사회복지학개론 시험을 채점한 합산 점수가 60점인 두 사람의 사회복지 실력이 같다고 해석하는 것은 무리가 있다는 것이다. 만점과 0점을 제외하고는 응답자가 어떤 점수를 받을 수 있는 방법이 여러 가지 있을 수 있다.

**〈총화평정 척도의 사례 : 사회복지학과 졸업 후 진로에 대한 태도〉**

다음의 의견에 대하여 찬성하시는지 또는 반대하시는지 각 의견 옆의 '예' 혹은 '아니요'란에 체크 표시를 해주십시오.

| | 항 목 | 예 | 아니요 |
|---|---|---|---|
| 1 | 사회복지학을 공부하는 이유는 사회복지 공무원이 되기 위해서이다. | | |
| 2 | 사회복지학을 공부하고 졸업 후 사회복지 공무원이 되는 것은 바람직하다. | | |
| … | | | |
| 5 | 사회복지학을 공부하고 다른 분야의 직업을 가지는 것은 이해가 되지 않는다. | | |

## 2) 리커트 척도

### (1) 개념

리커트 척도(Likert scale)는 각 문항에 대한 찬반(그렇다/아니다, 예/아니요)형식으로 측정하던 원래 형태의 총화평정 척도를 발전시켜 개발한 새로운 방식의 총화평정 척도이다. 각 문항이 같은 개념을 측정한다는 확신이 떨어지는 총화평정 척도의 문제점을 개선하고자 리커트 척도는 변수의 값(응답범주)을 더 다양화함으로써 개념을 더욱 정밀하게 측정하고자 한다. 그 외 기본 원리는 총화평정 척도와 동일하다.

리커트 척도 역시 동일 점수가 여러 다른 문항을 조합해 만들어지기 때문에 같은 점수를 가진 사람들이 측정되는 개념에 대해 동일한 수준이라고 해석하는 데는 여전히 문제가 있다. 그러나 총화평정 척도보다는 이 문제를 상당히 줄여준다.

### (2) 특징

단순합계 척도의 대표적 방법으로 척도 구성과 활용이 용이하여 설문조사에서 가장 보편적으로 사용한다. 척도에 포함된 모든 문항(항목)이 서열변수로 측정된다. 예를 들어, '매우 그렇다'에서 '전혀 그렇지 않다'까지 5개의 서열화된 범주로 구성된다.

모든 문항은 동일한 가치를 갖는다(한 개념의 속성을 나타내는 데 기여하는 정도가 동일하다)고 전제하고 동일한 값을 부여한다. 예를 들어, 문항의 내용이 무엇이든 관계없이 '매우 그렇다'에 응답하면 5점, '그렇다'에 응답하면 4점, '중간이다'에 응답하면 3점, '그렇지 않다'에 응답하면 2점, '매우 그렇지 않다'에 응답하면 1점을 부여하는 방식으로 동일한 기준 값을 부여한다.

내적 일관성 검증(일반적으로 크론바하 알파계수를 이용)을 통해 신뢰도가 낮은 문항을 체크하여 신뢰도가 떨어지는 문항을 삭제할 수 있다. 그 후 문항별로 부여된 값들을 합산한 총합이 측정하고자 하는 개념을 대표한다고 가정한다.

리커트 척도의 장점은 첫째, 사실에 대한 판단보다는 개인의 의견이나 태도에 관한 질문을 중심으로 간결하고 명료하게 작성하였기 때문에 실제 사용이 용이하다. 둘째, 응답자에게 각 문항에 대해 일정한 방향으로 의견이나 태도 등을 질문하기 때문에 일관성이 있어 신뢰도가 높다. 셋째, 평가자를 사용하지 않기 때문에 평가자의 주관적 개입을 배제할 수 있어 객관적인 측정이 가능하다. 넷째, 척도구성이 몇 단계를 거쳐 이루어지지만 서스톤 척도 등에 비하면 간단하다. 다섯째, 다수의 문항을 사용해 척도를 구성하므로 보다 정밀한 응답을 구할 수 있어 타당도가 높다.

하지만 단점은 첫째, 응답범주를 5점이나 그 밖에 3점, 7점, 9점 등으로 만들고 응답범주들 사이에 등간성이 있는 것으로 간주하지만, 기술적으로나 경험적으로 그 등간성이 확인되지 않기 때문에 이 방법에 의해서 얻는 척도 값은 등간척도 값이 아니라 원칙적으로 서열척도 값에 속한다. 둘째, 동일한 태도를 가진 응답자들이 응답범주에 내에서 택한 응답항목이 항상 서로 정확하게 일치한다고 보기 어렵다. 셋째, 각 문항점수를 합산하여 그 총점을 척도 값으로 정하기 때문에 개개의 문항에서 응답자가 표현한 응답자의 태도가 구분되어 의미를 갖지 못하게 된다. 넷째, 척도를 구성함에 있어 대개의 경우 응답자 표본을 선정해야 하는데, 전체 모집단을 대표하는 표본을 선정하기가 쉽지 않다.

### 3) 거트만 척도

리커트 척도에서는 문항의 중요도를 동일하게 간주하기 때문에 문항

간 서열성을 감안하지 않고 단순 합산을 한다. 이와 달리 거트만 척도(Guttman scale)는 단일 차원성에 따라 문항을 서열화하며, 서열성을 가진 문항(항목)에서의 누적 합산 점수를 사용한다. 거트만 척도의 핵심적인 특징은 단일 차원성, 문항의 서열화, 누적 척도라는 점이다.

예를 들어, '친밀감'을 측정하는 리커트 척도는 친밀감의 다양한 측면을 반영하는 문항들로 척도를 구성하지만, 거트만 척도는 한 가지 차원을 중심으로 강한 친밀감 문항에서 약한 문항까지 친밀감 문항을 서열화한다. 강한 친밀감을 나타내는 문항에 긍정적으로 응답한 사람은 강도가 약한 문항에도 당연히 긍정적이라는 논리를 따른다. 이런 의미에서 거트만 척도를 누적 척도라 한다.

아래 〈표 4-2〉의 사례를 통해서 본다면 우리나라 국민을 대상으로 한 조사에서 다음 거트만 척도를 사용해 측정을 했다고 가정해 보자. 4번 질문에 그렇다고 응답한 사람은 당연히 1번, 2번, 3번 질문에 대해서도 그렇다고 응답할 수밖에 없다는 것이다.

〈표 4-2〉 **거트만 척도의 예**

| 항 목 | 찬 성 | 반 대 |
|---|---|---|
| (1) 우리나라에 화장터가 필요하다. | | |
| (2) 내가 살고 있는 광역시(도)에 화장터가 필요하다. | | |
| (3) 내가 살고 있는 기초지방자치단체에 화장터가 필요하다. | | |
| (4) 내가 살고 있는 동(洞)에 화장터가 필요하다. | | |

응답의 일관성이 유지되어야 거트만 척도로 측정한 결과를 사용할 수 있다. 예를 들어, 위의 척도에서 어떤 응답자가 3번, 4번 질문에는 '그렇다'고 응답했는데 1번, 2번 질문에는 '아니다'라고 응답했다면 이

는 일관성이 없다. 응답의 일관성을 검증하는 지표를 거트만 척도에서는 재생계수(coefficient of reproducibility)라 한다. 재생계수 산출 공식은 다음과 같다.

재생계수 = 1 − [오류응답 / 문항수 × 대상자수]

여기서 오류응답이란 척도 구성이 불가능하다고 판정된, 일관되지 않은 응답의 수를 말한다. 재생계수가 클수록 척도 구성 가능성이 크며 대개 90을 기준으로 삼는 것이 일반적이다.

이러한 특징을 가지고 있기 때문에 거트만 척도는 다음과 같은 단점을 가지고 있다. 첫째, 현실적으로 척도 구성 항목을 내용의 강도에 따라 일정한 순서로 배열하는 것이 어렵다. 따라서 많은 문항을 척도화할 수 없다. 둘째, 단일 차원을 측정하는 경우에는 큰 문제가 없으나 다양한 특성을 포함하는 다차원적인 조사를 수행하기 위한 척도의 구성이 불가능하기 때문에 쉽게 사용되기 어렵다.

### 4) 보가더스(E. Bogardus)의 사회적 거리 척도

사회적 거리 척도(social distance scale)는 누적 척도(혹은 거트만 척도)방법에 기초해 서로 다른 인종이나 민족에 대한 사회적 거리감을 측정하기 위해 보가더스가 개발한 척도로서 거트만 척도와 마찬가지로 서열 측정에 해당한다. 이 척도를 통해 측정된 값은 단순히 사회적 거리의 멀고 가까움에 대한 순위만 측정한 값이며 민족이나 인종 간 친밀감의 크기를 나타내는 값이라고 보기는 어렵다. 따라서 강도에 따라 서열화를 한다는 점은 거트만 척도와 보가더스 사회적 거리 척도의 공통된 점이지만, 거리를 나타낸다는 점에서 차이가 있다.

## 5) 의미분화 척도

### (1) 개념

의미분화 척도(semantic differential scale)는 어떤 개념에 함축되어 있는 의미를 평가하기 위해 개발된 방법이다. 의미차별 척도, 의미차이 척도, 어의차이 척도, 어의차별 척도, 어의변별 척도 등 다양하게 번역된다. 어떤 대상이나 개념에 대해 어떻게 느끼고 있는지 여러 형용사를 사용하여 간접적으로 측정하는 척도 구성 방법이다.

### (2) 특징

민감한 개념이나 사람 또는 사건에 대한 주관적 느낌을 간접적으로 측정하는 데 적합하다. 다른 척도에 비하여 응답자가 많이 생각하지 않고서도 쉽게, 그리고 짧은 시간에 응답할 수 있다. 리커트 척도나 서스톤 척도보다는 훨씬 적은 수의 문항으로도 신뢰도를 확보할 수 있다.

이는 일직선으로 도표화된 척도의 양극단에 상반되는 형용사를 배열하고, 양극단 사이에서(보통 응답 강도에 따라 7개 부분으로 나누어) 해당 속성을 평가한다. 측정된 개념의 의미는 평가성, 잠재성, 활동성 차원으로 정의된다.

〈표 4-3〉 **의미분화 척도의 예**

| | 아주 그렇다 1 | 그렇다 2 | 그런 편이다 3 | 잘 모르겠다 4 | 그런 편이다 5 | 그렇다 6 | 아주 그렇다 7 | |
|---|---|---|---|---|---|---|---|---|
| 적극적 | | | | | | | | 소극적 |
| 건강 | | | | | | | | 병약 |

하지만 일반적으로 개념을 직접적으로 측정하는 데는 부적합하며, 서열척도의 수준을 넘지 못한다는 단점이 있다.

## 6) 서스톤 척도

### (1) 개념

서스톤 척도(Thurstone scale)는 얻어낸 자료가 등간 측정의 성격을 갖는다는 것을 보장할 수 없다는 리커트 척도의 단점을 보완하여 개발된 척도화 방법이다. 어떤 사실에 대해 가장 우호적인 태도와 가장 비우호적인 태도를 나타내는 양극단을 등간격으로 구분하여 여기에 수치를 부여하는 등간척도이다. 점수 간 간격을 거의 같은 것으로 본다는 의미에서 유사등간 척도라고도 불린다.

### (2) 특징과 개발 절차

거트만 척도가 문항들 간에 서열성을 둔 척도라면 서스톤 척도는 서열화된 문항들 간에 등간성까지 갖게 하는 방식이다. 즉, 문항들 간 중요도의 거리가 일정한 간격을 두고 연속되도록 척도를 구성한다. 따라서 서스톤 척도 구성의 핵심은 간격 차가 일정하게 벌어진 문항을 찾아내고 그것들을 순서에 따라 나열해서 등간 점수를 부여하는 작업이다.

예를 들면, 우리 나라 국민들의 외국인에 대한 인상을 묻는다면 연구자는 먼저 물을 수 있는 여러 질문을 만들고, 다음으로 부정적인 것으로부터 긍정적인 것의 순으로 배열하게 만든 다음 마지막으로 불필요한 것으로 판단되는 질문들을 제외하고 척도를 구성하는 것이다.

따라서 이를 위해 서스톤 척도는 척도를 구성하는 과정(=척도화 과정)에서 '사전 문항 평가자'들에게 예비 문항 진술문을 평가하도록 한다.

예를 들면, 모든 예비 문항에 대해 평가하도록 요청한다. 각 진술문에 대해 평가자들이 평정한 값의 평균과 표준편차를 근거로 동일 간격이 되는 복수의 최종 진술문을 선정하고(예 10~15문항 정도) 그 최종 진술문을 통해 실제 조사에서 측정을 수행한다. 모든 문항이 동일한 기여를 한다고 전제하고 동일 기준으로 평정(배점)하는(예 '매우 그렇다'에 체크하면 어떤 문항이든 무조건 5점 배점) 리커트 척도와 달리 서스톤 척도에서는 사전 문항 평가 결과를 토대로 개별 문항마다 서로 다른 척도치가 부여된다. 즉, 측정하고자 하는 개념에 대해 개별 문항의 기여도가 다르다고 전제한다.

하지만 서스톤 척도는 신뢰도를 높이기 위해서 리커트 척도보다 문항 수가 더 많이 요청되고 척도를 개발하는 데 비용이 많이 들며 구성하기가 어렵다는 점과 문항평가자의 태도가 평가에 영향을 미칠 수 있다는 점이 단점으로 꼽힌다.

## 7) 소시오메트리

### (1) 개념

소시오메트리(sociometry)는 모레노(J. L. Moreno)가 처음 개발하여 오늘날 심리학과 사회과학 분야에 널리 이용되고 있는 척도이다. 집단 내 구성원 간의 유인과 반발의 형태, 강도, 빈도 등을 측정하여 분석함으로써 개인의 집단 내에서의 상호작용과 지위, 집단 자체의 구조와 상태를 평가하는 방법이다.

### (2) 사회적 거리 척도와의 차이

보가더스 사회적 거리 척도가 서로 다른 집단 간의 친화 및 반발의 정도를 측정하는 척도라면, 소시오메트리는 같은 집단 내 구성원들 간의 친화 및 반발의 관계를 측정하는 척도라는 점에서 차이가 있다. 집단 내의 선택, 커뮤니케이션 및 상호작용의 패턴에 관한 자료를 수집하고 분석하는 방법으로, 소집단 내에서 최소한 두 사람 이상의 사이에 맺어지는 인간관계를 측정할 때 사용되는 방법이다. 즉, 소집단 내에서 누가 누구로부터 배척을 받으며, 누가 누구로부터 환영을 받는지를 측정할 수 있게 하여준다.

### (3) 분석 방법

소시오메트리에 사용되는 분석 방법에는 소시오메트릭스(sociomatrix, 소시오메트릭 행렬)나 소시오그램(sociogram), 소시오메트릭 지수(sociometric indices) 등이 있으나, 오늘 날 다양한 통계 기법을 이용하여 분석하기도 한다. 소시오메트릭스는 응답 결과를 숫자로 된 행렬로 정리하여 분석하는 방법이다. 소시오그램은 집단 구성원 간의 영향관계, 의사소통 관계, 지배 관계 또는 친구 관계를 기술하여 그림으로 표시하는 방법이다. 소시오메트릭 지수는 집단 구성원 간의 여러 가지 현상을 일정 공식에 따라 계산함으로써 지수를 구하여 구성원 간의 관계를 분석하는 방법이다.

하지만 소시오메트리는 조사대상에 대한 체계적인 논리 검토가 결여되었다는 단점이 있기에 조사대상자가 소수일 때에만 적용할 수 있고, 신뢰성과 타당성에 대한 고찰 없이 측정 결과를 수용하는 경향이 있다.

사례로 본 사회복지조사

### “직접 흡연으로 인한 사망 하루 평균 159명”

직접 흡연으로 인한 사망자가 하루 평균 159명에 달한다는 연구 결과가 나왔다. 연간 5만 8,000여 명이고 사회경제적 비용이 12조 원을 넘는다.

질병관리청은 14일 서울대 조성일 교수 연구팀이 정부 용역으로 수행한 ‘흡연 폐해 연구 기반 구축 및 사회경제적 부담 측정 연구’ 결과를 발표했다. 국가 건강검진 데이터베이스를 토대로 폐암, 후두암, 허혈성 심장 질환 등 흡연 관련 질병 41개와 연관된 사망자와 직간접 비용 등을 분석했다. 그 결과 30세 이상 직접 흡연 사망자는 2019년 총 5만 8,036명으로 추정됐다. 하루 평균 159명이다. 이 가운데 남성은 5만 942명, 여성은 7,094명이었다. 2019년 30세 이상 전체 사망자 29만여 명 가운데 남성은 32.3%, 여성은 5.3%가 각각 직접 흡연으로 인해 사망했다는 분석이다. 흡연 사망 비율은 남성이 여성보다 6배 높았다.

비흡연 남성에 비해 흡연하는 남성은 사망 가능성이 1.7배 높고, 여성의 경우에는 1.8배 높았다. 또 24년 전 흡연율 조사를 기준으로 과거 흡연자인 경우에도 남성은 1.1배, 여성은 1.3배 사망 위험이 컸다. 사회경제적 비용은 흡연자 의료비와 간병비 등 직접 비용 4조 6,192억 원, 투병과 조기 사망에 따른 임금 손실 등 간접 비용 7조 5,721억 원을 합해 총 12조 1,913억 원으로 추산됐다.

이전 다른 연구에서 국내 흡연 사망자 수는 2013년 5만 7,993명, 2015년 5만 9,868명, 2017년 6만 1,723명 등이었다. / 세계일보 2022-02-06

#### 생각해 봅시다

- 한국의 사망 원인에 대하여 조사하여 사회복지적인 관점에서 도출될 수 있는 문제점을 살펴봅시다.

CHAPTER 04

# 관련문제

**1. 측정수준에 대한 설명으로 옳지 않은 것은?** 〈11회〉

① 대학수학능력시험의 점수는 비율변수이다.

② 명목변수의 수치에는 서열이나 양적 의미가 없다.

③ 온도 1℃와 2℃ 차이는 10℃와 11℃의 차이와 동일하다.

④ 비율변수 0은 경험세계에서 속성이 존재하지 않는다.

⑤ 100kg은 50kg보다 두 배 무겁다.

**2. 척도에 관한 설명으로 옳지 않은 것은?** 〈12회〉

① 보가더스의 사회적 거리척도는 누적척도의 한 종류이다.

② 의미분화 척도는 한 쌍의 반대가 되는 형용사를 사용한다.

③ 리커트 척도의 각 문항은 등간척도이다.

④ 거트만 척도는 각 문항을 서열적으로 구성한다.

⑤ 서스톤 척도를 개발하는 과정은 리커트 척도와 비교하여 많은 시간과 노력이 요구된다.

**3. 리커트 척도에 관한 설명으로 옳은 것은?** 〈11회〉

① 비율척도이다.

② 개별 문항의 중요도는 동등하지 않다.

③ 단일 문항으로 측정하는 장점이 있다.

④ 질적 조사에서 보편적으로 사용된다.

⑤ 척도나 지수 개발에 용이하다.

**4. 척도에 관한 설명으로 옳지 않은 것은?** 〈9회〉

① 척도의 타당도가 높으면 신뢰도도 높다.
② 척도 문항의 응답범주는 상호 배타적이어야 한다.
③ 척도의 문항들 간에는 내적 일관성이 있어야 한다.
④ 척도의 기준 관련 타당도는 구성체 타당도라고도 한다.
⑤ 평정척도의 응답범주들은 논리적 연관성이 있어야 한다.

**5. 척도의 종류가 각각 바르게 짝지어진 것은?** 〈12회〉

> 가. 교육수준 : 중졸 이하, 고졸, 대졸 이상
> 나. 교육연수 : 정규교육을 받은 기간(년)
> 다. 출신 고등학교 지역

| | 가. | 나. | 다. |
|---|---|---|---|
| ① | 명목척도 | 서열척도 | 등간척도 |
| ② | 등간척도 | 서열척도 | 비율척도 |
| ③ | 등간척도 | 비율척도 | 명목척도 |
| ④ | 서열척도 | 등간척도 | 명목척도 |
| ⑤ | 서열척도 | 비율척도 | 명목척도 |

**6. 등간(interval) 척도에 대한 설명으로 옳은 것만을 모두 고르면?** 〈2022년 지방공무원〉

> ㄱ. 비수량적인 상호 배타적 속성을 나타낸 것이다.
> ㄴ. 속성들 간의 거리를 일정한 간격으로 구분한 것이다.
> ㄷ. 해당 속성이 전혀 없는 상태인 절대 0값이 존재한다.

① ㄱ ② ㄴ
③ ㄱ, ㄷ ④ ㄴ, ㄷ

정답 1. ① 2. ③ 3. ⑤ 4. ④ 5. ⑤ 6. ②

CHAPTER

# 05

# 신뢰도와 타당도

1. 측정 오류
2. 신뢰도의 의의 및 측정방법
3. 타당도의 의의 및 측정방법
4. 신뢰도와 타당도의 관계

CHAPTER 05

# 신뢰도와 타당도

## 1. 측정 오류

질문지가 완성된 후에 질문지를 응답자에게 배포하기 전에 질문지가 잘 만들어졌는지 검토해 볼 필요가 있다. 즉, 질문의 내용이 연구자가 파악하고자 하는 내용과 일치하고 있는지를 검토하는 것이다. 만약 연구자가 우울증에 대한 자료를 수집하기 위해 질문지를 작성하였는데 질문내용이 불안정에 대한 것이라면 정확한 결과를 얻지 못할 것이다.

측정오류는 일반적으로 조사를 진행하는 가운데 다양한 오류(error)가 있을 수 있다. 측정 과정에서 나타날 수 있는 오류에는 체계적 오류와 무작위 오류가 있다.

먼저 체계적 오류는 오류에 일정 패턴이 있으며 타당도가 문제된다. 측정값이 특정 방향으로 치우치는 것을 말하는 편향(bias : 편의)이 발생할 수 있다. 이러한 편향은 체계적 오류를 발생시켜 타당도를 떨어뜨린다.

다음으로 무작위(비체계적) 오류는 무작위로 오류가 발생하는 것을 말한다. 설문조사 시 응답자들이 절차가 복잡고 귀찮아서 아무렇게나 응답을 하고 끝내는 경우에 해당하며 이런 경우 신뢰도가 문제된다.

## 2. 신뢰도의 의의 및 측정방법

신뢰도란 측정하고자 하는 개념을 동일한 응답자들에게 반복해서 적용했을 때 일관성 있는 결과가 나오는 정도를 말한다. 또한 질문 문항에 대해 같은 견해를 가지고 있는 사람들이 같은 정도로 응답하는 것을 의미한다. 즉, 신뢰도는 측정의 결과가 일관성을 가지는 것을 뜻한다. 대부분의 연구에서 조사는 한 번만 이루어지는데, 이때 응답자가 각 문항에 대하여 얼마나 일관되게 응답하였는지 설문문항들이 관련 개념을 동질적으로 나타내는지의 여부에 대해 단일조사로 파악하는 것은 간단하지 않다. 신뢰도는 측정의 일관성 및 안정성 등을 반영하는 개념이다. 예를 들면, 사람들의 몸무게를 재는 체중계가 있다면 정확한 몸무게가 78kg인 어떤 사람이 3번에 걸쳐 몸무게를 재었는데, 77.9kg, 78kg, 78.1kg이 나왔다면 이 체중계는 신뢰도가 있다 할 수 있다. 만약 3번이 각각 76kg, 78kg, 80kg이 나왔다면 이 체중계는 신뢰도가 없다고 할 수 있다. 이와 같이 측정값이 달라지는 것은 대부분 측정환경이나 측정과정의 미묘한 차이에 의해 발생된다. 이러한 오류를 무작위 오류라고 한다. 무작위 오류는 측정도구(척도)의 신뢰도에 대한 문제를 발생시킨다. 신뢰도를 추정하는 방법은 다음과 같다.

### 1) 재검사법

동일한 검사를 두 번 반복 측정하여 그 결과를 비교하는 방법이다. 일반적으로 반복 측정한 두 검사 간의 상관관계를 나타내는 상관계수가 0.7 이상이면 신뢰도가 높다고 말할 수 있다. 이 방법은 한 측정도구를 가지고 신뢰도를 평가할 수 있는 적용의 간편성이라는 측면에서 장점이 있는가 하면, 동일한 집단에 대해 동일한 검사를 시간 간격을 두고 반복 측정한 결과를 비교할 때 두 검사 간에 시간 간격에 의해 발생할 수 있는 몇 가지 문제점도 있다. 즉, 시간 간격 동안 시험효과, 성숙효과, 우연한 사건 등과 같은 외생변수의 영향력을 통제하기 힘들 수도 있다.

즉, 두 검사 간의 시간 간격 동안 측정하고자 하는 속성이 변화될 수 있다. 사회복지 연구가 인간과 사회의 문제를 다루는 데 인간의 태도, 성격, 가치, 사회제도 등은 시간의 흐름이나 상황, 개인이나 집단이 처한 조건에 따라서 언제나 변화될 수 있는 변수이다. 이렇게 측정하고자 하는 속성 그 자체가 변화됨으로 인해 발생되는 오류가 측정도구와 측정과정에 개입하여 오류를 발생시킨다.

## 2) 동형검사법

같은 검사를 두 차례 실시하여 신뢰도를 측정하는 재검사법의 문제점을 극복하기 위해 고안된 기법이다. 복수양식법이라고도 한다. 재검사법의 한계가 두 번의 검사를 실시하는 시차가 너무 짧거나 길면 측정내용을 암기하거나 측정대상의 속성 자체가 변화되었을 수 있다는 점이다. 그렇기 때문에 이러한 점을 보완하기 위해 동형검사법은 동일한 개념을 측정하되 측정문항은 서로 다른 두 개의 검사를 각기 다른 시기에 실시하여 측정치 간의 일치 여부를 검증하는 방법이다.

이 방법의 신뢰도를 높이기 위해서는 바람직한 측정도구를 제작해야 한다. 즉, 두 번의 검사가 측정하는 속성과 결과는 동일하되 각각의 검사에 포함되는 문항들은 각기 달라야 한다. 이러한 동형문항을 설계하기 위해 연구자는 관련 개념을 조사한 선행연구들을 고찰해야 할 뿐 아니라 소집단을 대상으로 탐색조사나 예비조사를 실시하여 얻은 경험적 자료를 충분히 고려해야 한다. 그리고 같은 집단을 대상으로 적용한 두 동형검사의 자료를 분석한 결과 평균과 표준편차가 같아야 한다.

동형검사법의 장점은 조사대상자의 기억력을 통제할 수 있어 객관적인 자료를 구할 수 있다는 것이다. 반면 단점은 비슷한 측정도구를 구하기 어렵고 그로 인해 신뢰도 계수가 재검사법에 비해 낮은 경향이 있다는 것이다. 또한 검사를 실시하는 시간차가 여전히 오차요인으로 작용할 수 있다. 따라서 동형검사의 신뢰도를 높이기 위해서는 두 동형검사의 실시 차에 따른 측정의 안정성과 두 개 동형검사 간의 동등성을 더불어 고려해야 한다.

### 3) 반분법

동일 개념을 측정할 문항들을 두 개로 나누어 측정한 다음 두 측정치 간의 상관관계를 분석하여 신뢰도를 평가하는 방법이다. 양분법 혹은 이분법이라고도 한다. 하나의 측정도구를 문항수와 내용이 비슷하도록 두 개의 검사로 나누어 측정한 다음 각각의 상관계수로 신뢰도를 평가한다는 측면에서 재검사법 및 동형검사법과 유사하나 한 번 실시한 검사를 무작위로 나누어 두 개의 검사라고 가정하고 신뢰도를 비교한다는 점에서 동등신뢰도 계수라고도 한다.

반분법의 한계점은 두 개의 설문지로 나눌 수 있을 만큼 문항수가 충분해야 한다는 점과 두 개로 완전히 동등하게 만들기가 쉽지 않다는 점이다. 그럼에도 불구하고 하나의 측정도구로 신뢰도를 파악할 수 있다는 점과 응답자의 기억력을 통제할 수 있다는 장점이 있는 기법이다. 반분법은 하나의 측정도구를 어떤 기준과 방법에 의해 두 개의 검사도구로 나누는가가 관건이다. 두 개의 검사도구로 나누는 방법은 측정도구를 전반부와 후반부로 나누는 계속적 반분법과 기수문항과 우수문항을 묶어 두 개의 검사도구로 나누는 기우수 반분법이 있다.

### 4) 내적 일관성 분석법

동일한 개념을 측정하기 위해 여러 개의 항목을 이용하는 경우 신뢰도를 저해하는 항목을 찾아내어 측정도구에서 제외시킴으로써 측정도구의 신뢰도를 높이는 방법이다. 이 분석법의 장점은 개별 항목들을 구성하는 항목들의 내적 일관성 없는 항목을 제거함으로써 동일 개념을 구성하는 항목들의 내적 일관성을 높일 수 있다는 것이다.

신뢰도 분석에서 가장 많이 이용되는 이 기법은 측정도구 내의 항목 간의 일관성, 응집력, 동질성 정도를 나타낸다. 즉, 하나의 개념을 구성하는 데 있어 항목들이 모두 동질적인지 아니면 그중 이질적 항목들이 있는지를 나타내는데, 만약 항목들이 동질적이지 못하면 개념을 구성하는 항목들이 일관성이 없다는 것을 나타내므로 이질성을 띤 항목들은 분석에서 제외해야 한다.

신뢰도는 크론바하 알파(Cronbach's alpha) 계수를 기준으로 측정하며, 0에서 1 사이의 값을 가지며, 0은 신뢰도가 전혀 없는 상태를 말하며, 1은 완벽한 신뢰도를 의미한다. 그렇기 때문에 계수 값이 1에 가까워질수록 신뢰도가 높은 것으로 해석한다. 일반적으로 0.6 이상이면 항목들이 동질적으로 내적 일관성이 있는 것으로 볼 수 있다.

또한 내적 일관성 분석법에 적용되는 항목들은 주로 리커트형 척도로 5점 또는 7점으로 구성되며, 각 항목들의 분산의 합을 이용하여 내적 일관성을 구할 수 있다.

### 5) 신뢰도를 높이는 방법

측정도구를 구성하는 과정과 자료수집 시 다음의 사항을 고려하면 신뢰도를 높일 수 있다.

첫째, 측정도구를 명확하게 구성하여 모호성을 제거해야 한다. 즉,

표준화된 측정도구를 사용해야 한다. 동일 개념을 구성하는 항목들이 일관되게 동질성을 지닐 수 있도록 해야 한다. 그러기 위해서는 개념이 실제현상과 연결되도록 측정 가능한 형태로 정의되어야 하고, 이러한 정의가 경험적 세계로 이어주는 측정도구에 명확히 반영되어야 한다.

둘째, 개념을 측정할 항목수를 충분히 만드는 것이 바람직한데, 그 이유는 항목수가 많을수록 정규분포를 이루기 때문이다. 항목들이 정규분포를 이루는지의 여부에 따라 추론 통계에서 적용되는 분석방법이 달라진다. 또한 분석 결과 나타난 통계치에 대한 신뢰도와 타당성 여부를 검증하기 위해 그리고 표본결과를 모집단에 적용하여 일반화하기 위해서도 분석대상인 항목들은 모집단과 같은 정규분포를 이루어야 한다.

셋째, 조사대상자가 인지하지 못하거나 관심이 없는 내용은 측정하지 않거나 이해할 수 있는 형태로 바꾸어야 한다. 그리고 조사대상자가 응답하는 내용을 인지하고 있는지 그리고 일관성 있는 응답을 하는지를 알아보기 위해 동일한 또는 유사한 질문을 두 번 이상 물어보는 것도 한 방법이다. 그렇기 때문에 응답자가 무관심하거나 잘 모르는 내용은 측정하지 않는 것이 좋다. 측정항목의 모호성을 줄이고 되도록 구체화하여 일관된 측정이 가능하게 한다.

넷째, 면접자들이 조사대상자를 대할 때 일관성을 유지해야 신뢰성 있는 자료를 획득할 수 있다. 응답은 조사자의 외모나 태도, 언어, 면접 기술 등에 따라 응답내용이 달라져 오류가 개입될 여지가 있으므로 면접자는 신중하게 일관성을 가지고 자료수집에 임해야 한다.

### 6) 신뢰도의 차원

첫째, 안정성 신뢰도는 측정도구를 동일대상에게 서로 다른 시점에 적용하여도 동일한 결과를 나타내는 정도를 말한다. 측정도구가 안정성이 높다면 측정할 때마다 동일한 결과를 얻을 수 있다. 안정성 신뢰도는 하나의 측정도구를 동일집단에 대하여 두 번 적용하는 재검사법을 사용하여 검사할 수 있다.

둘째, 동등성 신뢰도는 하나의 개념을 복수의 문항(지표)으로 측정하더라도 상이한 문장들 사이에 일관성이 있는 결과를 나타내는 정도를 말한다. 신뢰성이 높은 도구라면 모든 지표에서 동일한 결과가 나타나야 한다. 문항이 많은 측정도구의 동등성은 반분법으로 검사하며, 반분법을 발전시킨 것이 내적일관성 분석이다.

셋째, 코더 간 신뢰도는 동등성 신뢰도의 특수한 형태로서 복수의 관찰자와 평정자 또는 코더가 같은 정보를 측정할 때에는 그 결과가 일치하는 정도를 말한다. 코더 간 신뢰도는 내용분석을 이용한 연구에서 흔히 사용되는 방법이지만 복수의 관찰자와 평정자가 개입되는 연구라도 모두 적용 가능하다.

## 3. 타당도의 의의 및 측정방법

타당도(validity)란 측정의 정확성을 의미한다. 즉, 타당도란 측정하고자 하는 개념이나 속성을 얼마나 정확하게 실제에 가깝게 측정했는가 하는 정도를 뜻한다. 예를 들면, 장애인의 직업만족도를 측정하고자 할 경우 먼저 직업만족이라는 추상적인 개념을 측정 가능하도록 개념화하고 조작화하여 측정도구를 만들어야 한다. 즉, 임금수준이나, 근무환경, 동료와의 관계, 지위보장과 같은 직업만족도와 관련된 많은 지표들을 선택하고, 이를 평가함으로써 직업만족도를 타당하게 측정할 수 있다. 이 경우 이러한 다양한 지표들이 실제 장면에서 직업만족도를 측정해 낼 수 있는가를 확인하는 절차가 측정의 타당도이다.

### 1) 내용타당도

전문가의 동의에 의해 결정되는 방법으로 전문가의 다양한 기준과 깊이 있는 분석을 토대로 볼 때 측정도구가 측정하고자 하는 속성이나 개념을 정확하게 잘 측정할 수 있다고 동의할 경우 내용타당도가 인정되는 것이다. 내용타당도는 원래 측정하고자 한 속성이나 개념의 내용을 포괄적으로 포함하고 있어야 하고 또 측정한 수치가 현실을 정확하게 반영하고 있어야 한다.

따라서 내용타당도는 조사자나 전문가의 주관적 판단에 의존하는 경향이 강하며, 전문가를 선정하는 것도 조사자의 주관에 따르기 때문에 객관성 확보가 어렵다는 한계가 있다. 이는 내용타당도에 대한 확인은 사전조사나 객관적인 평가를 할 수 있는 전문가의 의견 등을 근거로 이루어지는데, 이러한 과정이 상당히 손쉽게 혹은 주관적으로 이루어질 수 있다는 것이다.

내용타당도를 갖기 위해서는 측정도구가 측정하고자 하는 개념의 포괄적인 내용을 포함하고 있어야 한다. 즉, 측정하고자 하는 현상의 제반 측면들이 골고루 분포되어 있어야 한다.

예를 들어, A고등학교는 수학시험을 보기에 앞서 수학 교사들의 회의를 통해 연산, 논리, 기하 등을 포함하기로 결정했다면 이는 내용타당도를 확보하기 위한 조치로 볼 수 있다.

### 2) 기준타당도

외부의 다른 기준과 비교하여 측정도구의 타당도를 판단하는 것이다. 외부의 다른 기준과의 비교 결과에서 상관관계가 높으면 타당도가 확보되었다고 본다. 이는 다시 사용하는 기준이 무엇인가에 따라 예측타당도와 동시타당도로 구분한다.

먼저 예측타당도는 현재의 상태로부터 미래의 차이를 예측해 내는 측정도구의 능력이 어느 정도인가를 통해 타당도를 진단하는 방법이다. 예를 들어, 종합복지관 채용시험에서 A의 성적은 높았고 B의 성적은 낮았지만 두 사람 모두 같은 복지관에 입사했다. 하지만 입사 후에 B가 A보다 업무 능력이 뛰어난 것으로 나타난다면 이 복지관에서 사용한 채용시험의 예측타당도는 낮았다고 할 수 있다.

다음으로 동시타당도는 타당도를 검사하고자 하는 측정도구와 이미 타당도가 확보된 측정도구를 동일 대상에게 적용하여 산출한 측정 결과 간의 상관관계가 높으면 타당도가 높다고 보는 것이다. 예를 들어, 새로 개발된 주관적인 행복감 측정도를 사용하여 측정한 결과와 이미 검증되고 널리 사용되고 있는 주관적인 행복감 측정도구의 결과를 비교하여 타당도를 확보하고자 했다면 이는 동시타당도에 해당한다.

### 3) 구성타당도

측정도구가 실제로 측정하고자 하는 개념을 측정하는지를 이론적 틀 내에서 경험적으로 그 타당성을 검증하는 방법이다. 이론적 타당도 또는 개념타당도라고도 불린다.

내용타당도와 준거타당도에 비교하여 구성타당도는 상대적으로 이론적·논리적 측면에 좀 더 비중을 두고 가능한 범위 내에서 경험적 자료를 통하여 도구의 타당성을 검증하는 기법이다. 검증과정은 다음과 같다. 첫째, 한 측정도구에 포함된 구성개념에 관한 이론들을 수집하고 체계적으로 정리하여 분석한다. 둘째, 정리된 이론으로부터 하위개념을 논리적으로 설정한다. 셋째, 개념들을 측정 가능한 형태인 변수로 만든 다음 자료 비교를 통한 검증과정을 거치게 된다.

따라서 구성타당도는 관련 이론에 대한 체계적 분석과 경험적 자료를 통한 검증이 상호작용하는 과정이 반복됨으로써 측정하고자 하는 구성개념이 명확해진다. 구성타당도 기법은 이론에 대한 분석이 체계적으로 이루어져야 하고, 관련 이론에 대한 충분한 이해와 폭넓은 연구경험이 있어야 하며 경험적 검증과정도 간단하지 않으므로 타당성을 확인하는 작업이 쉽지 않다. 그러나 이러한 조건을 갖춘 연구자는 기대하는 결과를 도출할 수 있고, 도출된 결과는 관련 분야의 지식 축적에 기여하게 된다.

따라서 구성타당도를 검증하는 방법에는 세 가지가 있다.

첫째, 수렴적 타당도(또는 집중타당도)는 같은 개념을 측정하는 경우에는 서로 다른 측정도구를 사용하더라도 그 측정결과가 비슷하게 나와야 한다는 것을 의미한다. 따라서 어떤 개념을 측정하기 위해 개발한 두 종류의 측정도구를 적용한 결과 두 측정도구 간의 상관관계가 높게 나타났다면 수렴적 타당도를 확보한 것이라고 할 수 있다.

둘째, 판별적 타당도는 서로 다른 둘 이상의 개념을 같은 측정도구로 측정하는 경우, 얻어진 두 측정치들 간에는 차이가 있어야 한다는 것을 의미한다. 따라서 서로 다른 두 개념을 비슷한 종류의 다른 두 가지 척도로 측정한 결과 상관관계가 낮게 나타났다면 판별적 타당도가 확보되었다고 할 수 있다.

셋째, 기준집단비교 타당도는 어떤 개념의 속성에서 분명한 차이가 있을 것으로 판단되는 두 집단을 선택, 같은 측정도구를 적용하여 예상대로의 차이가 나타날 경우 타당도가 확보되었다고 보는 것이다.

이러한 구성타당도는 다시 이해타당도, 집중타당도, 판별타당도로 구성되어 있는데 이 세 가지의 타당도가 높아야 구성타당도가 높다고 말할 수 있다.

## 4. 신뢰도와 타당도의 관계

신뢰도와 타당도는 상호 연계되어 있어 신뢰도와 타당도를 동시에 높일 수는 없고, 신뢰도를 높이려면 타당도가 떨어지고 역으로 타당도를 높이려면 신뢰도에 문제가 생긴다는 점을 염두에 두어야 한다. 또한 측정도구에 신뢰도가 있더라도 타당도는 결여될 수 있으나 타당도가 있다면 어느 정도의 신뢰도는 확보된 것이라고 볼 수 있다. 연구자나 현장의 실천가들은 조사 목적과 내용 및 방법에 따라 신뢰도와 타당도 중 어느 것을 더 고려해야 하는지를 판단해야 한다. 따라서 조사자는 측정도구의 타당도와 신뢰도에 대해 알고 있어야 한다.

따라서 타당도와 신뢰도의 관계를 정리하면 다음과 같다.

첫째, 타당도가 높으면 반드시 신뢰도도 높다.

둘째, 신뢰도가 높으면 타당도는 높을 수 있고 낮을 수도 있다.

셋째, 신뢰도가 낮으면 타당도도 낮다.

넷째, 타당도는 신뢰도의 충분조건이다. 즉, 타당도가 없어도 신뢰도는 충분히 있을 수 있다.

다섯째, 신뢰도는 타당도의 필요조건이다. 즉, 타당도가 확보되기 위해서는 신뢰도가 필요하다.

사례로 본 사회복지조사

## "도움 받을 곳이 없다" 사회적 고립도 34%

위기 상황에서 도움을 받을 곳이 없는 사람의 비율인 '사회적 고립도'가 지난해 34.1%로 급등했다. 2009년 관련 통계 작성 이후 최고치다. 코로나 사태 이전인 2019년(27.7%)에 비해 1년 만에 6.4%포인트나 치솟았다. 다른 사람을 믿을 수 있다고 생각하는 사람의 비율을 뜻하는 '대인 신뢰도'는 50.3%(2020년 기준)로 크게 하락했다. 2019년에는 66.2%였다. 코로나 사태 이후 감염 우려로 대인 접촉이 줄어들면서 인간관계가 단절되고 사회적으로 고립된 사람이 많아졌기 때문으로 보인다.

통계청은 15일 이 같은 내용을 포함한 '국민 삶의 질 2021 보고서'를 공개했다. 2021년 사회적 고립도 항목 가운데 '몸이 아플 때 집안일을 부탁할 사람이 없다'가 27.2%, '이야기 상대가 없다'가 20.4%로 조사됐다. 사회적 고립도는 나이가 들수록 높아져 60대 이상에서는 41.6%에 달했다. 여성(31.6%)보다 남성(36.6%)이 더 높았다.

코로나의 영향을 특히 크게 받은 것은 '대인신뢰도'다. 국민이 다른 사람들에 대해 '매우 믿을 수 있다' 또는 '약간 믿을 수 있다'고 응답한 비율을 뜻하는 이 지표는 2020년 50.3%로 전년 대비 15.9%포인트 감소했다. / 조선일보 2022-03-16

### 생각해 봅시다

- 국민 삶의 질 지표는 2014년부터 작성하고 있으며, 국민 삶의 질 제고 정책에 필요한 기초자료 제공을 목적으로 하고 있습니다. 국민 삶의 질 지표는 11개 영역의 71개 지표로 구성되어 있으며, 보고서에서는 71개 지표가 2021년 12월 말 기준으로 전기대비 개선 또는 악화되었는지를 통해 우리 사회의 삶의 질을 보여주고 있습니다. 이 보고서를 통해 행복에 대한 의미를 생각해 봅시다.

CHAPTER 05

# 관련문제

**1. 측정의 신뢰도와 타당도에 관한 설명으로 옳은 것은?** 〈12회〉

① 동일인이 한 체중계로 여러 번 몸무게를 측정하는 것은 체중계의 타당도와 관련되어 있다.

② 편향은 측정의 무작위 오류와 관련되어 있다.

③ 측정도구의 높은 신뢰성이 측정의 타당성을 보증하지 않는다.

④ 측정도구의 타당도를 검사하기 위해 반분법을 활용한다.

⑤ 기준 관련 타당도 검사를 위해 해당 개념과 관련된 이론적 모형이 필요하다.

**2. (　　) 안에 알맞은 것은?** 〈11회〉

> 우울 척도 A의 측정치가 우울 척도 B보다는 자아존중감 척도 C의 측정치와 더 일치할 때 척도 A의 (　　)는 문제가 된다.

① 내용타당도　② 판별타당도

③ 액면타당도　④ 예측타당도

⑤ 기준 관련 타당도

**3. 다음 (　　) 안에 알맞은 것은?** 〈10회〉

> 종합사회복지관 채용시험에 A의 성적은 높았고 B의 성적은 낮았지만 두 사람 모두 같은 복지관에 입사했다. 입사 후에 B가 A보다 업무능력이 뛰어난 것으로 나타난다면 이 복지관에서 사용한 채용시험의 (　　)타당도는 낮다고 할 수 있다.

① 내용　② 동시

③ 수렴　④ 판별

⑤ 예측

**4. 크론바하 알파(Cronbach's alpha)에 관한 설명으로 옳은 것은?**

〈9회〉

① 척도를 구성하는 전체 문항 조합들의 상관관계 평균값을 계산한 것이다.

② 척도의 문항을 절반으로 나누어 두 부분 간의 상관관계를 계산한 것이다.

③ 복수의 조사자를 통해 측정한 점수를 비교하여 의견일치도를 평가한 것이다.

④ 비슷한 두 개의 척도로 동일한 대상을 측정한 점수들 간의 상관관계를 계산한 것이다.

⑤ 동일한 척도를 사용하여 동일대상에게 서로 다른 시점에 측정한 점수 간의 상관관계를 계산한 것이다.

**5. 동일대상에게 시기만 달리하여 동일 측정도구로 조사한 결과를 비교하는 신뢰도 측정법은?** 〈10회〉

① 검사-재검사법　② 평행양식법

③ 반분법　④ 복수양식법

⑤ 내적 일관성법

**6. 사회복지조사에서 측정의 신뢰도를 높이는 방법으로 옳지 않은 것은?**

〈2019 국가공무원〉

① 표준화된 측정도구를 사용한다.

② 응답자가 무관심하거나 잘 모르는 내용은 측정하지 않는 것이 좋다.

③ 측정항목(하위변수) 수를 줄이고 항목의 선택범위(값)는 좁히는 것이 좋다.

④ 측정항목의 모호성을 줄이고 되도록 구체화하여 일관된 측정이 가능케 한다.

정답 1. ③ 2. ② 3. ⑤ 4. ① 5. ① 6. ③

CHAPTER

# 06

# 표본추출

1. 표본추출의 개념
2. 표본추출방법
3. 표본의 크기 및 표본오차

CHAPTER

# 06 표본추출

## 1. 표본추출의 개념

### 1) 표 본

사회조사는 원칙적으로는 조사대상 전체를 조사하는 전수조사(全數調査)가 이상적이다. 그러나 전수조사는 조사대상자의 수가 너무 많아 많은 시간과 노력 및 비용이 소요된다. 그래서 사회조사는 전수조사가 아니라 조사대상이 되는 모집단에서 체계적으로 일부를 추출하여 조사하는 것이 일반적이다. 그럼에도 국가의 기본통계(예 인구통계 등)와 같은 중요한 자료가 요구될 시는 전수조사를 하기도 한다(매 5년 만의 인구 및 주택센서스 조사).

모집단에서 일부를 추출한 조사대상 집단을 표본(sample)이라고 한다. 표본은 반드시 모집단을 대표할 수 있어야 한다. 표본이 대표성을 가지면 표본을 통해 전체를 유추할 수 있다. 모집단에서 표본을 추출하여 그 표본이 모집단을 충분히 대표할 수만 있다면 구태여 모집단을 모두 조사(전수조사)할 필요는 없다는 것이다. 이렇게 볼 때 표본이란 전체 모집단의 축도(縮圖) 또는 단면(斷面)이 된다는 가정하에서 모집단에서 선택해 낸 모집단의 일부라고 정의할 수 있다.

## 2) 표본조사의 장점

### (1) 경제적 · 효율적

모집단 전체를 조사하는 전수조사의 인적 · 물적 비용을 감안할 때 가능한 한 적은 수의 표본으로 전체의 성격을 알아낼 수 있는(혹은 추정할 수 있는) 표본조사가 훨씬 더 경제적이고 효율적이다.

### (2) 신속함

모집단의 크기가 아주 작은 경우가 아닌 이상 일반적으로 표본을 사용하여 조사하는 것이 전수조사에 비해 훨씬 더 신속하다.

### (3) 정확성

일반적으로 대규모의 전수조사를 실시하는 경우 상당히 오랜 기간의 연구를 필요로 하는데, 이러한 경우 연구기간 동안 대상 자체가 변화하거나 혹은 연구대상에 영향을 미칠 수 있는 다른 요인들이 개입할 여지가 많아짐으로써 실제로 연구를 시작할 때의 상황과는 매우 다른 조건에서 자료수집이 이루어지기 때문에 상이한 연구결과를 가져올 수 있다.

즉, 모집단의 모든 개체를 빠짐없이 수집하는 것은 어려운 일이기 때문에 정교하게 선택된 일부를 빠짐없이 조사하는 것이 보다 더 정확성을 기할 수 있다는 것이다. 특히 조사문제가 미묘한 이슈를 다루거나 응답자들의 저항을 유발할 소지가 있는 경우에는 소수로 구성된 표본을 대상으로 심도 있게 자료수집하는 것이 더 정확할 수 있다.

따라서 소수의 표본을 조사하는 경우 관찰과정에 대한 통제와 관리가 전수조사보다 훨씬 용이하기 때문에 전수조사에 비하여 양질의 안정된 자료를 얻을 수 있다.

### 3) 표본의 기초 개념

표본의 개념을 명확히 이해하기 위해서는 표본과 관련된 몇 가지 기초개념, 즉 전 대상, 모집단, 관찰단위, 모수 등에 관한 이해가 필요하다. 이해의 편의를 위해 한국인의 복지의식에 관한 조사를 한다고 가정해 보자.

#### (1) 표본조사

모집단에서 일부를 선정해 표본을 추출하고 추출된 표본에 대해서만 다양한 조사를 실시하는 방법이다.

#### (2) 전수조사

전수조사란 연구대상 전체인 모집단을 대상으로 조사하는 방법이다.

#### (3) 전 대상

전 대상(universe)이란 관념상의 모든 연구대상을 의미한다. 한국인의 복지의식에 관한 조사연구일 경우 전 대상은 한국인 전체가 된다.

#### (4) 모집단

모집단(population)은 연구하고자 하는 대상 전체를 말한다. 다시 말해, 현실적으로 조사대상이 될 가능성이 있는 모든 가구가 모집단이다. 때에 따라서는 모집단이 다소 관념적이어서 실체가 불분명한 경우도 있다. 예를 들어, 모집단이 빈민일 경우 빈민을 구체적으로 어떻게 규정할지 애매해질 수도 있다는 것이다. 복지의식조사의 경우 모집단은 한국의 모든 가구주가 된다.

### (5) 표본(표본추출)

모집단으로부터 추출된 단위 집단을 표본 또는 표본추출이라고 한다.

### (6) 표집단위

모집단이 설정되면 표집단위를 결정해야 한다. 표집단위란 표집과정의 각 단계에서의 표집대상을 말한다. 표집단위는 개인일 수도 있지만 가족이나 학교의 학급 등 집단일 수도 있다. 예를 들어, 전국적인 표본을 구할 경우 전국의 읍, 면, 동에서 조사대상 읍, 면, 동을 추출하고, 이어 표본 추출된 읍, 면, 동에서 조사대상 가구를 선정하며, 최종적으로 선정된 가구의 구성원 중 가장을 조사대상자로 삼기로 했다면, 1차적으로 읍, 면, 동과 같은 지역단위, 2차적으로 읍, 면, 동의 개별가구, 3차적으로 가구 내 가장이 표집단위가 되는 것이다.

이와 함께 표집틀은 표본이 실제 추출되는 연구대상 모집단 전체의 목록 또는 모든 단위의 완전한 목록을 말한다. 표집간격은 모집단으로부터 표본을 추출할 때 개별 요소들 간의 간격을 말한다. 이는 체계적 표집방법에서 사용한다.

### (7) 모수

모수(母數, parameter)는 모집단의 특성을 기술하는 특징적인 사항의 평균치나 분포도를 말한다. 복지의식에 관한 조사에서는 모든 가구주의 평균소득이 좋은 모수치가 된다.

### (8) 변수

변수(variable)는 모집단의 요수가 갖는 상호 배타적이고 서로 다른 속성을 말한다. 즉, 성별, 연령, 학력, 소득 등과 같이 구분 가능한 속성들로 구성되는 개념이 변수이다. 변수는 반드시 변량(두 개 이상의 값)을 가져야 하며, 또한 변수값(변수가 가지고 있는 속성들)을 갖는다. 변수값이 소득이나 몸무게와 같이 구간 내 값을 연속적으로 취할 수 있는 경우에는 연속변수라 하고, 변수값이 성별이나 장애등급과 같이 범주적인 경우에는 이산변수라 한다.

#### (9) 관찰단위(또는 자료수집단위)

관찰단위는 자료가 수집되는 실제적인 단위이다. 관찰단위는 자료를 분석하는 단위인 분석단위와 대체로 일치하지만 반드시 그렇지는 않다. 예를 들어, 사회복지 공무원들의 직무만족도를 조사하기 위해 계장, 과장 공무원들을 조사했을 경우 관찰단위는 응답자인 계장, 과장이지만 분석단위는 각 지방자치단체에 근무하는 개별 사회복지담당 공무원들이 된다.

## 2. 표본추출방법

### 1) 표집방법의 유형

표본의 핵심은 대표성(representative)이다. 표본 수가 아무리 많아도 모집단을 대표할 수 없다면 대표성이 없는 표본이 되고 따라서 좋은 자료가 될 수 없다. 예를 들어, 중학생을 대상으로 하는 조사에서 표본이 중학교 3학년에 편중되어 있다면 대표성이 없는 표본이 된다.

그리고 표본의 수가 크면 클수록 대표성이 커진다. 모집단 크기에 비해 표본의 수가 너무 적으면 대표성이 없다. 보통 표본의 크기는 주어진 예산과 목표로 하는 정도를 만족시키는 범위 내에서 결정된다.

표본의 크기는 모집단의 크기와도 상관이 있다. 모집단이 크면 표본 수도 커지고, 모집단이 작으면 표본 수도 작아진다.

표집방법은 무작위표집(random sampling)과 유의표집(purposive sampling)으로 분류된다.

무작위표집은 연구자가 표본추출 작업에 고의적으로 개입하지 않는 방법이다. 예를 들면, 전화번호부로부터 동일 간격으로 표본을 추출하는 것이다(전화번호부에 등재된 사람의 수가 1만 명이고, 여기서 100명의 표본을 추출하고자 하면 1/100 간격으로 조사대상자를 선정한다). 유의표집은 연구자가 모집단을 대표할 수 있는 전형적인 표본을 의도적으로 선정하는 것이다. 장애인과 같은 특수한 집단을 표집할 때 사용한다. 일반인 집단으로부터 장애인을 표집하기는 현실적으로 어렵기 때문에 장애인시설에 입소해 있는 장애인을 조사대상자로 선정하는 것이다.

그리고 표집방법은 확률표집과 비확률표집으로 분류된다. 확률표집은 모집단으로부터 표본으로 뽑힐 확률을 동일하게 부여하는 표집법이다. 비확률표집은 확률표집이 불가능할 경우(실제로 자주 있다) 연구자가 다소간의 임의성을 발휘하여 표집하는 방법이다.

또한 비례표집과 비비례표집으로 분류되기도 한다. 비례표집은 모집단에서 조사대상자를 표집할 때 모집단을 구성하는 부분들의 비율대로 표집하는 방법이다. 예를 들어, 모집단의 남녀 구성비가 55 : 45일 경우 표본의 남녀 구성비도 동일하게 55 : 45로 표집한다. 비비례표집은 모집단의 구성비대로 표집할 경우 한 부분의 구성비가 너무 낮아 대표성에 문제가 있을 때 사용하는데, 구성비가 현저히 낮은 부분의 표본 수를 임의로 크게 하여 표집한 다음 분석할 때는 그만큼의 비중을 줄이는 방법이다.

종교에 관한 사회조사가 좋은 예가 된다. 종교적 태도 조사에서 모집단의 불교 : 개신교 : 가톨릭 신자의 구성비가 50 : 45 : 5라고 할 때

비례표집을 하면, 가톨릭 신자는 상대적으로 지나치게 적게 뽑힌다. 표본 수가 1,000명이면 뽑히게 되는 가톨릭 신자는 50명에 불과하고, 이 50명이 가톨릭 신자를 대표한다고 보기는 곤란하다. 그러므로 실제 표본 수는 각각 불교 500명, 개신교 450명, 가톨릭 200명(비례배정 표본 수 50명의 4배)으로 표집하여 조사하되, 분석단계에서는 가톨릭 신자의 종교적 태도에 한해서 4배 가중한 수치를 원래의 비율대로 4로 나누어 합산한다.

## 2) 확률표집

표집방법 중 가장 이상적인 것이 확률표집이다. 확률표집은 단순무작위표집, 층화표집, 집락표집, 체계적 표집 등이 있다.

### (1) 단순무작위표집

단순무작위표집(simple random sampling)은 가장 전형적인 무작위표집으로서 모집단에 일정한 번호를 부여하고 등간격 또는 난수표의 숫자에 의해 표집하는 방법이다. 즉, 확률표집의 가장 기본적인 형태로서 모집단의 각 요소가 표본으로 추출될 확률이 동등하다는 원리를 가지고 있으며, 이론적으로 모집단의 특성을 가장 잘 반영해 주는 표집방법이다.

예를 들어, 18,000명의 모집단에서 200명을 표집한다고 하자. 이 경우 표집확률 f는 표본크기 n, 모집단 N, f=n/N, f=200/18,000=1/90이다. 등간격으로 표집하면 1번, 91번, 181번 등이 뽑힌다. 난수표에서 임의의 번호를 선택할 수도 있다. 난수표는 임의의 숫자가 나열되어 있는 숫자의 리스트를 말한다. 무작위표집은 가장 전형적인 확률표집으로서 연구자의 임의성이 개입될 가능성이 가장 적은 장점이 있지만 실제로는 잘 쓰이지 않는다. 즉, 임의로 조사대상자를 선택하는 연구자의 주관적 의도를 배제할 수 있는 객관적 표집방법이 된다.

왜냐하면 모집단에 번호를 부여하는 것 자체가 곤란하거나 번호를 부여한다고 하더라도 해당자를 찾아 조사하기가 어려운 경우가 많기 때문이다. 이런 이유로 실제로는 확률표집과 혼용하여 표집하는 것이 보통이며 현실적으로 모집단의 규모가 큰 경우에는 적용하기 어렵다. 동시에 모집단에 대한 조사자의 지식을 활용하기도 어렵다.

### (2) 층화표집

층화표집(stratified sampling)은 모집단을 의미 있는 몇 개의 계층으로 범주화한 다음 부분범주로부터 무작위 표집하는 방법이다. 단, 부분범주는 내적 동질성을 반드시 가지고 있어야 한다. 이렇게 하면 표본의 크기도 줄일 수 있다. 층화표집은 모집단을 범주화할 수 있어야 하고 또 범주 안의 집단은 동질성이 강해야 하기 때문에 학생집단이나 계층, 계급을 조사할 때 많이 사용된다. 이때 범주는 학생의 경우 학년, 일반 인구는 계층 또는 계급이 된다.

층화표집은 표본추출의 현실성을 높여주고 표집오차를 줄여주면서 대표성을 높여주는 방법이 될 수 있다. 특히 모집단의 속성을 대변하는 하위집단의 분류를 통해 적은 수의 표본으로 정교한 표본의 확보가 용이하므로 현실성이 높은 표집방법이라고 할 수 있다. 하지만 의미 있는 계층이 너무 많거나 적은 경우에는 쓰기 어려운데, 이유는 특정 의미를 가진 대상의 비율이 지나치게 높거나 낮으면 전체에 미치는 영향력이 커지거나 아예 없어져서 표본에서 제외될 가능성이 있기 때문이다.

층화표집에는 비례층화표집과 비비례층화표집이 있는데, 비례층화표집은 모집단의 비율과 같게 표본을 선정하는 방법이고, 비비례층화표집은 모집단의 비율과 다르게 표본을 선정하는 방법이다.

### (3) 집락표집

집락표집(cluster sampling)은 군집표집, 지역표집 또는 다단계표집이라고 한다. 이는 모집단을 지리적 구획과 같은 집락, 예컨대 영남, 중부 또는 시, 도, 시 · 군 · 구 등의 행정구역별로 쪼갠 다음 쪼개진 집락 그 자체를 표집하는 방법이다. 모집단에서 다수의 하위집단을 먼저 무작위로 추출한 뒤, 하위집단별로 최종 자료수집의 표본 단위를 무작위로 추출하는 것이다. 집락 간의 이질성이 크고, 집락 내의 동질성이 클 때 대표성이 높아진다. 즉, 대규모 조사 혹은 넓은 지역을 조사하는 경우 모집단 전체를 표집틀로 갖추어 모집단의 전체 목록을 구하기 어려운 경우가 있는데 이때 집락표집이 사용된다.

그러나 실제로는 집락을 표집하되 구체적인 조사대상은 무작위로 추출한다. 예를 들면, 전국을 영남, 호남, 중부, 서울로 구분하고 각 권역별 시 · 군의 목록으로부터 무작위로 대상 시 · 군(개별요소가 아닌 집락의 무작위표집)을 뽑은 다음, 대상 시 · 군의 동 · 면 목록으로부터 조사대상 동 · 면을 선택해 내며(이 같은 방법을 다단계집락표집이라고 한다), 선택된 동 · 면의 가구대장으로부터 무작위로 최종적인 조사대상 가구를 선정한다.

### (4) 체계적 표집

체계적 표집(계통표집, systemic sampling)은 표집틀에 부여한 일련번호에서 일정한 표집간격을 두고 번호를 추출하는 방법이다. 첫 표집 간격 내 한 사례를 무작위로 추출한 후 표집간격을 계속 더해가며 추출하는 방법이다. 예를 들어, 1,000명으로 구성된 모집단 표집틀에서 50명을 표본으로 추출한다면 표집간격은 20이다.

하지만 표집틀의 명단에 주기성(혹은 순환성)이 있는 경우 특정 성격으로 기울어진 문제(bias)로 표본이 선출될 위험이 있다. 그렇기 때문에 이를 사용할 때에는 표집틀을 구성하는 요소의 배열이 일정한 주기성이 없이 무작위로 이루어져야 한다.

### 3) 비확률표집

비확률표집은 확률표집법에 비해 대표성이 떨어진다. 그럼에도 완전한 확률표집이 현실적으로 어려운 경우가 많기 때문에 비확률표집이 적지 않게 사용된다. 비확률표집은 확률표집에 비해 표본의 대표성이 취약하다는 결정적인 약점이 있으나, 확률표집에 필요한 기초자료가 결여되어 있거나 시간이나 비용과 같은 현실적인 제약이 있을 때 적절히 선택하기만 하면 의외로 좋은 결과를 얻을 수 있다.

#### (1) 임의표집

임의표집(arbitrary sampling)이란 우연표집, 가용표집, 우발적 표집이라고도 하는데 가장 대표성이 없는 방법이다. 모집단에 대해 전혀 알지 못하는 경우 또는 모집단이 극히 동질적이어서 표집요소들 간에 차이가 거의 없다고 판단되는 경우 어떤 특별한 원칙이나 계획 없이 단지 편리성에 의거하여 표본을 선택한다.

예를 들면, 어떤 사회적 이슈가 발생했을 때 방송국이 길거리에서 임의로 행인 중 몇 명을 선택해 인터뷰하는 것이다. 인터뷰를 당하는 행인이 해당 이슈에 대해 대표성을 가진 사람이라는 보장이 없다.

#### (2) 동질적 유의표집

동질적 유의표집(homogeneous purposive sampling)은 동일한 경험을 한 예외적인 집단을 의도적으로 표집한 다음 하나의 사례로 삼아 조사하는 방법이다. 예를 들면, 극한 상황하에서의 집단응집력을 연구하기 위해 에베레스트 등반대를 선택하여 조사하는 것이다.

### (3) 이질적 유의표집

이질적 유의표집(heterogeneous purposive sampling)은 할당표집이라고도 하는데, 동질성을 가진 집단과 집단(두 집단은 이질적)을 비교할 때 사용한다. 표본 수는 모집단에 비례하여 정한다. 예컨대 도농 간의 결혼행태를 비교한다고 할 때 전체 표본 수는 100명, 모집단의 도농 간 기혼자 비율이 7 : 3이면, 도시에서 70명의 표본을 무작위가 아니라 임의적으로 뽑고, 농촌에서 30명의 표본을 역시 임의적으로 뽑아 비교하는 것이다. 일정한 숫자만 확보해 서로 비교하는 방법이다.

### (4) 구조적 표집

구조적 표집(structural sampling)은 광장이나 공원에 있는 사람들의 무리와 같이 비교적 자생적으로 우연히 형성되는 집단을 표집하는 방법이다. 예를 들어, 지역감정을 연구하고자 할 때 야구경기장의 관중 중 특정한 지역 팀을 집단적으로 응원하는 사람들을 표본화하는 것이다.

### (5) 전략적 제보자 표집

전략적 제보자 표집(strategic informant sampling)은 특정한 상황에 대해 가장 정확한 일차적 정보를 가진 사람을 표본으로 선택하는 방법이다. 예를 들면, 재소자의 형태나 교도소 안에서의 인간관계에 대해 연구할 경우 교도관을 표집해서 조사하고 정신질환자의 행태나 정신병원 내부의 인간관계를 연구할 때 정신병원에 근무하는 정신과 의사, 간호사 또는 정신보건사회복지사를 대상으로 조사하는 것이다.

### (6) 눈덩이표집

눈덩이표집(snowball sampling)이란 누적표집, 누증표집, 연쇄의뢰표집, 연쇄소개표집이라고도 하며, 표본을 단계적으로 늘려가는 방법이다. 조사자가 조사할 표본 사례들이 어디에 있는지 잘 모르는 경우에 유용한 방법이다. 최초의 표본에서 얻은 정보를 바탕으로 점차적으로 다음 표본을 확대해 나가는 것이다. 모집단에 대한 정보가 거의 없을 때 사용한다. 예를 들어, 약물중독, 성매매, 도박 등과 같이 조사대상자가 눈에 잘 띄지 않는 일탈적 하위문화를 연구하는 데 적합하다.

질적연구에서 가장 일반적으로 사용되며, 특정 모집단의 구성원을 찾기가 어려울 때 사용하기에 적합하다. 하지만 표본의 대표성에 문제가 있을 수 있다.

### (7) 할당표집

할당표집(quota sampling)은 모집단의 속성 중 조사내용에 영향을 주는 요소를 정해서 이를 기준으로 몇 개의 범주로 구분하고 각 범주에 해당하는 표본을 모집단에서 차지하는 범주의 비율에 따라 할당하고 각 범주로부터 할당된 수의 표본을 임의적으로 추출하는 것이다. 할당표집은 비확률표집이지만 가능한 한 모집단을 대표하는 표본을 얻고자 하는 방법이다. 할당표집법은 층화표집법과 유사하지만 할당된 표본의 수를 무작위표집이 아닌 임의표집한다는 점에서 층화표집과 다르다.

# 3. 표본의 크기 및 표본오차

## 1) 표본의 크기

모집단으로부터 추출한 표집단위의 수를 몇 개로 할 것인가라는 표본의 크기를 결정하는 문제는 비용이나 시간을 절약하면서도 표본의 통계치로 모집단의 모수치를 정확하게 추론할 수 있을 것인가, 즉 표본이 모집단을 적절히 대표할 수 있을 것인가 하는 문제이다.

표본의 크기(수)는 모집단의 크기와 동질성 여부에 의해 좌우된다. 모집단의 크기가 아주 작을 경우에는 전수조사를 하는 것이 좋을 것이고, 모집단이 동질적인 개체로 구성되어 있다면 어느 요소를 택하여 표본으로 하더라도 대표성을 유지하는 데는 큰 어려움이 없을 것이다.

단순무작위표집의 경우 다른 조건이 동일하다면 모집단이 클수록 그리고 모집단이 보다 이질적일수록 표본의 크기(수)도 커야(많아야) 한다.

표본 크기의 실제적 결정요인으로는 모집단의 동질성, 표집방법 및 조사방법의 유형, 분석 범주 및 변수의 수, 이론적 표본설계, 소요되는 비용 · 시간 · 인력 등이 있다.

## 2) 표본오차와 신뢰수준

### (1) 표본오차

표본오차(sampling error)는 모집단을 대표할 수 있는 전형적인 구성요소를 선택하지 못함으로써 발생하는 오차를 말한다. 쉽게 말해, 모집단과 표본과의 차이로서 표집과정에서 생기는 오차가 표본오차이다. 모수치가 가구주의 평균소득인 경우 표본오차는 모집단 가구주의 평균소득과 조사대상 가구주의 평균소득의 차이가 된다. 표본오차는 표본의 크기에 반비례한다. 즉, 표본의 크기가 크면 클수록 표본오차는 줄어든다는 것이다. 표본오차는 편의(bias)와 우연(chance) 때문에 생긴다. 우연에 의한 표본오차는 표본의 크기를 증가시키면 감소된다. 편의에 의한 오차는 표본선택방법을 엄격히 하면 줄일 수 있다.

### (2) 신뢰수준과 신뢰구간

표본오차의 비율을 신뢰수준(confidence levels)이라고 한다. 다시 말해, 표본에 의한 조사결과의 확실성 정도를 말한다. 보통 신뢰수준을 일반적으로 95%라 할 때 표본오차 ±5%임을 의미한다. 또한 통계적 추정에서 구간으로 추정된 추정치가 실제 모집단을 모수를 포함하고 있을 가능성의 범위를 신뢰구간(confidence interval)이라고 한다. 쉽게 말해 신뢰구간은 모집단에서 추출한 표본의 정확도인 것이다. 신뢰수준이 높아지면 유의수준이 낮아지고, 가설 검증 과정에서 1종 오류를 범할 가능성도 줄어들게 된다. 따라서 신뢰수준이 증가하면 표집오차가 증가하기 때문에 표본의 크기를 늘려서 이를 보완해야 한다.

이를 고등학생 무상교육에 대한 찬반 여론조사를 예로 정해 설명해보면 다음과 같다. 무상교육에 대한 찬반여론은 전체 사회조사를 하기 전에는 정확히 알 수 없다. 어떤 여론조사기관에서 일반 국민을 대상으로 이에 대한 조사를 실시하였는데, 찬성 60%, 반대 40%가 나왔으며, 신뢰수준 95%, 표본오차 ±3%포인트인 결과가 나타났다. 이를 해석하면 다음과 같다. 신뢰수준 95%에 표본오차 ±3%포인트란 같은 조사를 100번 했을 때 95번은 무상교육에 대한 찬성 비율이 60% ±3%포인트, 즉 57~63% 사이의 비율일 것임을 의미한다. 만약 신뢰수준을 95%에서 99%로 높이고 싶다면 그만큼 오차를 줄일 수 있도록 표본의 크기를 늘려야 한다.

이와 함께 신뢰구간은 모집단의 모수치가 일정한 확률을 갖게 될 값의 범위를 말한다. 표본조사 결과를 통해 모수치를 추정할 때, 신뢰수준을 높게 설정하면 신뢰구간의 분포는 넓게 된다.

사례로 본 사회복지조사

## 한국 노인 빈곤율 30%대로 첫 하락

OECD(경제협력개발기구) 국가 중 유일하게 40%를 넘었던 한국의 노인 빈곤율이 처음으로 30%대로 떨어졌다. 하지만 여전히 OECD에서 가장 높다. 노인 빈곤율이란 65세 이상 중 소득이 중위소득의 절반에 미치지 못하는 인구의 비율이다. 8일 통계청에 따르면, 처분가능소득(세금 등 제외) 기준 65세 이상 인구의 상대적 빈곤율(노인 빈곤율)은 2020년 38.9%로, 1년 전(41.4%)보다 2.5%포인트 감소했다.

노인 빈곤율이 30%대로 떨어진 것은 통계청이 가계금융복지조사를 실시한 2011년 이래 처음이다. 노인 빈곤율은 2011년 46.5%에서 2016년 43.6%, 2019년 41.1%로 감소하는 추세지만, 여전히 OECD 평균인 13.5%(2019년 기준)를 크게 웃돈다. 미국(23%)과 일본(20%)의 노인 빈곤율은 20%대이고, 프랑스(4.4%) · 독일(9.1%) 등 유럽 국가는 10%를 밑돈다.

노인 빈곤율 하락은 2014년 7월 도입된 기초연금의 효과로 분석된다. 2016년 보건복지부 조사에 따르면, 기초연금 지급 시 노인 상대 빈곤율이 5.6%포인트가량 하락하는 것으로 나타났다.

기초연금은 월 최대 20만 원까지 지급되다가, 지난해 월 최대 30만 원으로 늘었다. 올해는 지난해 소비자물가상승률(2.5%)을 반영해 작년보다 오른 30만 7,500원까지 받을 수 있다. 이번 대선에서 유력 후보들은 모두 기초연금을 40만 원으로 올리겠다고 공약했다.

정부의 세금 일자리 정책으로 고령층 일자리가 늘어난 것도 노인 빈곤율 하락에 기여한 것으로 보인다. 2016년에는 60세 이상 고용률이 39.5%였는데, 2020년에는 42.4%로 상승했다. / 조선일보 2022-03-09

### 생각해 봅시다

- 기초연금의 증액에 대한 본인의 의견을 제시해 봅시다.

CHAPTER 06

# 관련문제

1. 1,000명을 번호 순서대로 배열한 모집단에서 4번이 처음 무작위로 선정되고 9번, 14번, 19번, … 등이 차례로 체계(systematic)표집을 통해 선정되었다. 이 표집에서 표집간격(ㄱ)과 표본 수(ㄴ)가 바르게 짝지어진 것은? 〈13회〉

① (ㄱ) 4 (ㄴ) 200
② (ㄱ) 4 (ㄴ) 250
③ (ㄱ) 5 (ㄴ) 200
④ (ㄱ) 5 (ㄴ) 250
⑤ (ㄱ) 10 (ㄴ) 200

2. 다음의 내용에서 표집 관련 용어의 연결이 옳지 않은 것은? 〈9회〉

> 2010년 12월 말 현재 맞춤형 건강관리 프로그램 서비스를 이용한 경험이 있는 65세 이상 노인을 대상으로 조사를 실시하였다. 표본은 맞춤형 건강관리 프로그램 이용자 명부로부터 무작위로 500명을 추출하였다.

① 모집단 - 건강관리 프로그램 서비스 이용 노인
② 표집틀 - 65세 이상 노인
③ 표집단위 - 무작위
④ 표집방법 - 무작위
⑤ 관찰단위 - 개인

3. '시설보호아동이 경험한 학교생활의 본질과 맥락에 대한 연구'를 진행할 때, 일반적으로 사용되는 표집방법이 아닌 것은? 〈13회〉

① 편의표집
② 극단적 사례표집
③ 이론적 표집
④ 층화표집
⑤ 1사례표집

**4. 다음 사례에 해당하는 표집방법은?** 〈12회〉

> 서울의 지역사회복지관에 근무하는 종사자의 직무만족도를 조사하기 위하여 설문조사를 실시하였다. 표본은 서울시 각 구별 종사자 비율에 따라 결정된 인원수를 작위적으로 모집하였다.

① 할당표집 ② 군집표집
③ 계통적 표집 ④ 비비례층화표집
⑤ 눈덩이표집

**5. 표집오차에 관한 설명으로 옳지 않은 것은?** 〈12회〉

① 표본의 통계치와 모수 간의 차이를 의미한다.
② 일반적으로 표본규모가 클수록 감소한다.
③ 표본의 선정과정에서 발생하는 오차이다.
④ 모집단의 크기에 비례한다.
⑤ 모집단의 동질성에 영향을 받는다.

**6. 다음 조사연구에서 활용한 표본추출 방법은?** 〈2021년 국가공무원〉

> 모집단에서 다수의 하위집단을 먼저 무작위 추출한 뒤, 하위집단별로 최종 자료수집의 표본 단위를 무작위로 추출하였다.

① 유의표집법 ② 집락표집법
③ 할당표집법 ④ 체계표집법

정답 1. ③ 2. ② 3. ④ 4. ① 5. ④ 6. ②

CHAPTER

# 07

# 자료수집방법

1. 자료수집방법의 개요
2. 서베이 방법
3. 관찰법
4. 통계분석의 유형
5. 통계처리방법

CHAPTER 07

# 자료수집방법

## 1. 자료수집방법의 개요

자료수집이란 설계된 조사연구를 실행에 옮기기 위해 조사연구 설계 과정에서 결정된 방법론에 따라 자료를 수집하는 과정으로 측정도구를 사용하여 조사대상자 또는 대상물로부터 정보를 얻는 행동을 말한다.

### 1) 자료의 종류

자료는 조사목적을 위해 직접 수집되었는가의 여부에 따라 1차 자료와 2차 자료로 구분된다.

1차 자료는 조사자가 현재의 조사목적을 위해 직접 수집하거나 작성한 자료로, 주로 실험, 설문지, 관찰, 면접 등을 통해서 수집된다.

2차 자료는 1차 자료를 제외하고 수행 중인 조사목적을 달성하는 데 도움을 줄 수 있는 기존의 모든 자료로서, 기존의 사례기록물, 상담일지, 실태조사서, 정부자료, 기관의 간행물, 발표논문 및 기타 조사목적을 달성하는 데 도움이 되는 자료를 의미한다.

### 2) 자료수집의 방법

자료를 수집하는 방법에는 조사자가 조사대상자나 대상물로부터 직접적으로 정보를 수집하는 방법, 조사대상자가 만들어 낸 자료나 조사대상물에 대한 기록 또는 제3자가 직접 수집한 자료를 보고 필요한 정보를 간접적으로 취하는 방법이 있다.

이러한 직접적 자료수집방법에는 서베이 방법과 관찰법이 있고, 간접적 자료수집방법에는 2차적 자료수집방법으로서 내용분석 방법이 있다.

## 2. 서베이 방법

### 1) 서베이 개념과 장단점

서베이는 자료를 수집하는 방법이기도 하지만 조사설계의 한 형태이기도 하다. 따라서 서베이는 가장 많이 사용하는 사회조사의 한 형태가 되기도 하고 자료수집방법의 한 형태가 되기도 한다.

자료수집방법으로서 서베이는 설문지, 면접, 전화, 인터넷 등을 이용하여 응답자로 하여금 연구주제와 관련된 질문에 답하게 함으로써 체계적이고 계획적으로 실증적 자료를 수집, 분석하는 조사연구 방법으로서, 일정한 시점에서 다수의 조사대상자로부터 직접 자료를 수집하는 방법을 말한다.

궁극적으로 모집단 전체를 연구의 대상으로 하고 있지만 시간과 비용의 제약으로 인해 일반적으로 모집단에서 추출된 표본을 대상으로 분석한 후 그것을 기초로 전체 모집단에 대하여 추론을 하게 된다. 양적 사회조사에서 가장 오랜 역사와 보편성을 확보한 대표적인 자료수집 방법이다.

### (1) 서베이 방법의 장점

대규모 집단으로부터 풍부한 정보를 비교적 적은 비용으로 얻을 수 있다. 따라서 규모가 큰 모집단의 특성을 묘사하는 데 유용하다. 현실의 상태를 비교적 정확하게 반영한 자료를 얻을 수 있다. 이 정확도는 표본오차의 범위 내에서의 정확도를 의미한다. 표본오차가 있기는 하지만 비교적 타당성이 높은 정보를 얻을 수 있다.

연관성 있는 여러 연구주제에 필요한 자료를 한 번의 조사를 통해 얻을 수 있다. 한 번의 조사로 여러 주제에 대해 연구할 수 있으며, 동일한 자료를 이용하여 다양한 주제에 대해 연구할 수 있다.

자료의 범위가 넓다. 규모가 큰 모집단으로부터 수집된 자료는 그 범위가 넓기 때문에 일반화의 정도와 수준이 높다. 일괄적인 질문지를 사용하므로 객관적으로 측정할 수 있다. 비교적 공간적 상황에 구애받지 않고 실시할 수 있다.

### (2) 서베이 방법의 단점

응답자의 심리적인 상태를 파악할 수 없으므로 피상적인 결과가 나타나기 쉽다. 성격상 어떤 문제를 깊이 파고드는 조사라기보다는 광범위한 자료를 얻는 조사이다.

이는 시계열적인 정보를 얻기 힘들며, 고도의 조사지식과 기술을 요한다. 표본추출을 사용하는 조사는 모두 표본오차를 갖게 된다. 모든 응답자들을 대상으로 그들이 모두 이해할 수 있도록 구성되기 때문에 소수의 특수한 집단을 대상으로 하는 질문이 누락될 수 있다.

오직 과거 행동에 대한 회상의 기록들이나 미래에 대한 가설적인 행동에 관한 기록을 수집할 수 있을 뿐이다. 예를 들어, 어떤 사람이 보수적인 성향을 보였다고 해서 그 사람이 보수적인 행동을 하리라는 보장은 없다. 태도를 측정한다는 것 자체가 태도에 영향을 미칠 수 있다.

그 이전에는 특정 주제에 대해 아무런 생각이 없다가도 그 주제에 관한 질문을 받고 나서야 그 문제에 대해 생각해 보고 의견을 형성하게 될 수도 있다.

#### (3) 서베이 방법의 종류

구체적으로 어떤 수단을 사용하여 자료를 수집하는가에 따라 여러 가지 형태로 구분되는데, 가장 전통적인 형태로는 우편조사법, 면접조사법, 전화조사법이 있다. 최근에는 팩스조사법, 전자우편(이메일) 조사법, 인터넷 웹사이트를 이용한 조사법 등도 활용되고 있다. 그 외에도 10명 이내의 소집단을 대상으로 하여 조사자가 이들과 대화하는 동시에 조사대상자들 간의 상호 의견교환과 토의를 통해 자료를 수집하는 방법인 초점집단조사가 있다.

### 2) 우편조사

우편조사는 응답자가 직접 읽고 이해하여 응답할 수 있는 설문지를 만들어 이를 응답자에게 우송하여 응답하게 한 후 돌려받는 자료수집 방법이다. 조사자와 응답자 간의 비대면적 관계를 통해 자료를 수집한다.

#### (1) 우편조사의 장점

우편조사의 장점은 다음과 같다.

첫째, 지리적으로 넓게 퍼져 있는 응답자들에게 어느 곳이나 배달되기 때문에 면접방법에 비하여 접근성이 매우 높다.

둘째, 최소의 경비와 노력으로 광범위한 지역과 대상을 표본으로 삼을 수 있다.

셋째, 한 번에 모든 응답자들에게 설문지를 보낼 수 있다.

넷째, 응답자가 편리한 때에 설문지를 완성할 수 있고 설문지에 응답하는 데 더 많은 시간을 사용할 수 있다.

다섯째, 면접방식의 조사에서는 면접자와의 직접 대면으로 응답자가 솔직한 답변을 하기 어려운 경우가 있으나 우편조사는 응답자 개인의 이름을 밝히지 않고 면접자가 앞에 없기 때문에 보다 솔직한 응답을 이끌어 낼 수 있다.

여섯째, 면접자가 응답자에 대해 편의(또는 편견)을 가질 기회가 없다. 또한 면접자의 특성이나 면접기술의 차이로 인하여 나타날 수 있는 응답상의 편의를 줄일 수 있다.

일곱째, 모든 응답자들이 똑같은 어법에 노출되기 때문에 응답자의 응답을 보다 쉽게 비교할 수 있게 된다.

### (2) 우편조사의 단점

우편조사의 단점은 다음과 같다.

첫째, 응답자가 바쁘거나 관심 부족 등으로 응답을 하지 않는 경우가 많으므로 낮은 회수율이 가장 큰 문제이다.

둘째, 대면에 의한 조사가 아니므로 비언어적 행동을 관찰하거나 응답자의 다른 특징들에 관한 개인적 평가는 할 수 없다.

셋째, 응답자의 주소가 명확하지 않을 경우 추가로 질문을 할 기회가 없다. 또한 응답자가 질문을 잘못 이해하고 있더라도 교정될 수 없다.

넷째, 면접자가 개인적으로 응답을 완성할 수 있었는지 확신할 수 없다. 즉, 다른 사람이 대신 응답하는 경우도 발생할 수 있다.

다섯째, 응답의 편견을 제거하기 위해 고안한 질문순서가 응답을 하기 전에 설문지를 읽거나 또는 질문을 건너뛰거나 제시된 응답 순서대로 응답하지 않는 응답자에 의해 사용할 수 없게 될 수 있다.

여섯째, 글자로 전달될 수 있는 것에 한정되기 때문에 복잡하고 어려운 질문을 하기 어렵다.

### 3) 면접조사

면접조사는 조사대상자와 대면하여 대화 및 표정 등을 통해 조사대상자에게서 필요한 정보를 수집하는 방법을 말한다. 대표적인 특징은 상호작용이며, 질적 조사에서도 널리 사용되고 있다. 질문과 응답이 구두로 이루어지고 응답내용을 면접자가 기록한다는 점에서 다른 자료수집방법과 차이가 있다.

#### (1) 면접조사의 유형

① 구조화 면접

구조화 면접(또는 표준화 면접)은 조사대상자로부터 정보를 얻기 위하여 작성된 질문목록, 즉 면접조사표를 활용하여 질문하는 것을 말한다. 구조화 면접에서는 면접자가 임의로 질문을 변경하거나 질문의 순서를 바꾸는 등의 행위를 할 수 없다.

구조화 면접의 장점은 면접자의 편의(bias)를 줄일 수 있으며, 면접을 통해 획득한 정보들을 비교할 수 있다. 일관성 있게 면접이 수행되므로 응답결과가 신뢰성이 있다. 모든 응답자는 동일한 순서로 동일한 문항에 응답하도록 되어있기 때문에 분류하고 부호화하는 데 편리하다. 비교적 훈련이 덜된 면접자(조사원)도 활용할 수 있다.

구조화 면접의 단점은 조사대상자의 특성이나 면접 분위기에 따라 면접을 융통성 있게 수행할 수 없다는 점이다. 애매모호한 응답을 명확히 하기 위한 후속질문을 할 수 없으며, 사전에 작성된 질문을 모두 해야 하기 때문에 많은 시간이 소요될 수 있다.

② 반구조화 면접

반구조화 면접은 면접조사표를 사용하는 대신에 질문목록이 기재되어 있는 면접지침을 활용하는 것으로 일정한 수의 중요한 질문은 구조화 면접으로 수행하고 나머지 질문은 비구조화 면접으로 하는 방법이다. 따라서 면접자는 면접지침 내에서 어느 정도 융통성을 발휘하며 면접을 수행할 수 있다.

③ 비구조화 면접

비구조화 면접은 가장 자유롭고 개방적인 형태의 면접으로 면접조사표나 면접지침을 활용하지 않는 방법이다. 이는 가장 덜 구조화된 면접조사로서 면접자는 단지 전반적인 면접주제만 가지고 있으며, 면접의 진행에 맞추어 스스로 질문을 만든다. 따라서 면접자의 전문적인 기술과 능력이 조사에 매우 중요한 영향을 미치며, 주로 탐색적 조사에서 많이 사용되는 방법이다. 또한 면접조사요원이 의견 교환을 활성화하고 더 많은 정보를 획득하기 위해 사용하는 기법인 심층규명 기법(probing, 프로빙, 캐묻기)을 사용하기에도 좋다.

장점은 다음과 같다.

첫째, 면접자가 상황에 따라 질문의 내용이나 순서를 조절하거나 준비한 질문을 생략할 수 있으며, 필요에 따라서는 계획에 없던 질문을 추가할 수도 있다.

둘째, 의미의 표준화가 가능하다.

셋째, 형식에 얽매이지 않고 융통성을 발휘하여 면접이 본래 의도했던 바를 정확히 이룰 수 있다.

단점은 다음과 같다.

첫째, 면접결과를 정리하고 분류하며 부호화하는 데 많은 시간과 인력, 비용이 소요된다.

둘째, 신뢰도가 낮다. 즉, 동일한 내용의 질문을 반복했을 때 응답내용이 매번 달라질 수 있으므로 일관성이 약하다.

셋째, 주로 가설을 세우기 위해 미개척 분야에서 1차적 자료를 수집하는 데 적절한 방법이다. 그렇기 때문에 가설을 검증하거나 인과관계를 규명하는 데는 적합하지 않다.

### (2) 면접조사의 장 · 단점

면접조사의 장점은 다음과 같다.

첫째, 응답자가 질문을 이해하지 못하였거나 잘못 이해하였을 때 질문을 반복할 수 있고 쉽게 알아들을 수 있도록 말할 수 있으며 필요시 추가질문을 할 수도 있다.

둘째, 회수가 필요 없고 문맹자들도 질문에 대답할 수 있기 때문에 설문지 또는 우편설문지에 비해 높은 응답률을 나타낸다.

셋째, 면접은 남에게 방해받지 않고 개별적으로 진행될 수 있도록 면접환경을 표준화할 수 있다.

넷째, 면접자는 비언어적 행위를 직접 관찰할 수 있으며, 응답자의 응답 타당성을 평가할 수 있다.

다섯째, 면접조사에서는 보다 복잡한 설문지를 사용할 수 있다. 기술과 경험이 있고 잘 훈련된 면접자는 도표나 그림, 세부적인 사항 등 복잡한 질문들을 잘 다루어 응답자가 응답을 하는 데 도움을 줄 수 있다.

여섯째, 면접자는 모든 질문에 대한 응답이 있었는지를 확인하여 설문지 응답을 완성할 수 있다.

일곱째, 면접을 하기 위해서 현장을 방문하기 때문에 응답자의 환경조건이나 개인적인 것에 대한 참고자료를 얻을 수 있다.

다음으로 면접조사의 단점은 다음과 같다.

첫째, 면접요원을 선발하고, 훈련하고, 감독하는 비용, 인건비, 교통비 등 많은 비용이 든다.

둘째, 면접을 하기 위한 장소로 이동해야 하고, 면접 자체에 많은 시간이 소요되며, 면접을 통해 얻은 자료를 체계적으로 정리하고, 분류하고, 부호화하는 데에도 많은 시간이 걸린다.

셋째, 면접자가 훈련 부족으로 질문을 잘못 전달할 수 있고, 응답자의 응답을 잘못 이해하거나 또는 기록을 하는 과정에서 오기할 수 있다. 때로는 면접자가 묻지도 않고 고의적으로 응답을 기입하거나 응답자가 대답하지 못한 질문에 대신 응답을 할 수도 있다.

넷째, 면접자는 응답자의 성명, 주소, 전화번호 등을 알고 있다. 비록 비밀을 보장한다고 말해주더라도 면접에 응답하는 일은 부담이 되고 어느 정도의 위협이 될 수 있다. 이로 인해 응답자는 민감한 사안에 대해서는 진실된 응답을 하지 않거나 거부할 수도 있다.

다섯째, 응답을 묻고 응답자에 따라 같은 질문을 다르게 표현하고 필요에 따라서는 다른 질문을 하는 경우가 있다.

여섯째, 응답자가 기록을 참고하거나 가족이나 친구에게 사실에 대한 확인을 하거나 응답에 대해서 숙고할 시간을 주지 않는다.

### 4) 인터넷조사

인터넷조사는 인터넷상에서 이루어지는 통계조사를 말하며, 기존의 조사방법과 다른 점은 조사대상이 국내 또는 특정 지역으로 제한되지 않고 국경이나 공간의 한계를 넘을 수 있다는 것이다.

이러한 인터넷조사의 장점은 표본 수가 많아져도 추가비용이 들지 않으며, 고수입 집단이나 고도의 기술전문가 집단에 쉽게 접근할 수 있다는 점이다. 그리고 인터뷰 비용 없이 사용자와 상호작용할 수 있으며, 설문에 대한 응답을 빨리 회수할 수 있다. 설문응답이 편리하며, 조사를 24시간 수행할 수 있다.

반면에 인터넷조사의 단점은 인터넷 사용인구에 한하여 사용할 수 있으며, 표본은 전체 인구를 대표하지 못한다는 점이다. 그리고 자기선택의 편의(bias)를 범할 수 있으며, 시스템을 설치해야 하기 때문에 조사 초기에 고정비용이 많이 든다. 그리고 주된 조사방법이 아니다.

## 5) 설문지 작성법

양적 조사에서는 서베이 조사가 가장 많이 이용되고 있으며, 서베이 조사의 주된 자료수집 도구는 설문지이다.

### (1) 설문지 작성 시 유의사항

질문문항을 명확히 이해할 수 있도록 작성해야 하며, 가급적이면 문항을 짧게 해야 한다. 즉, 응답자들은 긴 질문은 회피하거나 무응답하는 경향이 있다. 또한 적절한 언어구성의 수준을 유지해야 하며, 용어의 난이도, 구어의 사용 여부 등을 고려해야 한다. 추상적인 것보다는 사실적인 질문이어야 한다. 질문이 확고하고 구체적이면 대답도 명확하다. 이중질문과 유도질문을 피하고, 직접질문과 간접질문을 적절히 사용하여야 한다. 또한 응답하기 쉬운 질문을 먼저 하고, 민감한 질문이나 개방형 질문은 뒷부분에 배치한다. 신뢰도를 검사하는 질문은 서로 떨어져 있어야 한다.

### (2) 개방형 질문과 폐쇄형 질문

개방형 질문은 응답자가 거의 아무런 제약 없이 자유롭게 대답할 수 있도록 응답범주가 구체화되지 않은 채 질문만 던지는 형식이다.

| 예 선생님은 사회복지담당공무원의 업무처리에 대하여 어떻게 생각하십니까? |
|---|

반면 폐쇄형 질문은 대답할 내용을 미래 범주화하여 이 가운데에서 하나 또는 몇 개를 선택하도록 하는 형식이다.

| 예 선생님의 성별은? ① 남성 ② 여성 |
|---|

### (3) 설문지 사전검사

설문지 사전검사(pre-test)는 본 조사를 수행하기 전에 동일한 절차와 방법으로 일정한 수의 사람들을 대상으로 질문지가 잘 구성되었는지 시험하는 조사이다. 이때 점검해야 할 사항은 질문지의 언어 구성에 있어 모호하거나 부적절한 것, 중복된 것이나 누락된 것 여부, 내용 간의 모순 여부, 응답이 한쪽으로 치우치지 않는지 여부, 질문 순서가 바뀌었을 때 응답에 실질적 변화가 일어나는지 여부, 무응답이나 기타 응답이 많은 문항이 있는지 여부 등이다.

따라서 사전검사는 반드시 한 번 이상 해야 하고 연구할 표집대상을 제외한 다른 사람으로 구성하되 20~50명 정도가 적절하다. 만약 우편설문조사를 실시한다면 사전검사도 우편설문조사로 실시해야 한다. 또한 사전검사와 예비조사의 차이점은 다음과 같다.

첫째, 예비조사는 탐색적 조사의 성격을 띤 현지조사이다.
둘째, 예비조사는 질문지 작성의 사전단계에서 이루어진다.
셋째, 사전검사는 예비조사보다 훨씬 잘 갖추어진 형식이다.

따라서 사전검사는 모든 절차가 본 조사 때와 똑같은 방법으로 진행된다는 특징을 가지고 있다.

## 3. 관찰법

관찰법은 조사대상의 특성, 언어적·비언어적 행동 등을 지켜보고 들으며 자료를 수집하는 방법으로 주로 현장에서 사용하기 때문에 현장연구라고도 불린다.

### 1) 관찰의 종류

조사자가 관찰대상인 집단에 참여하는 정도에 따라 나누어지는데, 참여관찰은 조사자가 자신의 신분을 밝히지 않고 관찰대상인 집단의 일부가 되어 사회적 과정에 완전히 참여하면서 동시에 관찰하는 방법이다.

준참여관찰은 참여관찰처럼 조사대상의 생활 전부에 참여하는 것이 아니라 생활의 일부에만 참여하는 관찰법으로 조사대상자 자신이 관찰을 받고 있다는 것을 알고 있다.

비참여관찰은 조사자라는 신분을 밝히고 관찰하는 방법으로 관찰대상을 가능한 한 방치해 두고 제3자의 입장에서 관찰대상의 자연스럽고 정상적인 행동을 관찰하는 방법이다. 주로 조직적인 관찰이 많이 사용된다.

### 2) 관찰법의 장·단점

관찰법의 장점은 비언어적 행동에 관한 자료를 수집함에 있어서 서베이조사, 실험, 문서조사보다 훨씬 뛰어나다는 점이다. 종단적 분석이 가능하다. 관찰대상이나 행위가 일어나는 현장에서 즉시에 어떤 사실을 포착할 수 있다. 따라서 조사자가 연구대상이나 행위의 진실된 모습을 포착할 수 있다. 너무 일상적이거나 의례적이어서 무의식적으로 이루어지는 행동의 경우 오직 관찰을 통해서만 측정할 수 있다. 조사대상자가 비협조적이거나 면접을 거부할 때, 기타 면접이나 질문을 통해 자료를 얻을 수 없을 때에도 관찰에 의해 자료를 수집할 수 있다. 개인이나 집단의 행동에 관한 정보를 얻는 방법으로 적절하다. 특히 가족이나 집단 구성원 간 또는 의사소통의 형태를 연구하는 방법으로 적합하다. 응답자가 자신의 느낌을 언어적으로 표현해야 하는 노력이 줄어든다.

하지만 관찰법의 단점은 표본의 크기가 작아 계량화가 곤란하다는 점이다. 자연환경에서 조사자는 외생변수에 대해 거의 통제할 수 없으며, 현장진입이 어렵다. 또한 시간과 경비가 많이 필요하고, 관찰내용과 관찰시점의 해석상 관찰자의 주관이 개입될 여지가 있다. 관찰대상이 되는 행위나 태도를 현장에서 포착해야 하므로 그러한 현장을 찾아다니거나 특정 행위나 태도가 나타나기까지 기다려야 하는 단점이 있다. 관찰을 의식할 경우 다른 행동을 보일 수 있다. 관찰도구로서 기계를 사용하지 않을 경우 조사자가 항상 현장에 있어야 한다. 인간의 감각은 극히 선택적이면서도 제한적이기 때문에 때로는 중요한 사실을 빼놓고 다른 것을 관찰할 수도 있다. 그리고 응답자의 익명성을 유지하기 어렵기 때문에 서베이보다 신뢰성이 떨어진다. 따라서 범죄행위, 성매매와 같은 민감한 이슈들을 조사하기 어렵다.

## 4. 통계분석의 유형

### 1) 기술통계와 추론통계

사회조사의 대상은 개인이 아니라 집단인 경우가 대부분이다. 오차가 큰 측정치만 얻을 수밖에 없는 실험이라도 개별 데이터보다 평균치나 분산(정밀도) 등과 같은 집단적 특성이 중요하다. 집단적 특성을 연구하기 위해 데이터를 가공하는 것을 통계처리라고 한다. 오늘날 퍼스널 컴퓨터가 대량 보급되어 수집된 자료의 분석을 대부분 컴퓨터가 하고 있다. 특히 PC용 사회과학 통계분석 소프트웨어인 SPSS pc+(Statistical Package For Social Sciences)가 대중화되어 개인이 손쉽게 자료를 전산처리 할 수 있게 되었다. SPSS는 1969년 미국 시카고대학에서 데이터 관리 및 통계분석을 목적으로 개발된 통계분석 소프트웨어로서 세계에서 가장 많이 사용되고 있다. SPSS는 데이터 입력은 물론 교차분석, 상관관계분석, 회귀분석, 분산분석, 요인분석 등 모든 통계적 분석이 가능하다. 전산처리는 데이터 선별(문제가 있는 데이터 제외), 데이터 입력[SPSS 프로그램을 이용해 질문지에 있는 응답결과를 데이터로 변환한다. 이를 코딩(coding)이라고 한다], 통계처리(원하는 통계기법으로 데이터를 가공한다), 통계처리 결과의 해석 및 보고서 작성의 과정을 거치는 것이 보통이다.

기술통계는 표본조사를 통해 수집된 자료를 바탕으로 변수의 특성을 있는 그대로 기술(description)하는 것이다. 추론통계는 표본의 특성에서 모집단의 특성을 추정하는 것이다. 다시 말해, 기술통계는 표본자료의 특성을 요약하는 것이고, 추론통계는 통계치(statistic)로 모수(parameter)를 추정하는 것이다. 빈민을 대상으로 한 소득조사를 예로 들면, 빈민 3,000가구를 표집하여 이들의 평균소득을 구했다면 이것은 기술통계이다. 이러한 표본집단의 평균소득을 바탕으로 전체 빈민의 평균소득을 추정해 냈다면 이것은 추론통계인 것이다.

### 2) 모수통계와 비모수통계

모수통계는 등간척도 및 비율척도의 자료를 분석하는 것이고, 비모수통계는 명목척도 및 서열척도의 자료를 분석하는 것이다. 예를 들면, 소득, 재산, 교육기간 등의 분석은 모수통계이고, 성별, 종교별, 출신지역별 분석은 비모수통계이다.

# 5. 통계처리방법

## 1) 단일변량분석, 이변량분석, 다변량분석

단일변량분석(uni-variate analysis)은 한 번에 한 개의 변수에 대해 분석하는 것이다. 변수의 분석은 사례의 분포를 고찰하는 것이다. 빈도분석이 대표적인 단일변량분석이다.

이변량분석(bi-variate analysis)은 두 변수 간의 관계에 초점을 두는 분석법이다. 두 변수 간의 관계는 주로 설명적인 목적을 가진다. 단일변량분석은 한 사례의 분포를 살피는 데 목적이 있고, 이변량분석은 두 변수 간의 관계를 설명하는 데 목적이 있다.

다변량분석(multi-variate analysis)은 세 개 이상 변수의 관계를 설명하는 방법이다. 독립변수와 종속변수의 관계를 분석하는 것이 이변량분석이라면, 독립변수와 종속변수 사이에 매개변수를 삽입하여 분석하거나 외생변수와의 관계를 분석하는 것이 다변량분석이다. 이변량분석은 다음의 교차분석과 일원분산분석(one-way anova)이 대표적이고, 독립변수가 두 개일 때 사용하는 이원분산분석(two-way anova), 독립변수가 세 개 이상일 때 사용하는 다원변량분산분석(MANOVA)이 대표적인 다변량분석 방법이다.

## 2) 빈도분석

빈도분석(frequency analysis)은 변수 값들이 이루는 분포의 특성을 파악하는 데 이용된다. 분포의 특성은 빈도 수, 비율, 표준편차, 분산, 최댓값, 최솟값, 범위, 왜도, 첨도 등으로 나타낼 수 있다. 통계적 개념으로서의 평균값(mean)은 개별 값(사례)들의 단순 산술평균치를 말한다.

중앙값(median)은 전체 값들의 정중앙(중간) 값이다.

최빈값(mode)은 전체 값 중 가장 빈도가 높은 값이다.

표준편차(standard deviation)는 개별 값들이 평균값으로부터 떨어진 거리를 표준화(분산에 루트를 씌운 것)한 값이다.

분산(variation) 또는 변량은 표준편차를 제곱한 것이다.

최솟값(minimum)은 개별 값 중 가장 작은 값을, 최댓값(maximum)은 개별 값 중 가장 큰 값을, 범위(range)는 최댓값에서 최솟값을 뺀 값, 즉 그 거리를 의미한다.

왜도(skewness)는 분포의 좌우대칭도를 말하는데, 왜도가 0이면 좌우대칭, 왜도가 0보다 크면 왼쪽으로 치우친 분포, 왜도가 0보다 작으면 오른쪽으로 치우친 분포이다.

첨도(kurtosis)는 분포의 상하대칭도를 말한다. 첨도가 0보다 크면 분포가 중앙에 몰려 있는 것이다.

빈도분석은 질문지 조사결과에 대한 기초 정보를 제공해 준다. 빈도분석의 방법이 비교적 용이하여 그 중요성을 다소 무시하는 경향이 있으나 사실 통계처리 방법 중에서 가장 중요하다. 왜냐하면 질문지 각 문항의 기본적인 정보를 담고 있기 때문이다.

특히 사회복지 분야의 조사, 예컨대 노인, 장애인, 비행청소년, 문제를 가진 가족 등 특수한 집단을 대상으로 한 사회조사의 경우 조사대상 집단의 동질성이 워낙 강하여 교차분석이나 분산분석, 회귀분석 등 고급 통계가 큰 의미를 가지지 못할 때가 많은데, 이는 사회복지조사에서는 빈도분석이 매우 중요하다는 것을 의미한다. 그리고 통계처리 결과를 보고서로 만들 경우 빈도분석이 우선적으로 사용된다. 빈도분석이 조사결과의 기본적인 분포를 나타내 주기 때문이다.

한편 명목변수는 응답의 빈도와 비율을 그대로 집계해도 되지만(예를 들어, 남자 55%, 여자 45%), 등간변수나 비율변수는 적당한 구간별로 리코

딩한 후 각 구간별 비율을 제시하는 것이 좋다(연령의 예를 들면, 응답한 것을 그대로 제시하는 것보다 10대, 20대, 30대 등 연령구간별로 리코딩하는 것이 좋다). 그리고 단순빈도와 비율을 숫자로 나타내도 되지만, 필요하면 이를 토대로 그래프나 도형으로 만들어 제시하면 이해하는 데 많은 도움을 준다.

### 3) 교차분석

교차분석은 두 개의 변수, 즉 독립변수와 종속변수를 교차시켜 각각의 빈도와 비율을 비교해 통계학적 차이를 검증하는 방법이다. 교차분석은 독립변수와 종속변수 모두 명목변수와 서열변수일 경우에만 사용한다(예를 들면, 성별 선호하는 운동의 차이 분석). 독립변수가 명목변수이고 종속변수가 동간변수나 비율변수이면(예를 들면, 성별 학력시험 점수의 차이 분석) 분산분석 등 집단별 평균비교분석방법을 사용해야 한다. 교차분석은 $x^2$(chi-square, 카이자승)로 판단한다. $x^2$는 각 빈도의 표준편차를 비교해 그 통계학적 의미를 판단하는 통계기법이다.

교차분석에서 $x^2$가 반드시 필요한 이유를 알기 쉽게 설명하기 위해 다음과 같은 예를 들 수 있다. 성별 비누 선호도 조사 결과 여자가 고급 비누를 선호하는 비율이 남자보다 2%포인트 정도 더 높은 것으로 나타났다. 그렇다면 이 결과를 가지고 여자가 남자보다 고급 비누를 더 선호한다고 말할 수 있을까? 반대로 단지 2%포인트 차이로는 그렇게 단정 지을 수 없다고 말하는 것이 옳을까? 바로 이럴 경우 통계학적으로 의미 있는 차이가 나는지 여부를 가릴 수 있게 해주는 것이 $x^2$이다. $x^2$분석 결과 유의도(significance, p값)가 최소한 0.05($p<0.05$)보다 작게 나와야 통계학적으로 의미 있는 차이가 난다고 말할 수 있다.

### 4) 분산분석

분산분석(analysis of varance, ANOVA, 변량분석)은 통계학자이자 유전학자인 피셔(R. A. Fisher)가 1920~1930년대에 만들었다. 분산분석은 두 집단 이상의 평균 간의 차이를 검증하는 방법인데, 각 집단의 평균이 동일하다는 가설 아래 각 집단의 평균을 비교, 분석하는 것이다. 말하자면 전체 평균과 각 집단의 평균의 차이에 의해 생기는 집단 간 분산의 비교를 통해 만들어진 F(Fisher)분포를 이용하여 가설을 검증하는 방법이다.

F분포는 분산의 비교를 통해 얻어진 분포비율이다. 다시 말해, 두 표본에서 산출된 모집단 분산의 추정치의 비율로서 이론적 확률분포라 할 수 있다. 이러한 이론적 분포비율을 이용해 각 집단의 모집단분산에 차이가 있는지, 모집단평균에 차이가 있는지를 검증한다. 즉, F=(집단 간 변동)÷(집단 내 변동)이다. 그리고 분산분석에서 두 집단의 평균을 비교하고자 할 때는 t검증을, 세 집단 이상을 비교할 경우에는 F분산분석을 사용한다.

한편 분산분석은 독립변수가 한 개일 때 일원분산분석(one-way ANOVA), 독립변수가 두 개일 때 이원분산분석(two-way ANOVA), 독립변수가 세 개 이상일 때 다원변량분산분석(multiway ANOVA)이라고 한다.

일원분산분석은 종속변수가 한 개, 독립변수의 집단이 두 개 이상인 경우 사용한다. 남녀 성별 임금의 차이를 분석한다고 하면, 성별은 독립변수로서 남자와 여자 두 개의 집단으로 구성되고, 종속변수는 개인별 임금이 된다. 남녀 두 집단 임금의 평균비교를 통해 차이를 검증할 수 있다. 이원분산분석은 독립변수의 수가 두 개 이상일 때 집단 간 차이를 검증할 때 사용한다. 예를 들면, 성별 및 학력별 임금의 차이를 분석하고자 하는 것이다. 여기서 독립변수는 성별과 학력이고, 종속변수는 개인별 임금이 된다. 이원분산분석은 주 효과와 상호작용 효과를 분석하게 하는데, 주 효과가 성별(a), 학력별(b)이라면, 상호작용 효과는 이를 곱한 a × b이다. 다원변량분산분석은 분산분석을 확장하여 두 개 이상의 종속변수가 서로 연관된 상황에 적용시킨 것이다. 둘 이상의 집단 간 차이를 검증할 수 있다.

### 5) 상관분석

상관분석(correlation analysis)은 두 개의 변수 간의 상관관계를 분석하는 것으로 두 개의 변수가 어느 정도 규칙성 있게 동시에 변화되는 정도를 나타낸다. 상관분석에서 중요한 점은 두 개 변수의 관계가 정적인 방향(+)으로 움직이는지, 아니면 반대 방향(−)으로 움직이는지를 알려준다는 것이다. 정의 관계(+)는 두 개의 변수가 동일 방향으로 움직인다는 것을, 부의 관계(−)는 한 개 변수가 증가하면 다른 변수는 감소한다는 것을 의미한다. 상관분석에서 주의해야 할 점은 두 변수의 관계가 인과관계, 즉 원인과 결과 관계를 의미하는 것은 아니라는 사실이다. 예를 들어, 아이스크림 판매량과 에어컨 판매량이 정(+)의 관계, 즉 아이스크림과 에어컨이 동시에 많이 팔린다 해서 어느 한쪽이 다른 한쪽의 원인이 될 수 없는 것과 같다(아이스크림과 에어컨 판매량 증가의 원인은 더운 날씨이다).

상관관계를 나타내는 상관계수에는 피어슨 상관계수와 스피어만 상관계수가 있다. 피어슨 상관계수는 모수적 검증(등간변수 이상)에서 사용되고, 스피어만 상관계수는 비모수적 검증(서열변수)에서 사용된다.

### 6) 회귀분석

회귀분석(regression analysis)은 특정 변수 값의 변화와 다른 변수 값의 변화를 수학적 선형(linear) 함수식으로 파악하는 통계방법이다. 추정된 함수식을 회귀식이라고 한다. 이러한 회귀식을 통해 특정변수(독립변수)와 다른 특정변수(종속변수)의 변화관계를 알 수 있다.

회귀분석은 두 변수 간의 관계를 파악한다는 점에서 전술한 상관분석과 같다. 그러나 상관분석은 단순히 두 변수 간의 관계의 정도, 즉 상관성을 판단하는 방법인 반면에 회귀분석은 독립변수가 종속변수에 어느 정도 영향을 미치는가, 즉 그 인과관계를 파악한다는 점에서 다르다. 이처럼 회귀분석은 인과관계를 함수식으로 분석할 수 있게 해주기 때문에 실증분석을 통해 가설의 타당성 여부를 검토하는 데 유용한 도구가 되고, 회귀식이 타당할 경우 독립변수의 값을 기초로 종속변수의 값을 추정 또는 예측할 수 있게 해주는 장점이 있다. 회귀분석은 독립변수가 하나인 경우와 두 개 이상인 경우로 구분되는데, 하나인 경우를 단순회귀분석, 두 개 이상인 경우를 다중회귀분석이라고 한다. 다음과 같은 간단한 회귀 방정식으로 회귀분석의 구체적 사항을 살펴보면 아래와 같다.

$$Y = A + BX$$

Y는 X에 대한 회귀방정식(회귀직선)이라 하고, B를 회귀계수라 하며, A를 상수라 한다. 또한 회귀모형이 적합한지 확인하기 위해 결정계수 $R^2$을 사용하는데, 이는 독립변수가 종속변수 변동의 몇 %를 설명하고 있는지를 나타내는 수치이다.

그리고 다중회귀분석은 다음과 같은 수식으로 표현된다.

$$Y = A + B_1X_1 + B_2X_2 + B_3X_3 \ldots$$

한편 회귀분석에서 사용되는 변수들은 모두 등간변수여야 한다. 예를 들어, 노인의 생활만족도가 미치는 제반 요인들의 영향을 분석한다고 하면, 종속변수인 생활만족도는 생활만족도 척도를 사용해 점수화하고(등간변수), 독립변수로 연령, 건강수준, 교육수준, 재산, 소득 등을 선정했다면 이들 모두 수량화하여 등간변수로 만들어야 한다는 것이다. 예외가 있는데, 남녀 성별과 같은 명목변수가 그것이다. 이를 더미변수(dummy variable)라고 한다. 더미변수는 0과 1로만 표시된다(예컨대 남자 0, 여자 1).

회귀분석은 시간에 따라 변화하는 데이터, 영향, 가설적 실험, 인과관계 모델 등 통계적 예측에 이용되고 있다. 그러나 SPSS의 보급으로 회귀식이 올바른 가정에 입각해 만들어진 것인지, 회귀식에 사용된 독립변수가 적절한 것인지에 대한 엄격한 검토 없이 남용되고 있다는 비판도 있다.

**사례로 본 사회복지조사**

### '극단적 시도' 응급실 간 청소년 4년 새 2배

자해 · 자살 등 극단적 시도로 응급실에 실려오는 10대 청소년이 최근 4년 새 두 배로 늘었다는 국내 연구 결과가 나왔다. 국립중앙의료원 · 경희대학교병원 · 서울의료원 공동 연구팀이 국가응급진료정보망(NEDIS)을 활용해 분석한 결과 극단적 선택을 시도한 뒤 응급실에 온 14~19세는 2019년 3,892명으로 2016년에 비해 2.1배 늘어난 것으로 나타났다. 14~19세 인구 10만 명당 건수로 환산해 보면 2016년 57.5건에서 2019년 135.5건으로 매년 35.6%씩 증가했다. 남성 청소년(18%)보다 여성 청소년의 연간 증가율(46.3%)이 높았다. 또 중학생의 연간 증가율(51.1%)이 고등학생(27%)보다 높아 상대적으로 어린 나이에 극단적 시도를 하는 청소년이 빠르게 늘고 있는 것으로 나타났다.

이해국 가톨릭대 정신의학과 교수는 "청소년들의 자해와 자살을 줄이기 위해선 방과후 프로그램 등을 적극적으로 활용해 청소년들의 문화여가 활동을 지원하는 정부 정책이 절실하다"고 말했다. / 조선일보 2022-06-25

**생각해 봅시다**

- 청소년들의 자해와 자살을 줄이기 위한 방과 후 프로그램 등을 구상해 봅시다.

CHAPTER 07

# 관련문제

**1. 설문지 문항의 작성방법에 관한 설명으로 옳지 않은 것은?** 〈13회〉

① 이중 질문과 유도 질문은 피하는 것이 좋다.

② 신뢰도 측정을 위해 짝(pair)으로 된 문항들은 함께 배치하는 것이 좋다.

③ 응답하기 쉬운 문항일수록 설문지의 앞에 배치하는 것이 좋다.

④ 일반적인 것을 먼저 묻고 특수한 것을 뒤에 묻는 것이 좋다.

⑤ 객관식 문항의 응답 항목은 상호 배타적이어야 한다.

**2. 설문지의 회수율 모니터링에 관한 설명으로 옳지 않은 것은?** 〈10회〉

① 추가설문지의 발송시기를 예측한다.

② 비응답자들의 추가응답률을 높이는 데 활용된다.

③ 모니터링을 중단하는 시점은 회수율이 50%인 때이다.

④ 여러 시점에서 회수된 설문지를 분석하면 표본추출의 편향을 추정할 수 있다.

⑤ 그래프로 일일 회수빈도와 누적빈도를 기록한다.

**3. 설문지 작성과정 중 사전검사(pretest)를 실시하는 이유로 옳지 않은 것은?** 〈10회〉

① 연구하려는 문제의 핵심적인 요소가 무엇인지 확인

② 응답내용 간에 모순 또는 합치되지 않는지 확인

③ 응답이 한쪽으로 치우치지 않는지 확인

④ 질문 순서가 바뀌었을 때 응답에 실질적 변화가 일어나는지 확인

⑤ 무응답, 기타 응답이 많은 경우를 확인

4. **질문지 작성에 관한 설명으로 옳지 않은 것은?** 〈9회〉

① 질문 문항은 가치중립적인 용어를 사용해야 한다.
② 질문지의 구성은 적용대상의 특성을 반영해야 한다.
③ 개방형 질문형태는 응답해석에 편견이 개입될 수 있다.
④ 가설은 질문지 조사항목과 세부사항을 결정하는 기준이 된다.
⑤ 사전검사는 연구문제의 핵심요소를 알지 못할 때 실시하는 조사이다.

5. **우편조사, 전화조사, 대면면접조사에 관한 비교설명으로 옳은 것은?** 〈12회〉

① 일반적으로 우편조사의 응답률이 가장 높다.
② 우편조사와 전화조사는 자기기입식 자료수집 방법이다.
③ 대면면접조사에서는 추가질문하기가 가장 어렵다.
④ 원거리 응답자에게는 우편조사보다 대면면접조사가 더 적절하다.
⑤ 어린이나 노인에게는 대면면접조사가 가장 적절하다.

정답 1. ② 2. ③ 3. ① 4. ⑤ 5. ⑤

CHAPTER

# 08

# 실험설계

1. 실험설계의 개념
2. 실험설계의 타당도
3. 실험조사설계의 유형

CHAPTER 08

# 실험설계

## 1. 실험설계의 개념

### 1) 실험과 실험조사설계

실험(experiment)은 이론이나 현상을 관찰하고 측정하는 방법으로서 연구자가 인위적으로 원하는 조건을 만들어 기대했던 현상이 일어나는지 또는 어떤 현상이 일어나는지를 조사하는 것이다. 실험은 자연과학의 주요 연구수단이다. 자연과학에서 실험은 현상의 재현 가능성을 매우 중시한다. 실험에서 말하는 인위적인 조건은 자연현상을 인위적으로 실험실 안에 재현해 놓은 것이다. 즉, 독립변수가 종속변수에 인과적 영향을 미치고 있는가를 확인하기 위한 탐구방법이다.

실험은 관찰에 대비된다. 현상을 인위적으로 일으키는 것을 실험이라 하고, 자연계에서 일어나는 현상을 그대로 보는 것을 관찰이라 한다. 그러나 양자를 엄격히 구별하기는 어렵다. 실험실 안에서도 관찰이 이루어지고 있고, 실험 자체가 관찰의 한 수단이라는 점에서 실험을 능동적 관찰이라고 볼 수도 있기 때문이다.

실험은 이론과 밀접한 관련이 있다. 이론 없는 실험은 맹목적이고, 실험 없는 이론은 껍데기라는 말이 있는데, 이론과 실험 간의 관계를 잘 말해주고 있다. 실험을 위해서는 이론뿐만 아니라 실험설계와 실험에 필요한 장치(도구), 실험에 대한 통제, 실험에 대한 관찰 등이 필요하다.

일반적으로 실험은 자연과학에서 주로 이루어지는 것으로 알려져 있다. 그러나 사회복지 분야에서도 실험이 사용된다. 사회복지실천의 효과를 검증하기 위해 사회복지실천 치료를 받은 집단(실험집단)과 그렇지 않은 집단(통제집단)을 비교, 분석하는 것이 좋은 예이다.

한편 실험의 실시를 위해서는 실험조사설계가 필요하다. 실험조사설계는 연구자가 하나 또는 그 이상의 독립변수를 조작하고 독립변수의 영향을 받을 것으로 생각되는 종속변수를 관찰 또는 측정할 수 있는 방안을 강구하는 것이다. 이를 위해 보통 실험집단과 통제집단을 구성해 실험을 실시하고 그 결과를 비교하는 일련의 과정을 거치나 실험집단과 통제집단의 실험결과를 비교하기 때문에 비교조사설계라고도 한다. 실험조사설계에서는 변수 간의 인과관계를 인위적으로 규정하고, 조작된 변수의 효과를 파악하며, 외부변수를 통제하고 독립변수와 종속변수를 관찰해 그 인과관계를 규명한다. 사회복지 분야에서는 사회복지서비스의 효과를 계량적으로 측정하고자 할 때 사용한다.

### 2) 실험조사설계의 요건

실험조사설계는 비교, 조작, 통제, 일반화라는 네 가지 요소로 구성되어 있는데, 그중 비교, 조작, 통제의 세 가지 요소는 독립변수와 종속변수 간에 인과관계가 있음을 증명하는 데 필요한 요소이다. 따라서 이러한 두 변수 간 인과관계가 성립하기 위해서는 원인이 결과보다 시간적으로 우선해야 한다는 점과 두 변수가 경험적으로 서로 상관관계가 있어야 한다는 점, 두 변수 간의 관계가 가식적 관계이어서는 안 된다는 점이 필요하다.

이러한 실험집단과 통제집단을 비교하기 위한 실험조사설계는 사회복지기관의 프로그램 효과성(effectiveness)을 평가할 때 많이 사용된다.

실험조사설계의 형태를 갖추기 위해서는 실험집단과 통제집단, 무작위 배정, 독립변수의 조작과 같은 요건을 갖추어야 한다.

### (1) 실험집단과 통제집단

실험집단은 실험의 효과를 검증하기 위해 실제로 실험을 수행하는 집단이다. 그리고 실험집단의 결과와 비교하기 위해 실험처리를 하지 않는 집단을 통제집단(control group)이라고 한다. 통제집단은 실험집단과 비교되는 집단이라는 점에서 비교집단(comparative group)이라고도 한다. 실험에서 통제집단을 두는 이유는 실험집단의 실험효과를 검증하기 위해서이다. 실험처리를 하지 않은 통제집단과 실험집단을 비교해 그 차이 여부를 판단하지 않으면 순수한 실험 효과를 파악할 수 없다.

### (2) 무작위 배정

무작위 배정(random assignment)은 집단 간 비교를 위해 두 집단을 처음부터 동일하게 선정하는 것이다. 쉽게 말해, 실험집단과 통제집단의 성격이 동일해야 한다는 것인데, 비행청소년을 대상으로 한 상담치료의 효과를 측정하기 위한 실험을 예로 들면, 실험집단이나 통제집단에 비행청소년들이 무작위로 균등하게 배정되어야 한다는 것이다. 그래야 순수한 실험효과(개입효과)에 방해가 되는 불필요한 외생변수를 차단할 수 있다.

### (3) 독립변수의 조작

통제집단에 대해서는 아무런 개입을 하지 않고, 실험집단에 대해서만 개입을 하는 것을 독립변수의 조작이라고 한다. 실험집단과 통제집단의 차이를 비교하여 개입효과를 파악하기 위해서는 반드시 필요한 작업이다.

## 2. 실험설계의 타당도

실험설계의 타당도란 실험의 타당성을 판단하는 것이다. 즉, 조사설계를 잘했다는 말은 조사설계가 타당하다는 말로 볼 수 있다. 이는 내적 타당도와 외적 타당도로 구분된다.

### 1) 내적 타당도

내적 타당도(internal validity)란 실험이 전술한 실험조사설계의 요건들, 즉 실험집단과 통제집단의 설정, 무작위 배정, 독립변수의 조작이 제대로 되었는가를 판단해 그 타당성 여부를 가리는 것이다. 이는 독립변수와 종속변수 사이의 인과관계를 확신할 수 있는지로 규명할 수 있다. 그리고 실험의 인과관계가 타당한가 하는 것도 중요한 내적 타당도의 기준이 된다.

한편 내적 타당도를 위협(저해)하는 요인을 외생변수 또는 대안적 설명이라고 한다. 내적 타당도를 위협하는 요인은 성숙효과, 외부사건, 측정효과, 측정도구효과, 대상자 선정의 오류, 통계적 회귀, 실험 도중 탈락, 상호작용효과 등 매우 다양하다.

성숙효과(maturation)란 실험대상이 된 집단이 실험이 진행되는 기간 동안 그들이 가진 특성이 변화되는 것을 말한다. 실험대상이 인간인 이상 변화는 불가피하다. 특성의 변화는 심리적, 생리적, 사회인구적, 경제적 특성 모두를 포함한다.

외부사건(history)이란 연구자의 의도와 무관하게 실험 도중에 발생하는 사건을 말한다. 성숙효과와 외부사건은 실험기간이 길수록 발생할 확률이 크다. 그리고 실험 전후에 측정을 반복하게 되면 사전검사와 사후검사에 영향을 주는 경우가 발생하는데, 이를 측정효과(testing)라 한다. 반복되는 측정이 검사에 대한 연습이 되어 측정검사의 결과를 왜곡시키는 것이다.

측정도구효과(instrumentation)는 측정도구의 사용, 측정도구의 점수 산정방법 등 측정의 절차가 실험에 의도하지 않은 영향을 주는 것을 말한다. 사전조사와 사후조사를 실시하는 요원이 다른 사람일 경우 측정방법에 차이가 날 수 있는데, 이 역시 측정결과에 영향을 줄 수 있다.

대상자 선정 오류(selection)는 전술한 무작위 배정에 문제가 있는 경우 발생한다. 즉, 실험집단과 통제집단이 다른 경우나 이들이 모집단을 대표하지 못하는 경우 그렇다.

통계적 회귀(statistical regression)는 극단적인 사례를 실험집단에 포함시킬 경우 발생하는 왜곡을 말한다. 예를 들면, 사전검사 때 아주 낮은 점수를 얻은 사람(극단적 사례)은 사후검사 때는 높은 점수를 기록할 확률이 높다. 이를 통계적 회귀라 한다. 이를 피하기 위해 무작위 표집이 필요하다.

실험 도중 탈락(mortality)은 실험 도중 실험대상자가 어떤 사유로 탈락하는 것이다. 실험대상자의 탈락은 실험집단의 분위기에 영향을 주고 사후검사 시 측정값에 영향을 주어 실험결과를 왜곡시킬 수 있다.

상호작용효과(interaction effect)는 이상과 같은 타당도를 위협하는 외생변수들이 상호작용하여 실험결과에 영향을 주는 것을 말한다. 예를 들면, 대상자 선정오류와 성숙효과가 복합적으로 작용하여 실험결과를 왜곡시키는 것이다.

따라서 내적 타당도 저해 요인을 통제할 수 있는 방법으로 먼저 난수표, 제비뽑기와 같은 무작위 방법으로 조사대상자를 실험집단과 통제집단에 할당하는 무작위 할당의 방법이 있다. 두 번째 종속변수에 영향을 미칠 것이라고 생각되는 변수를 실험집단과 통제집단에 동일하게 맞춰 배치하는 배합(matching)이 있다. 세 번째는 통계적 통계이다.

이는 자료수집 단계가 아니라 자료분석 단계에서 통계적으로 통제변수의 영향력을 통제하는 방법이다.

## 2) 외적 타당도

외적 타당도란 실험결과를 어느 정도 일반화시킬 수 있는가, 실험대상자를 바꾸어도 동일한 결과가 도출될 수 있는가 하는 문제이다. 외적 타당도를 위협(저해)하는 요인으로는 측정의 반응효과, 참여자 선정상의 편의와 연구 참여 동기의 상호작용효과, 실험환경효과, 다중개입효과 등을 들 수 있다.

측정의 반응효과(reactive or interactive effect of testing)란 실험의 사전측정과정에서 실험이 실험대상자의 민감성과 인식에 영향을 주어 그 실험대상자가 모집단을 대표할 수 없게 되는 경우를 말한다. 다시 말해, 실험참여자가 자신이 실험에 참여한다는 사실을 지나치게 의식하여 실험목적에 과민하게 반응해 실험결과를 왜곡시키는 것이다.

참여자 선정상의 편의와 연구 참여 동기의 상호작용효과(interactive effect of selection biases and research stimulus)란 실험의 강도가 높아 실험참여자를 구하기 어려울 경우 시간이 많거나 외로운 사람이 실험참여자로 더 많이 선정되는 경우를 말하는데, 이 역시 실험결과를 왜곡시킨다.

실험환경효과(reactive effect of arrangement)는 실험환경이 실험대상자에게 영향을 주는 것이다. 실험에 참여하는 사람은 평소 생활하는 환경과는 다른 새로운 실험환경에 들어와야 하는데, 실험환경 자체가 실험과 관계없이 실험결과에 영향을 줄 수도 있는 것이다.

다중개입효과(multiple treatment interaction)란 실험과정에서 개입이 여러 차례 있을 경우 실험상의 개입이 실험대상자에게 차별적으로 작용하는 것을 말한다. 개입이 누적되면 개입효과를 정확하게 측정할 수 없게 되기도 한다는 것이다.

한편 외적 타당도의 저해요인을 통제할 수 있는 방법으로는 확률표집이나 표본크기 증가로 표본의 대표성을 높이는 방법이 있다. 동시에 반응성을 유발하지 않도록 조사를 수행하고, 호손효과를 통제(일반적인 상황에 가깝게 조사)하는 통제집단을 추가하는 방법이 있다.

## 3. 실험조사설계의 유형

실험조사는 실험에 필요한 요건을 어느 정도 구비했는가에 따라 순수실험조사설계, 유사실험조사설계, 전실험조사설계로 구분된다.

순수실험조사설계(experimental design)는 가장 이상적인 실험으로서 통제집단과 실험집단의 무작위 배정이 완전하게 이루어진 실험이다. 전술한 내적 타당도를 위협하는 문제들을 모두 통제할 수 있다. 그러나 순수실험조사설계가 이상적이기는 하지만 사회복지 분야의 경우 통제집단과 실험집단의 무작위 배정이 현실적으로 어렵다.

유사실험조사설계(quasi-experimental design)는 무작위적 배정을 통한 통제집단 선정은 못하지만 대안적인 방법을 통해 통제집단의 효과를 갖게 만드는 설계방법이다. 실험집단과 통제집단의 무작위 배정이 곤란할 때 두 집단이 유사해질 수 있도록 각종 변수들을 통제하는 배합(matching)의 방법이 활용된다. 무작위적 배정이 안 되어 있기 때문에 내적 타당도를 확보하기 어렵다. 대신 실험에 대한 의도적 통제가 적어 외적 타당도는 높은 편이다. 사회복지 분야의 경우 무작위적 배정이 여의치 않은 경우가 대부분이기 때문에 유사실험조사설계가 비교적 많이 활용되고 있다.

전실험조사설계(pre-experimental design)는 실험집단도 무작위 배정 없이 선정하고, 통제집단도 갖추지 못한 가장 낮은 수준의 실험조사이다. 따라서 내적 타당도와 외적 타당도 모두 결함이 있다. 그러나 순수실험조사설계나 유사실험조사설계를 할 수 없을 때는 전실험조사설계의 방법이라도 사용해야 한다.

## 1) 순수실험조사설계의 종류

### (1) 통제집단 전후 비교조사

통제집단 전후 비교조사(pretest-posttest control group design)는 전형적이고도 고전적인 실험설계이다. 실험집단과 통제집단이 무작위로 배정되며, 실험적 개입에 착수하기 전에 사전조사를 실시한다. 사전조사 후에 실험집단에는 개입이 가해지고, 통제집단에는 개입이 가해지지 않으며, 실험적 개입의 종료 이후 두 집단을 대상으로 사후조사를 실시한다. 사전조사와 사후조사의 차이를 비교함으로써 개입의 효과를 측정한다.

외생변수를 철저히 통제할 수 있어 전반적으로 내적 타당도가 높다고 할 수 있지만 검사요인 및 도구요인 등의 발생으로 내적 타당도가 저해될 수 있다. 동시에 상호작용 시험효과를 제거할 수 없어 외적 타당도를 낮게 할 가능성이 있다.

### (2) 통제집단 사후 비교조사

통제집단 사후 비교조사(posttest-only control group design)는 사전조사는 실시하지 않고 사후조사만 실시하는 실험설계인데, 이렇게 하는 이유는 사전조사의 영향(전술한 바와 같이 자신이 실험에 참가하는 것을 지나치게 의식해 조사에 민감하게 반응하는 것)을 배제하기 위해서이다. 사전조사가 어려울 경우에도 이 방법을 사용한다. 그러나 사전조사를 생략함으로써 실험 전에 실험집단과 통제집단의 상태가 동일한지의 여부를 알 수 없는 것이 약점이다.

### (3) 솔로몬 4집단 비교조사

솔로몬 4집단 비교조사(Solomon 4 group design)는 통제집단 전후 비교조사와 통제집단 사후 비교조사를 병행, 실시하는 것이다. 통제집단 전후 비교조사의 2개 집단과 통제집단 사후 비교조사의 2개 집단 등 모두 4개 집단을 조사해서 그 결과를 비교한다. 두 조사방법을 조합함으로써 양자의 단점을 보완할 수 있다. 즉, 사전검사의 영향을 제거하여 내적 타당도를 높일 수 있고, 사전검사와 실험처치의 상호작용 영향을 배제하여 외적 타당도도 높일 수 있어 매우 이상적인 방법이다. 그러나 실험을 위해 4개 집단을 무작위로 배정해 실험조사를 한다는 것은 현실적으로 대단히 어렵다.

### (4) 요인설계

독립변수가 두 개 이상일 때 적용되는 설계이다. 조사결과의 일반화 정도가 높지만, 고려해야 할 독립변수의 수가 많은 경우에는 많은 범주가 생기게 되고, 그에 따라 많은 실험집단들이 만들어지게 되어 복잡하고 시간, 비용, 인력이 많이 들게 된다.

### (5) 가실험 통제집단설계

플라시보(placebo) 혹은 위약 통제집단설계라고 한다. 이는 약물실험에서 나타나는 반응성 효과의 일종이다. 통제집단 전후 비교설계나 통제집단 사후 비교설계에 가실험효과를 측정할 수 있는 한 집단을 추가로 결합해 만든 설계이다. 즉, 실제로는 연구대상자들에게 개입이 이루어지지 않았는데도 불구하고 마치 개입이 이루어진 것과 같은 유사한 효과가 나타나는 경우가 있다. 연구대상자들이 특별한 개입을 받기로 되어있다고 느낀다면, 단순히 개입을 제안받는 것만으로도 일정한 효과를 미칠 수 있다.

### 2) 유사실험조사설계의 종류

유사실험조사설계는 실험설계가 갖추고 있는 비교와 통제 등의 조건이 약화된 설계로 비교집단이 무작위 이외의 방법으로 설정되어 집단 간의 동질성이 약한 상태이고 독립변수의 조작과 외적 변수의 통제는 가능하도록 되어있다. 따라서 현실적으로 많이 이용되고 있다.

#### (1) 비동일 통제집단 전후 비교조사

비동일 통제집단 전후 비교조사(non-equivalent control group design)는 대표적인 유사실험조사설계로서 실험집단과 통제집단의 무작위 배정을 하지 않는 대신 배합이나 실험집단과 유사한 성격의 집단을 통제집단으로 선정한 다음 이 두 집단을 대상으로 사전조사와 사후조사를 실시해 그 차이를 비교하는 조사이다. 이 설계에서 관건은 실험집단과 성격이 유사한 통제집단을 선택하는 데 있다. 집단의 성격이 유사해야 타당도를 높일 수 있다.

#### (2) 단순시계열조사

단순시계열조사(time-series design)는 통제집단을 두지 않고 실험집단을 대상으로 시간차를 두어 사전조사와 사후조사를 실시하는 것이다. 한 집단의 시간에 따른 변화를 추적한다는 점에서 시간연속조사라고 한다. 보통 동일간격 동일횟수의 조사가 시행되며 최소한 3회 이상의 조사가 이루어져야 한다. 실험집단에 대한 일정한 통제가 가능하지만 조사기간이 길어지면 측정의 반응효과와 같은 외적 타당도와 외부사건과 같은 내적 타당도의 위협요인이 작용할 수 있다.

#### (3) 복수시계열조사

복수시계열조사(multiple time-series group design)는 비동일 통제집단 전후 비교조사와 시계열조사를 조합한 것이다. 유사한 성격을 가진 두 집단을 실험집단과 통제집단으로 선정한 다음(비동일 통제집단 전후 비교조사) 실험집단을 대상으로 시계열조사와 같이 개입 전후 세 번 이상 조사를 실시하고(시계열조사), 통제집단은 개입 없이 조사만 실시하여 이 두 집단의 변화의 차이를 비교한다. 복수시계열조사는 내적 타당도 문제를 어느 정도 줄일 수 있는 장점이 있다. 하지만 독립변수 간에 상호작용이 발생하여 외적 타당도가 낮아지게 된다.

### 3) 전실험조사설계의 종류

전실험조사설계는 인과관계를 검증할 수 있는 조건이 아주 약하게 갖추어져 있는 설계형태로 내적 타당도를 저해하는 내적-외적 요인들에 대한 통제가 제대로 이루어지지 않은 설계이다. 따라서 인과관계를 규명하는 데는 부적합한 방법으로, 문제의 도출을 위하여 본 조사에 앞서 실시하는 탐색적 조사의 성격을 지닐 때가 많다.

#### (1) 단일집단 전후 비교조사

단일집단 전후 비교조사(one group pretest design)는 통제집단 없이 실험집단만을 대상으로 개입 전 사전조사, 개입 후 사후조사를 실시하여 그 결과를 비교하는 방법이다.

이 조사는 내적 타당도 및 외적 타당도를 저해시키는 많은 요인들이 작용할 수 있기 때문에 인과관계를 추정하거나 일반화하는 데에는 위험성이 크다.

### (2) 단일집단 후 비교조사

단일집단 후 비교조사(one group posttest only design)는 1회 사례연구 혹은 1회 검사 사례연구라고도 하며, 단일집단을 대상으로 개입 후 사후조사만 실시하는 것이다. 통제집단과의 비교도 없고, 개입 전 사전조사도 하지 않기 때문에 개입 후 조사결과의 판단은 연구자의 주관적 판단에 좌우된다. 내적·외적 타당도 모두 결여하고 있다. 또한 변수 간의 인과관계를 추정하는 것은 그 신빙성이 매우 낮다.

### (3) 비동일집단 후 비교조사

비동일집단 후 비교조사(posttest only design with nonequivalent group)는 정태적 집단 비교설계라고도 한다. 이는 임의의 두 집단을 선정한 다음 한 집단에만 개입을 하고 다른 집단은 개입을 하지 않은 채 두 집단을 대상으로 사후조사만 실시해 그 결과를 비교하는 것이다. 이 방법은 비록 두 집단을 비교하지만 무작위적 배정이 이루어지지 않기 때문에 내적 타당도가 약하다. 그리고 두 집단의 차이가 개입의 결과인지 여부도 판정하기 어렵다. 또한 선택의 편의가 독립변수의 조작과 상호작용을 할 경우 외적 타당도도 크게 저해된다.

사례로 본 사회복지조사

## 다문화가구 42%, 아이 1명도 안 낳아

국내 다문화가족 10가구 중 4가구꼴로 아이를 한 명도 낳지 않은 것으로 조사됐다. 다문화가족의 저출산 경향이 뚜렷해지기 시작했다는 분석이 나온다.

여성가족부가 27일 발표한 '2021년 전국 다문화가족 실태조사 결과'에 따르면 다문화가족 중에서 자녀를 한 명도 낳지 않은 가구의 비율은 2015년 33.2%에서 지난해 42%로 늘었다. 평균 자녀 수는 0.88명. 2015년(1.02명), 2018년(0.95명)에 이어 계속 줄어드는 추세다. 다문화가족 중에서 자녀를 낳지 않거나 자녀가 독립해 부부 둘만 사는 가구 비율은 직전 조사가 있던 2018년 17.0%에서 30.0%로 크게 늘었다. 이번 조사는 작년 전국 다문화가족 중 1만 5,578가구를 대상으로 실시됐다.

전체 국민의 출산율이 더 큰 폭으로 감소하면서 국내 출생아 중 다문화 아이 비율은 6.0%(2020년 기준)까지 올랐지만, 다문화가족만 놓고 보면 출생아가 줄어들고 있다. / 조선일보 2022-06-28

### 생각해 봅시다

- 전국 다문화가족 실태조사는 다문화가족에 대한 경제상태, 가족관계, 생활양식 등을 파악하여 다문화가족 정책수립에 필요한 기초자료를 수집하는 데 목적이 있는 조사입니다. 2009년부터 3년마다 실시하고 있습니다. 내가 살고 있는 지역의 다문화가족의 현황을 조사하고 어떤 정책이 있는지 조사해 봅시다.

CHAPTER 08

# 관련문제

1. 매우 건강한 90대 남성 노인들에게 건강서비스를 1년 동안 제공한 후 건강상태를 측정한 결과, 이들의 상태가 나빠졌고 통제집단인 여성 노인들에 비해서도 낮게 나타났다. 이 연구에서 영향을 미칠 수 있는 내적 타당도 저해요인을 모두 고른 것은? 〈13회〉

| 가. 성숙효과 | 나. 선택(selection)과의 상호작용 |
|---|---|
| 다. 통계적 회귀 | 라. 위약(placebo)효과 |

① 가, 나, 다 ② 가, 다
③ 나, 라 ④ 라
⑤ 가, 나, 다, 라

2. 다음 사례의 내적 타당도 저해요인은? 〈11회〉

> 사전검사에서 우울점수가 지나치게 높은 5명의 노인을 선정하여 우울감소 프로그램을 제공한 후 동일한 도구로 사후검사를 실시하였더니 이들의 우울점수가 낮아졌다.

① 후광효과 ② 통계적 회귀
③ 실험대상 변동 ④ 도구효과
⑤ 인과적 시간 순서

3. 사전-사후검사에서 서로 다른 척도를 사용해서 발생하는 타당도 저해요인은? 〈10회〉

① 성숙효과 ② 테스트효과
③ 조사반응성 ④ 도구효과
⑤ 통계적 회귀

4. 다음의 조사 연구설계에서 간과하고 있는 내적 타당도의 저해요인은?
〈9회〉

> 방과후 프로그램의 담당자는 현재의 수업방식이 아동들의 성적 향상에 효과적인지를 알아보기 위해 프로그램 전후의 성적을 측정하였다. 그 결과 아동들의 성적이 향상되었음을 발견하고, 현재 수업방식이 효과적이라는 결론을 내렸다.

① 반응성
② 외부 사건
③ 개입 확산
④ 완충효과
⑤ 플라시보 효과

5. 다음 내용과 관련하여 A 사회복지사가 간과하고 있는 인과관계의 조건은?
〈9회〉

> 아동보호전문기관인 A 사회복지사는 지역사회의 아동학대 발생을 줄이기 위해 예방 프로그램을 실시하였다. 프로그램을 시행한 후 지역사회의 아동학대 발생 비율을 조사한 결과, 그 비율이 줄어들었음을 발견하고 예방 프로그램이 효과적이라고 판단하였다.

① 공변성
② 논리성
③ 간결성
④ 통제성
⑤ 시간적 우선성

**6. 사회복지조사에 대한 설명으로 옳지 않은 것은?** 〈2022년 국가공무원〉

① 단순무작위표집(simple random sampling)에 비해 층화표집(stratified sampling)은 표집오류를 줄일 가능성이 크다.

② 동질성의 원리에 입각해서 신뢰도를 평가하는 방법은 상호관찰자기법(interobserver reliability)이다.

③ 외적타당도(external validity)는 서술된 인과관계가 그 연구의 조건을 넘어서서 일반화될 수 있는 정도를 말한다.

④ 독립변수의 조작은 가능하지만 대상을 무작위화할 수는 없고 독립적 관찰을 여러 번 할 수 있으면 유사실험설계(quasi-experimental design)를 적용할 수 있다.

정답 1. ① 2. ② 3. ④ 4. ② 5. ④ 6. ②

CHAPTER

# 09

# 단일사례설계

1. 단일사례설계의 개념
2. 단일사례조사의 유형
3. 단일사례설계 적용
4. 단일사례설계의 자료 기록 방법

CHAPTER 09

# 단일사례설계

## 1. 단일사례설계의 개념

### 1) 단일사례설계의 개념

단일사례설계(single system design)란 말 그대로 단일사례에 대한 조사를 말한다. 단일사례는 개인, 가족, 집단, 조직 등이 될 수 있다. 단, 조사단위가 복수가 아니라 단수여야 한다.

단일사례설계는 사회복지실천 분야에서 많이 사용되고 있는데, 사회복지실천의 개입효과를 객관적, 계량적으로 보여주고자 할 때 활용된다. 이런 점에서 단일사례설계는 사회복지실천 분야에서 조사와 실천 간의 가교 역할을 한다고 볼 수도 있다.

임상사회사업에서 개인이나 소집단의 문제를 해결하기 위해 이론을 근거로 개입했을 때 그러한 개입이 문제를 해결하는 데 실제적으로 얼마나 효과가 있는지를 체계적으로 평가하는 것은 사회복지실천기술을 향상시키고, 실천이론을 발전시키는 데 중요한 과업이다.

단일사례설계의 장점은 단순함에 있다. 임상현장에서 사회복지사가 실험연구와 같이 복잡한 준비과정 없이 곧바로 실행에 옮길 수 있으며, 사회복지실천 개입 전후의 변화를 숫자, 그래프, 그림 등으로 명확하게 보여줄 수 있다. 그리고 치료과정에서 사회복지사와 클라이언트 간의 지속적인 피드백이 가능하다. 또한 특정 문제에 집중함으로써 개입효과를 확실하게 파악할 수 있다.

단점도 있다. 소수의 임의의 클라이언트를 대상으로 하기 때문에 일반화가 어렵다. 개입 단계마다 소요되는 시간이 일정하지 않다는 문제도 있다. 그리고 사회복지사의 필요에 의해 임의로 개입이 중단될 수도 있다. 이 경우 윤리적 문제가 발생한다. 한편 단일사례조사와 사례연구(case study)를 혼동해서는 안 된다. 사례연구는 질적 연구방법 중 하나이지만 단일사례조사는 양적 연구의 한 방법이다. 사례연구는 특정 개인이나 집단의 특정 문제 또는 특성을 있는 그대로 심층적으로 조사하고 분석하는 데 중점을 둔다면, 단일사례설계는 특정 개인이나 집단을 대상으로 하되 그 변화를 계량적으로 분석해 제시하는 데 중점을 둔다. 또한 외적 타당도가 떨어진다.

### 2) 단일사례설계의 특징

단일사례설계의 특징은 다음과 같다. 첫째, 단 하나의 사례 또는 대상을 놓고 그것을 반복해서 관찰한다. 즉, 표집요소의 수는 하나임을 의미한다. 둘째, 한 사례를 반복적으로 측정해서 나타나는 조사대상자의 표적행동의 변화를 관찰해 그 결과를 갖고 개입효과를 파악한다. 따라서 측정을 위한 비관여적 관찰도 가능하다. 셋째, 사례를 진행하는 도중이나 종료 이후에 도출되는 환류(feedback) 정보를 가지고 개입효과를 증진시키기 위해 노력한다. 넷째, 조사대상자의 문제행동을 명확히 규명하고 연구자가 사용한 개입방법이 대상자의 문제행동을 해결하는 데 얼마나 효과적이었는지를 평가하기 위해 적용되는 조사설계이다.

## 3) 단일사례조사의 과정

### (1) 표적행동의 선정

표적행동(target behavior)이란 개입대상이 되는 클라이언트의 문제행동을 말한다. 말하자면 관찰대상 행동인 것이다. 그리고 표적행동은 클라이언트의 행동이어야 하며, 구체적이고 측정 가능한 행동이어야 한다. 따라서 표적행동은 개입에 따라 변화가 기대되는 대상으로서 종속변수가 된다.

### (2) 기초선 단계

기초선(baseline)은 개입 후의 변화와 비교할 수 있는 개입 전의 상황이며, 기준선 단계라고도 한다. 보통 'A'로 표시한다. 기초선은 회고적 기초선(retrospective baseline)과 동시적 기초선(concurrent baseline)이 있다. 회고적 기초선은 과거의 자료에 설정된 기초선이며, 동시적 기초선은 개입 직전의 상황이다.

기초선은 안정적인 패턴(stable pattern)이 좋다. 기초선의 변화가 심한 산만한 패턴(erratic pattern)인 경우 순수한 개입효과를 측정하기가 어렵다. 보통 기초선 관찰은 최소 3회 정도 한다. 그리고 기초선 자료는 기존의 자료가 좋다. 왜냐하면 개입대상 클라이언트가 자신이 관찰대상인 것을 인지하면 그 자체로 자신의 행동이 영향을 줄 수 있기 때문이다.

### (3) 개입 단계

개입 단계(intervention phase)란 개입 이후 단계를 말한다. 보통 'B'로 표시한다. 그리고 개입 단계 관찰은 개입 이후 클라이언트의 변화를 관찰하는 것이다. 개입 단계에서의 관찰횟수는 기초선 관찰횟수와 동일하다.

### (4) 적합한 연구유형의 선정

보통 개입 전 클라이언트의 상황을 'A'라 하고, 개입 후의 상황을 'B'라 한다. A는 기초선 관찰을 통해, B는 개입 단계 관찰을 통해 파악된다. 단일사례조사는 이러한 A와 B의 변화를 관찰하는 것이다. A와 B를 관찰하는 방법에는 몇 가지 유형이 있는데, 일반적으로 B, AB, ABAB, ABCD, 복수기초선조사 등이 있다.

## 2. 단일사례조사의 유형

### 1) B 조사

B 조사(B design)란 기초선 조사 없이 개입 이후의 클라이언트의 변화를 관찰하는 것이다. 다시 말해, 개입 이후의 변화내용을 자세히 파악하는 것이다. 그러나 기초선 조사 결과가 없기 때문에 개입효과를 측정하기 어렵고, 외부변수도 통제할 수 없어 순수한 개입효과를 파악하기가 어렵다. 이런 점에서 B 조사는 사례연구(case study)에 가깝다.

### 2) AB 조사

AB 조사(AB design)은 가장 전형적인 단일사례조사 유형이다. 개입 전 기초선 조사와 개입 후 조사를 비교해 개입의 효과를 파악한다. 사회복지실천의 개입효과를 측정할 때 가장 많이 사용되고 있다. 그러나 개입효과 이외의 제3의 요인에 대한 통제가 불가능해 개입 전후의 변화가 순수한 개입효과 때문인지 아니면 제3의 요인 때문인지를 명확히 가릴 수가 없다는 단점이 있다. 즉, 다른 외부사건의 영향인지를 판단하기 어렵다.

### 3) ABA 및 ABAB 조사

ABA 조사는 AB 조사를 완료한 다음 다시 기초선 조사(2차 A 조사)를 실시하여 개입 후 효과가 지속되는지 여부를 판단하는 것이다. 만약 개입 후 효과가 지속되는 것이 확인되면 ABA 조사로 완료된다.

그러나 개입 후 효과가 없는 것으로 확인되면 2차 개입이 필요한데, 이 경우 다시 기초선 조사 및 개입 후 조사를 해야 한다. 이것을 ABAB 조사라 한다. 가령 사회복지사가 한 가족을 대상으로 가족치료(개입)를 실시한다 할 때 개입 전 조사를 한 다음 가족치료를 실시하고 치료결과 그 효과 여부를 조사했다면, 이것은 AB 조사가 된다. 그런 후에 가족치료 효과가 지속되는지 여부를 파악하기 위해 다시 기초선 조사를 했다면 이것은 ABA 조사이다. AB 조사보다 조사기간이 길어진다는 점과 윤리적인 문제가 야기될 수 있다는 단점이 있다. 그 다음 가족치료 효과가 거의 없는 것으로 확인되면 2차 가족치료가 이루어지고 가족치료 후 그 효과를 조사해 치료효과 여부를 판단한다면 이것은 ABAB 조사가 되는 것이다.

ABAB 조사는 기초선 조사과 개입 후 조사를 반복한다는 점에서 복잡하고 시간을 요한다는 점에서 문제가 있지만, 두 번의 조사를 통해 동일한 개입효과가 확인되면 개입으로 인해 문제가 해결 또는 완화되었다는 사실이 명백해지므로 사회복지실천 효과를 분명히 말할 수 있다. 그러나 ABAB 조사는 다소 현실성이 떨어진다. 사회복지실천 개입 후 어느 정도 개입효과가 나타나면 개입을 종료하는 것이 보통이다. 게다가 순수하게 개입효과를 측정하기 위해 의도적으로 개입을 중단하고 다시 개입을 하는 것은 윤리적으로 문제가 발생할 소지가 있다.

### 4) ABC 및 ABCD 조사

ABC 및 ABCD 조사는 한 번의 기초선 조사(A) 이후 복수의 개입과 그 효과를 조사하는 것이다. 다중요소설계라고도 한다. 예를 들면, 정서적으로 불안한 비행청소년을 대상으로 기초선 조사(A)를 한 다음 케이스워크(B) 치료를 하고, 이어서 그룹워크(C)를 시행하며(여기서 완료하면 ABC 조사), 최종적으로 가족치료(D)를 연속적으로 실시하는 것이다(이 경우 ABCD 조사), 이 방법은 다양한 개입기술의 적용을 통해 치료효과를 극대화하고자 할 때 사용된다. 즉, 개입이 효과가 없다고 판단되면 클라이언트와 협의하여 개입 방법을 변경할 수 있다는 단일사례설계의 특성을 반영한 설계이다. 이는 다양한 대상자, 상황, 문제별로 개입시점을 달리하여 기초선 기간을 다르게 잡는 설계이다. 다만, 이월효과, 순서효과, 우연한 사건의 개입효과를 통제하지 못한다.

### 5) BAB 조사

BAB 조사는 기초선(A) 없이 곧장 개입(B)을 도입한 후 개입을 중단하는 반전 기간(A)과 개입 국면(B)이 뒤따르는 설계이다. 이 설계는 신속한 개입을 필요로 하는 위기 사례에 적합하며, ABAB 조사만큼은 아니지만 높은 내적 타당도를 갖는다. 하지만 개입 단계에서 나타났던 개입의 효과가 개입 이외의 다른 요인에 의해 유발된 변화였을 가능성을 배제할 수 없다는 단점이 있다.

### 6) 복수기초선 조사

복수기초선(A1, A2, A3, A4) 조사는 복수의 대상자 또는 대상자가 가진 문제를 조사하는 것이다. 즉, 하나의 동일한 개입방법을 여러 문제, 여러 상황, 여러 사람들에게 적용하여 같은 효과를 얻음으로써 표적행동에 대한 개입효과를 추정하는 데 신빙성을 높이려는 것이다. 이는 우연한 사건을 통제하기 위해서이다.

그렇기 때문에 복수의 대상자를 조사하는 것을 대상자 간 복수기초선 조사(multiple baseline across subjects design)라고 하고, 복수의 문제를 조사하는 것을 문제 간 복수기초선 조사(multiple baseline across behaviors design)라고 한다. 대상자 간 복수기초선 조사는 복수의 클라이언트(예를 들면, 우울증세를 보이는 노인들)를 대상으로 기초선 조사(A1, A2, A3)를 하고 이어 개입을 한 다음, 복수의 클라이언트의 변화(B)를 조사하여 개입효과를 측정하는 것이다.

문제 간 복수기초선 조사는 복수의 문제를 가진 한 명의 클라이언트(예를 들면, 학습장애, 정서불안, 우울 등 복합적인 문제를 가진 청소년)를 대상으로 개별 문제의 기초선 조사를 한 다음 개별 문제에 대응하는 사회복지실천 개입을 실시한 다음 그 결과를 조사하여 개입효과를 측정하는 방법이다.

복수기초선 조사는 사회복지실천 개입의 효과를 객관적으로 측정할 수 있는 장점이 있지만, 복수의 대상자 또는 복수의 문제에 대한 기초선 조사를 해야 하기 때문에 다소 복잡하다는 문제점이 있다.

## 3. 단일사례설계 적용

단일사례조사 결과의 분석방법, 즉 적용은 대략 세 가지가 있다.

첫째는 시각적 분석이다. 개입 전과 개입 후의 변화를 시각적(visual)으로 확인하는 것이다. 단일사례조사 결과 분석방법 중 가장 많이 사용되는 것이긴 하지만 보는 사람의 주관이 개입될 소지가 있다.

둘째는 임상적 분석이다. 사회복지실천 기술을 활용한 개입 후의 효과를 임상 사회복지사가 임상적(clinical)으로 판단하는 것이다. 이 역시 판단하는 임상 사회복지사의 주관성이 개입될 소지가 있다.

셋째는 통계적 분석이다. 개입 전후의 조사결과의 평균치를 비교하여 판단한다. 이를 평균비교라 한다. 평균비교는 기초선이 비교적 안정적이고 수치화하는 것이 가능할 경우, 기초선과 개입 단계의 평균을 구하여 비교하는 방법이다. 하지만 기초선이 불안정할 경우(기초선에 변화가 심할 경우)는 경향선 접근을 한다. 경향선 접근이란 기초선을 두 개로 구분한 다음 각각의 평균치를 구하고 그 평균치를 선으로 연결해 어떤 경향선을 구한다. 그런 후 경향선과 개입 후 결과와 비교해 개입 효과를 판단한다.

## 4. 단일사례설계의 자료 기록 방법

자료 기록 방법은 조사 시작 전에 미리 결정해야 하며, 기록은 표준화된 양식에 따라 관찰하고 기록해야 한다. 조사 시작 전에 마련하는 표적행동에 대한 구체적 판단 기준과 자료 기록 규정을 행동관찰규정이라고 한다. 이러한 관찰 기록자는 클라이언트나 실천가가 될 수도 있고, 외부인이 될 수도 있다.

### (1) 시간간격기록(등간기록, 간격기록)

일정한 관찰 기간을 동일한 간격의 짧은 시간으로 나누고 조사대상자의 표적 행동의 유무를 직접 관찰하여 체크하는 기록이다. 시간 간격이 짧을수록 더 정확한 관찰이 가능하며, 정해진 시간 간격 내에 표적행동이 일어났는지 일어나지 않았는지 그 여부만 기록한다.

### (2) 빈도기록

정해진 관찰 기간 동안에 일어난 표적행동의 횟수를 기록하는 것이다.

### (3) 지속시간기록

정해진 관찰 기간 동안 일어난 표적행동의 지속시간을 관찰하여 기록하는 것이다.

### (4) 정도기록

정해진 관찰 기간 내에 발생한 표적행동의 양, 수준, 정도를 관찰하여 미리 설정한 기준에 따라 그 수치를 기록하는 것이다.

### (5) 간헐적 점검기록

간헐적으로 특정 관찰 시간을 정하여 관찰하고, 관찰하는 바로 그 순간에 표적행동이 있었는지 없었는지 그 유무를 기록하는 방법이다. 매우 자주 발생하는 행동, 오래 지속되는 행동, 일정한 기간 동안 발생하리라고 예상되는 행동을 관찰하는 데 적합하다.

### (6) 영구적 생산물기록

표적행동이 만들어 놓은 결과물에 대한 간접적인 관찰을 통해 표적행동이 일어났는지를 확인하는 기록이다. 환경을 변화시키는 행동 또는 기록이 남는 행위를 관찰하는 데 적합하다.

사례로 본 사회복지조사

## 만혼 넘어서도 '캥거루족' 생활

우리나라 50세 미만 성인 10명 중 3명이 독립하지 않고 부모와 같이 사는 것으로 나타났다. 20~30대뿐 아니라 40대에서도 미혼자 2명 중 1명은 부모와 동거중이었다. 만혼(晩婚)·비혼(非婚) 풍조가 퍼지고 취업난과 주거비 부담 등이 겹쳐 자녀들이 부모로부터 독립하지 못한다는 분석이다.

28일 한국보건사회연구원이 펴낸 '보건복지포럼 6월호'에 따르면 국내 만 19~49세 남녀 중 29.9%가 부모와 동거하고 있는 것으로 조사됐다. 지난해 보건사회연구원이 9,999가구 1만 4,538명을 대상으로 벌인 '가족과 출산 조사'에서 관련 내용을 따로 분석한 결과다. 자녀가 부모로부터 주거 독립을 하는 계기는 결혼(36.4%), 진학(28.0%), 직장 관련(20.9%) 순이었다. 미혼자는 64.1%가 부모와 동거하고 있었고, 기혼자는 3.1%가 부모와 함께 살고 있었다. 취업도 영향을 미쳤다. 취업자는 부모와 동거율이 23.5%였던 반면, 미취업자는 43.6%가 부모 곁에서 살고 있었다.

이번 조사에서 보통 사회적으로 자리를 잡았다고 간주하는 40대도 부모와 동거하는 비율이 9.2%로 나타났다. 40대 중 미혼자가 부모와 동거하는 비율은 48.8%였다. 이 밖에 20대(19~29세)에선 부모와 동거 비율이 62.4%, 30대는 16.0%였다.

최선영 한국보건사회연구원 부연구위원은 "부모 집을 떠나는 것이 특정 연령대에 정해져 있다기보다 취업, 결혼 등에 따라 선택적으로 이뤄지고 있다"고 지적했다. / 조선일보 2022-06-29

**생각해 봅시다**

- 여러 통계 자료를 통해 만혼, 비혼에 대하여 어떻게 생각하는지, 그리고 사회복지적인 관점에서 어떤 현상이 생길 수 있는지 살펴봅시다.

CHAPTER 09

# 관련문제

**1. 단일사례연구에 관한 설명으로 옳지 않은 것은?** 〈13회〉

① 개인과 집단뿐만 아니라 조직이나 지역사회도 연구대상이 될 수 있다.
② 외적 타당도가 높다.
③ 개입효과에 대한 즉각적인 피드백이 가능하다.
④ 조사연구 과정과 실천 과정이 통합될 수 있다.
⑤ 반복측정으로 통제집단 효과를 볼 수 있다.

**2. 단일사례연구에 관한 설명으로 옳지 않은 것은?** 〈12회〉

① 단일사례로서 개인, 가족, 단체 등이 분석대상이다.
② 여러 명의 조사대상자들에게 개입시기를 다르게 하면 우연한 사건효과를 통제할 수 있다.
③ 기초선으로 성숙효과를 통제할 수 있다.
④ 측정을 위한 비관여적 관찰도 가능하다.
⑤ 비반응성 연구의 한 유형이다.

**3. 단일사례설계 중 ABCD 설계에 관한 설명으로 옳은 것을 모두 고른 것은?** 〈10회〉

가. 기초선 형성 후 서로 다른 복수의 개입방법을 연속적으로 도입한다.
나. 우연한 사건은 개입효과에 영향을 미치지 않는다.
다. 서로 다른 개입방법의 효과성을 비교한다.
라. 다중기초선 설계는 순서효과(order effect)를 통제할 수 있게 한다.

① 가, 나, 다 ② 가, 다 ③ 나, 라
④ 라 ⑤ 가, 나, 다, 라

정답 1. ② 2. ⑤ 3. ②

CHAPTER

# 10

# 욕구조사

1. 욕구조사의 개념
2. 욕구조사의 유형

CHAPTER 10

# 욕구조사

## 1. 욕구조사의 개념

욕구조사는 평가조사와 더불어 사회복지 실천현장에서 사용하는 가장 대표적인 응용조사이다. 이러한 욕구는 요구(want)와 유사하다. 그러나 양자는 서로 다르다. 요구는 필요한 무엇이 있으나 충족되지 못할 때 생기는 개인의 인지 또는 정서 상태라면, 욕구는 무엇인가를 필요로 하는 사람의 요구에 대해 제3자가 판단한 결과를 말한다. 즉, 요구는 결핍된 상태인 데 비해 욕구는 전문가의 판단에 의해 사회적으로 인정된 상태를 말한다.

이러한 욕구를 개인이 가지고 있을 때는 개인적 욕구가 되고 사회 구성원 다수가 이러한 욕구를 가지게 되면 사회적 욕구가 된다.

### 1) 브래드쇼의 욕구 유형

#### (1) 규범적 욕구

바람직한 욕구충족 수준과 실제로 충족된 정도 간 차이를 욕구로 보는 방식이다. 보통 기준이 되는 수준은 해당 분야의 전문가들이 설정한다. 이 규범적 욕구의 강점은 계량화가 쉽고 구체적인 변화의 표적을 만들어 낼 수 있다는 것이며 약점은 여러 욕구 단계가 지식, 기술, 가치 변화에 따라 변화하기 쉽다는 것이다.

### (2) 인지된(체감적 혹은 느끼는) 욕구

당사자가 느끼고 인식하는 욕구를 말한다. 지역주민 대상의 욕구조사(서베이)에서 특정 서비스가 필요하다고 응답한 사람들의 수로 욕구를 파악한다면 이는 인지된 욕구(felt need)를 조사하는 경우에 해당한다. 이처럼 인지된 욕구의 파악은 표적대상 집단에게 직접 무엇이 필요하다고 생각하는가(느끼는가)를 묻는 방식으로 이루어진다. 단점은 사람의 기대에 따라 각각 기준이 불안정하고 수시로 변경될 수 있다는 점이다.

### (3) 표현된 욕구

단순히 생각하고 느끼는 수준을 넘어 실제로 그것을 충족하기 위해 구체적인 행동으로 표현(표출)된 욕구(expressed need)를 말한다. 즉, 수요에 의해 느껴진 욕구가 행동으로 표출된 것으로서 개인이 서비스를 얻기 위해 실제로 노력을 했는가에 대한 여부가 핵심적인 변수이기 때문에 경제학자들에게 인기가 있다. 장점은 인지한 욕구를 실제로 행동에 옮기게 되는 상황을 강조하는 것이며, 단점은 욕구를 가진 모든 사람이 서비스를 원하는 것은 아니라는 점이다.

### (4) 비교적(상대적) 욕구

어떤 서비스를 받는 사람들과 비슷한 특성을 가지고 있으면서도 서비스를 받지 않는 사람들을 욕구 상태에 있는 것으로 보는 것이다. 달리 말하면, 비교적 욕구(comparative need)는 집단 A와 집단 B의 상황이 크게 다를 바 없는데도 특정 서비스를 A만 받고 있거나 수혜 비율이 A에서 더 높을 때 상대적으로 B가 해당 서비스를 더 필요로 하는 욕구 상태에 있다고 보는 방식이다. 이는 특성을 고려한 상태에서 두 집단의 욕구를 비교하는 것이 바람직하다.

## 2) 욕구조사의 필요성과 내용

### (1) 욕구조사의 기능

클라이언트 중심의 프로그램이나 서비스를 개발하는 데 필요한 기초 자료를 제공해 준다. 현재 시행 중인 프로그램이나 서비스의 문제점을 파악하고 평가하는 데 필요한 기초 자료를 제공해 줌으로써 기존의 프로그램을 보완하고 개선하는 데 도움을 준다. 욕구의 우선순위를 파악함으로써 인력, 예산 등의 자원을 배분함에 있어 우선순위를 정하는 데 기여한다.

욕구조사 결과에 근거하여 동일한 지역사회 내의 복지기관들 간에 중복되는 프로그램이나 부족한 프로그램을 조정할 수 있다. 사회복지기관이 욕구조사 결과에 기초하여 사업을 결정하고 시행함으로써 효과적, 체계적, 전문적인 운영을 할 수 있다. 변화하는 주민들의 욕구를 파악함으로써 이에 부응하는 서비스나 프로그램을 제공하는 데 도움을 준다.

욕구조사를 통하여 복지기관의 사업을 홍보하고 지역주민들로 하여금 지역사회의 문제를 인식하게 함으로써 주민들의 참여와 지원을 유도할 수 있다. 사회복지기관이 욕구조사 결과에 근거하여 사업의 필요성을 합리화하고 주장함으로써 외부로부터의 예산 지원이나 관련 입법 추진 등을 도모할 수 있다.

### (2) 욕구조사의 필요성

첫째, 클라이언트의 욕구나 문제를 판단할 수 있는 정보의 획득과 클라이언트 자신의 변화를 위한 욕구와 가능성에 대한 정보의 획득이 중요하다.

둘째, 정보의 획득 과정은 체계적이고 과학적인 조사방법을 적용하여 객관성을 인정받아야 한다. 이때 설득력 있는 정보는 생태학적, 개별화적 오류에 의해 왜곡되지 않도록 획득되어야 한다. 이중 생태학적 오류는 욕구사정 조사가 기존 자료를 활용하는 경우에 자주 등장하는 문제이다. 조사자의 관심에 직접적으로 들어맞는 자료들은 찾기 힘들고, 그래서 대개는 집단화된 자료를 구하여 그것으로 개인들에 대한 성향을 유추하는 경우들이 많다. 그렇기 때문에 기존 자료를 활용하여 욕구사정 조사를 하는 경우에 특히 조심해야 할 부분이다.

셋째, 욕구조사란 실제 상태를 측정하여 욕구를 증명하는 것이므로 계량화, 자료화될 수 있는 실증적 방법으로 측정되어야 한다.

넷째, 욕구조사의 궁극적인 목적은 이용자의 욕구를 파악하여 이용자 중심의 프로그램 개발에 있으며 조직의 중장기적인 사업비전을 마련할 수 있다.

다섯째, 프로그램을 집행하기 전에 욕구를 파악하고 얼마나 충족시켰는지 평가함으로써 기관운영의 체계를 확립하고 전문성을 제고할 수 있다.

여섯째, 욕구의 우선순위를 파악하고 상대적 우선순위를 정하여 인력과 예산을 배정함으로써 기관의 자원을 효율적으로 운영할 수 있다.

일곱째, 욕구조사를 통해서 대상집단의 욕구변화를 파악하고 정책운영에 반영함으로써 다변화하는 사회적 환경과 클라이언트의 욕구에 부응한다.

여덟째, 욕구조사와 평가의 상관관계를 통해 프로그램의 효과성을 검증할 수 있으며, 욕구조사의 결과는 서비스의 필요성에 대한 객관적인 자료가 되므로 사회복지서비스의 책임성 평가와 관련된다.

아홉째, 클라이언트의 복합적인 문제를 해결하기 위해 문제에 다각적인 접근이 가능할 수 있도록 지역사회 네트워크가 형성되어야 하며 이를 위해서는 클라이언트 정보의 공유가 필요하다.

열째, 욕구조사는 서비스 제공기관의 지역 주민의 직접적인 접촉이 가능한 점을 이용하여 사업과 프로그램에 대한 홍보는 물론이고 참여를 유도할 수 있는 좋은 기회가 된다.

### (3) 욕구조사에 포함되어야 하는 내용들

#### ① 기초자료

기초자료는 지역적 특성, 소득수준, 가족 수, 성별분포, 연령, 혼인, 거주형태, 종교분포, 주택보급률, 국민기초생활보장 대상자 수 등이다.

#### ② 욕구파악을 위한 자료

첫째, 사회, 경제, 교육, 고용, 건강 등 개인적인 현재 상태를 파악하는 자료로서 욕구수준과 효과성을 평가하는 기준이 된다.

둘째, 기존 프로그램의 인지도, 이용도, 장단점, 서비스 태도, 자격조건, 경제적 부담 등을 파악하고 프로그램 개선에 사용할 정보를 제공한다.

셋째, 대상집단의 구성원들이 가지고 있는 욕구를 확인하고 상대적 중요성을 파악하여 새로운 프로그램이나 정책대안을 얻는 토대로 사용할 자료이다.

#### ③ 사회자원을 활용하기 위한 자료

첫째, 프로그램이나 정책대안의 존재 여부와 내용을 클라이언트에게 알려줄 수 있는 공식적 · 비공식적 의사소통망과 매체를 파악해야 한다.

둘째, 프로그램이나 정책대안을 계획할 때 활용할 수 있는 지역사회 내 인적 · 물적 자원을 파악해야 한다.

셋째, 프로그램 정책대안이 성공적으로 집행되기 위해 지역사회 주민과 지역사회를 대표할 수 있는 사람들이나 지도자들의 지지가 필요하다.

### (4) 욕구조사를 위해 취할 수 있는 접근 방법

#### ① 클라이언트 중심의 욕구조사

특정 인구집단(예 아동, 노인, 장애인)을 위해 서비스나 프로그램을 제공하는 기관이 클라이언트들을 대상으로 문제의 수준과 크기를 파악하기 위해 실시하는 조사이다.

#### ② 서비스 중심의 욕구조사

의료 서비스, 재활 서비스, 고용 서비스 등과 같이 특수한 전문 서비스를 제공하는 기관에 의하여 실시되는 조사로, 그들 기관이 제공하는 서비스의 품질이나 개선 사항에 관한 정보를 파악하기 위해 실시된다. 서비스 중심의 욕구조사는 기존 사회복지기관이나 프로그램의 계획 및 평가를 위하여 유용하게 쓰인다.

#### ③ 지역사회 중심의 욕구조사

클라이언트 중심의 욕구조사와 서비스 중심의 욕구조사를 통합한 형태의 조사이다. 지역사회에 거주하는 주민을 대상으로 욕구를 파악하는 방식으로 지역사회주민은 개별적 클라이언트임과 동시에 특수한 서비스를 받는 대상이기 때문에 이 두 가지를 모두 포함하게 된다. 현재 매 4년마다 시행되고 있는 지역사회보장계획의 욕구조사가 대표적인 경우이다. 여기에는 자치단체장의 정책공약 관련 자료의 내용분석, 지역주민의 욕구파악을 위한 서베이, 복지 전문가 대상 초점집단면접, 질적 자료수집을 위한 시 · 군 · 구청 업무담당자와의 심층면접 등이 포함된다.

## 2. 욕구조사의 유형

### 1) 지역사회 공개토론회

지역사회 공개토론회(지역사회포럼)는 조사자가 지역사회의 모든 사람이 참여할 수 있는 공개적 모임을 주선하여 이 모임에서 논의되는 지역사회의 욕구나 문제들을 파악하는 방법이다. 지역사회에 거주하거나 활동하는 사람들이 지역의 욕구나 문제를 잘 알고 있다는 전제하에서 이루어진다.

#### (1) 장점

광범위하고 자유로운 욕구나 문제의 확인이 가능하다. 비용과 시간 면에서 효율적이며, 현실적 실행 가능성이 높다.

#### (2) 단점

모든 지역주민을 대표하는 사람들이라기보다는 현안이 되는 문제와 관련해 이해관계가 얽힌 사람들이 참석할 가능성이 커서 이 방법을 통해 수집된 자료가 과연 지역주민 전체의 욕구를 대표할 수 있을 것인가에 대해서는 의문이 제기될 수 있다. 참석자들의 이해관계에 따라 특정 욕구나 이슈가 부각될 가능성이 크고, 토론회 진행상 어려움이 있을 수도 있다. 이익집단의 영향을 배제할 수 없다.

### 2) 주요 정보 제공자 조사

주요 정보 제공자 조사는 특정 지역사회의 조건이나 문제에 관해 전문적 지식이나 견해를 가지고 있는 주요 정보 제공자들을 서베이 혹은 면접하여 지역사회의 욕구를 파악하는 조사이다. 주요 정보 제공자에는 기관의 서비스 제공자, 인접 직종의 전문직 종사자, 지역 내 사회복지단체의 대표자 등 지역사회 문제에 대하여 잘 알고 있는 것으로 인정되는 사람들이 포함될 수 있다.

#### (1) 장점

지역의 전반적인 문제를 비교적 쉽게 파악할 수 있다. 전문가의 시각과 견해를 반영할 수 있다. 조사대상자의 확보 및 조사가 용이하다.

#### (2) 단점

주요 정보 제공자를 선정하는 과정이 자의적일 수 있어 표집자의 편의 현상이 나타날 수 있다. 수집되는 욕구에 전문가의 가치판단과 의견이 개입되어 실제 욕구와는 일치하지 않을 수 있다.

### 3) 초점집단조사

초점집단(포커스그룹)조사는 어떤 문제나 관심 또는 욕구를 가장 잘 나타낼 수 있는 소수의 사람들(face to face, 12~15명 정도)을 한곳에 모아 어떤 문제에 대한 의견을 개진하게 하고(참여자들끼리 토론도 가능) 의견을 심도 있게 듣는 방법이다. 단순하게 그들이 해결하기를 원하는 욕구나 문제에 대한 진술에서 벗어나 어떻게 그 일이 벌어졌고 왜 벌어지게 되었는지에 대해 상세하게 진술할 때 가장 큰 효과를 발휘한다.

#### (1) 장점

과학적이고 체계적인 조사 방법을 이용하고 집단 역동성을 활용해 정확한 욕구를 사정할 수 있다. 욕구조사뿐만 아니라 일반적으로 측정도구의 내용타당도를 검증하기 위해서도 관련 전문가들을 초점집단으로 구성하여 그들에게 의견을 구하는 방식으로 사용되기도 한다. 이러한 자료들의 경우 내용타당도(측정하고자 하는 개념에 대한 포괄적인 내용을 포함하고 있는 정도)가 높다.

### (2) 단점

참여자 선정에서의 대표성에 문제가 있다. 진행자의 능력과 자질에 크게 의존한다. 연구자의 주관적 개입이 가능하다.

## 4) 서베이 조사

서베이 조사는 지역사회의 일반 인구 또는 특정 표적 인구의 욕구를 조사하기 위하여 이들 전체 인구를 대표할 수 있는 표본을 선정하고, 이들이 생각하거나 느끼는 욕구를 조사하여 대상 전체의 욕구를 추정하는 방법이다. 서베이 조사를 실시하기 위해서는 사회조사의 원리나 방법에 익숙해야 한다.

### (1) 장점

광범위한 지역주민의 의견과 욕구를 수렴할 수 있다. 욕구를 갖는 당사자의 욕구 정도와 유형을 파악하는 데도 유리하다. 지역주민 서베이는 수요자 중심의 욕구사정에 적합하다.

### (2) 단점

시간과 비용이 많이 들 수 있으며, 충분한 조사대상자 확보가 어렵다.

### 5) 델파이 방법(델파이 조사)

델파이 방법은 특정 주제나 문제에 대해 일단의 전문가를 대상으로 익명 처리된 설문조사를 수차례 반복함으로써 일종의 집단 협의 방식으로 합의에 이르는 조사방법으로서 어떤 문제에 대하여 전문가들 사이의 합의점을 찾는 방법이다. 특징은 전문가들이 한자리에 모이지 않으며 응답을 무기명으로 한다는 점이다. 참여자들은 서로에 대한 정보 없이 익명으로 참여하게 되며, 대면회의와 같은 상호작용이나 즉각적 환류를 통제한 상태에서 전문가들의 의견을 수렴한 후 이를 집단적 통계분석으로 처리한다. 반복되는 설문조사 과정에서 전문가 패널의 의견이 수정될 수도 있다. 델파이 집단은 조정자와 패널로 구성된다. 조정자는 전문가 패널의 응답을 매개하고 촉진하는 역할을 담당한다.

#### (1) 장점

대면적 집단 의사결정 과정에서 발생할 수 있는 후광효과(특정 인물의 주장이 지배적으로 작용)와 편승효과(한두 사람의 의견에 많은 사람이 동조) 등 바람직하지 못한 부작용을 피할 수 있다. 전문가의 합의에 의해 욕구를 파악하며, 민주적 의사결정 과정을 거친다.

#### (2) 단점

반복되는 설문조사로 시간과 비용이 많이 든다. 전문가의 합의된 의견이 실제 욕구와 반드시 일치하는 건 아니다. 자칫 조정자의 역할이 지나치게 개입되어 조정자의 주관이 설문의 배포, 정리, 요약 과정에 작용하면 수집된 자료의 객관성에 문제가 발생할 수도 있다. 즉, 반복하는 동안 응답자의 수가 줄어드는 문제가 있다. 연구자가 사전에 결정한 방향으로 패널의 의견이 유도될 위험이 있다.

### 〈표 10-1〉 델파이 연구 절차 사례

연구제목 : 사회복지기관의 마케팅 전략에 관한 델파이 연구

| 연구방법 | 연구절차 | 수행내용 |
|---|---|---|
| 문헌 연구 | 이론적 고찰 | • 일반적 마케팅 개념<br>• 사회복지기관의 마케팅 도입 필요성<br>• 사회복지기관 마케팅 특징<br>• 마케팅 믹스(Marketing Mix) 7P 분류<br>• 7P 하위 요인 내용 정리 |
| 델파이 조사 연구 | 전문가 집단 선정 및 1차 델파이 설문지 구성 | • 분류기준에 의한 20명 델파이 위원 선정<br>• 문헌연구의 결과에서 도출된 7P 하위 요인을 토대로 설문지 구성 |
| | 1차 델파이 조사 | • 자료 분석 기준에 따라 조사결과 분석<br>• 추가 제시된 하위요인 내용 정리 |
| | 2차 델파이 설문지 구성 | • 1차 조사를 토대로 2차 설문지 구성<br>• 1차 조사 결과 제시(평균값) |
| | 2차 델파이 조사 | • 자료 분석 기준에 따라 조사 결과 분석<br>• 최종 합의 및 기각 요인 분류 |
| | 결론 | • 사회복지기관에서 활용 가능한 마케팅 하위 전략 채택 |

〈표 10-2〉 **1·2차 델파이 조사 전체 결과 일부**

| 구 분 | 내 용 | 1차 결과 | 2차 결과 | 결 론 |
|---|---|---|---|---|
| 생산자 (Producer) | 사회복지기관의 목표, 가치, 비전을 세우고 확신하기 | 합의 | 합의 | 전략채택 |
| | 조직 운영의 투명성과 신뢰성 확보로 인한 긍정적 기관 이미지 형성 | 합의 | 합의 | 전략채택 |
| | 사회적 인지도 높은 이사진 및 운영위원 확보 | 합의 | 합의 | 전략채택 |
| | 마케팅에 대한 과감한 재정적 투자 | 합의 | 기각 | 전략채택 |
| | 직원들의 마케팅 교육 | 합의 | 합의 | 전략채택 |
| | 조직 개편을 통한 마케팅 전담 부서 구성 | 기각 | | 전략채택 |
| | 직원들이 기관 미션 및 비전에 대해 확실하게 확신하기 | 추가제시 하위요인 | 합의 | 전략채택 |

## 6) 2차 자료 분석 : 사회지표 분석, 행정자료 조사

욕구조사를 위해서는 1차 자료를 직접 수집해서 분석할 수도 있지만 2차 자료를 확보하여 분석할 수도 있다. 따라서 2차 자료 분석의 장점은 경제적, 비반응적(비관여적), 장기간 변화 분석이 용이하다는 점이다. 하지만 단점은 연구목적에 맞는 2차 자료 확보가 어렵다는 점이다. 통계기법을 이용한 결측치 대체는 가능하지만 원자료의 결측치 추적(복구)이 불가능하다. 기존 자료와 실제 사이에 차이가 있을 수 있으며, 최신 자료 확보가 어렵다. 또한 자료의 신뢰도나 타당도를 알 수 없는 경우가 있다.

2차 자료 분석을 통해 욕구를 조사하는 대표적인 예로, 기존의 사회지표들을 분석하거나 사회복지기관의 서비스 수혜자 관련 기록을 검토하는 경우를 들 수 있다.

#### (1) 사회지표 분석

2차 자료 분석 방법 중에서도 사회지표 분석은 클라이언트 집단의 욕구를 파악하기 위해 기존의 사회지표를 분석하는 방법이다. 사회지표는 정부기관이나 각종 연구기관 및 단체에서 체계적으로 수집한 자료로 어느 정도 신뢰성을 갖춘 자료이기 때문에 특정 클라이언트 집단의 욕구를 간접적으로 파악하는 데 도움을 준다.

#### (2) 행정자료 조사

욕구 파악을 위해 행정기관, 사회복지관, 연구소 등 사회단체가 행정 및 관리를 위해 수집, 기록한 정도(예 업무일지, 면접 기록지, 서비스 대기자 명단)를 이용하는 방법이다. 이러한 자료를 통해 지역주민이나 대상 집단 또는 서비스 이용자의 빈번한 사회문제, 문제의 경향, 서비스 수요 등을 파악할 수 있다.

### 7) 지역사회 내 서비스자원 목록조사

지역사회 내에 존재하는 서비스를 파악하고 자원의 정도를 사정하는 방법이다. 어떤 자원이 있으며 어떻게 이용되고 있는가를 조사해서 다른 자료 수집 방법을 통해 나타난 욕구와 비교하여 욕구의 충족 가능성 여부를 판단하는 데 도움을 준다.

#### (1) 장점

지역사회에서 서비스의 중복이 우려되는 영역에 대해 파악할 수 있어서 중복적 서비스를 개발하는 방식의 재원 할당을 피할 수 있다. 어떤 집단에게 어떤 서비스가 거의 제공되지 않는지에 대해 알 수 있으므로 추가적인 서비스나 프로그램이 필요한 영역을 알 수 있다. 단순히 서비스 자원의 양적 측면뿐만 아니라 현존하는 서비스가 표적대상에게 접근성과 이용성 측면에서 적합한지 알 수 있다.

#### (2) 단점

서비스자원 목록은 욕구 그 자체를 나타내지 않으며, 다만 현재의 서비스 기관의 문제해결 방법으로 실행하고 있는 것만을 나타낸다.

### 8) 서비스 제공자 서베이

서비스 제공자 서베이는 서비스 제공자나 프로그램 운영자로부터 지역주민이나 대상 집단의 욕구를 파악하는 방법이다.

#### (1) 장점

약물중독이나 미혼모 등 널리 알려져 있지 않거나 사회적으로 받아들여지기 어려운 집단의 욕구나 문제에 관한 정보를 파악하기 용이하다. 현존하거나 잠재적인 지역사회 및 기관의 자원에 대해 알 수 있다. 대상 집단의 욕구를 전문적인 판단에 의해 파악할 수 있다.

#### (2) 단점

서비스 제공자가 밝힌 문제가 제공자 개인의 주관에 의해 판단된 편견일 가능성이 있다. 이들은 주로 클라이언트를 대상으로 하므로 광범위한 욕구를 파악하기 어렵다. 제공자가 소속된 기관의 프로그램에 유리한 욕구에 대해 언급할 가능성이 있다.

## 9) 명목집단 기법

명목집단 기법(nominal group technique)은 해결해야 하는 욕구나 문제에 대한 공유된 이해를 형성 또는 촉진하기 위해 사용되는 기법으로, 토의와 상호작용을 강조하는 초점집단조사와 달리 집단성원 간 상호작용이 별로 없는, 명목상으로만 집단이라는 특징을 가진다. 명목집단에는 클라이언트, 주요 정보 제공자, 서비스 제공자, 해당 분야 전문가 등이 참여할 수 있다. 이들은 욕구의 확인과 욕구충족을 위한 적합한 방법에 대한 의견을 제안한다.

사례로 본 사회복지조사

### 이혼 · 실직 등 사회적 고립…집안일도 서툴러 '위기의 삶'

14일 보건복지부가 발표한 '2022년 고독사 실태조사' 결과는 지난해 4월 시행된 고독사 예방 및 관리에 관한 법률(고독사 예방법)에 따라 2017년부터 2021년까지 5년간 실태를 조사한 것이다. 국가 차원의 공식 통계로 고독사 실태가 자세히 공개된 것은 처음이다. 고독사 예방법은 복지부가 지방자치단체 등의 협조를 받아 5년마다 정기적으로 실태조사를 하고, 그 결과를 바탕으로 예방 대책을 세워 실행하도록 의무화했다.

이번 실태조사에서는 50~60대 남성을 비롯한 1인 가구의 고독사 위험이 명확하게 드러났다. 지난해 고독사 발생 건수를 성별 · 연령대별로 보면 50대 남성이 900명으로 가장 많았고 60대 남성이 860명으로 뒤를 이었다. 50~60대 중장년 남성이 절반 이상을 차지한 셈이다. 복지부는 "전체 사망자는 고연령층일수록 많지만 고독사는 50~60대가 가장 많은 비중을 차지한다"면서 "50대 남성은 건강관리와 가사노동에 익숙지 못하며 실직 · 이혼 등으로 삶의 만족도가 급격히 감소할 수 있는 특징이 있다"고 설명했다. / 경향신문 2022-12-14

**생각해 봅시다**

- 고독사 실태조사는 '고독사 예방 및 관리에 관한 법률'에 따라 최근 5년간 우리나라 고독사 발생 현황을 살펴보는 조사입니다. 가족, 친척 등 주변 사람들과 단절된 채 홀로 사는 사람이, 자살 · 병사 등으로 혼자 임종을 맞고, 시신이 일정한 시간이 흐른 뒤에 발견되는 죽음을 살펴보는 것입니다. 조사방식은 경찰청으로부터 공유받은 형사사법정보 분석을 통해 법률상 고독사 요건에 부합하는 사례를 추출합니다. 참고로 우리나라 전체 사망자 수에서 고독사가 차지하는 비중은 매년 약 1% 내외 수준입니다. 고독사 관련 자료를 파악하고 나름의 대책을 제시해 봅시다.

CHAPTER 10

# 관련문제

**1. 욕구조사의 방법으로 각각 바르게 짝지어진 것은?** 〈11회〉

> 가. 기존자료를 활용하는 방법
> 나. 전문가를 대상으로 직접 수집하는 방법
> 다. 지역의 일반주민을 대상으로 직접 수집하는 방법

| | 가 | 나 | 다 |
|---|---|---|---|
| ① | 사회지표조사 | 델파이조사 | 지역사회 서베이 |
| ② | 서비스이용기록분석 | 주요 정보 제공자 조사 | 이차적 자료분석 |
| ③ | 델파이 조사 | 주요 정보 제공자 조사 | 공청회 |
| ④ | 서비스이용기록분석 | 지역사회 서베이 | 이차적 자료분석 |
| ⑤ | 델파이조사 | 공청회 | 사회지표조사 |

**2. 초점집단(focus group) 조사와 델파이 조사에 관한 설명으로 옳은 것은?** 〈13회〉

① 초점집단 조사에서는 익명 집단의 상호작용을 통해 도출된 자료를 분석한다.
② 초점집단 조사는 내용타당도를 높이는 목적으로 사용될 수 있다.
③ 초점집단 조사의 자료수집 과정에서는 연구자의 주관적 개입이 불가능하다.
④ 델파이 조사는 비구조화 방식으로 정보의 흐름을 제어한다.
⑤ 델파이 조사는 대면(face to face) 집단의 상호작용을 통해 도출된 자료를 분석한다.

**3. 대규모 설문조사와 비교하여 주요 정보 제공자(key informants)를 활용한 욕구조사에 관한 설명으로 옳지 않은 것은?** 〈10회〉

① 표본추출이 용이하다.

② 표본의 대표성이 높다.

③ 비용이 적게 든다.

④ 양적 정보뿐만 아니라 질적 정보도 파악할 수 있다.

⑤ 정보제공자들이 가지고 있는 정보의 양과 질에 의존하게 된다.

**4. 욕구조사에서 지역사회공개토론회의 특징으로 옳은 것을 모두 고른 것은?** 〈10회〉

가. 모든 지역주민이 동등하게 의견을 제시할 기회를 갖는다.
나. 표본의 대표성이 높다.
다. 현실적 실행 가능성이 낮다.
라. 이익집단의 영향을 배제할 수 없다.

① 가, 나, 다
② 가, 다
③ 나, 라
④ 라
⑤ 가, 나, 다, 라

**5. 욕구조사의 유형에 관한 설명으로 옳지 않은 것은?** 〈9회〉

① 지역주민서베이는 수요자 중심의 욕구사정에 적합하다.

② 지역자원재고조사는 지역사회 서비스 자원에 대한 정보획득이 용이하다.

③ 사회지표조사는 지역사회 주민욕구의 장기적 변화를 파악하기 쉽다.

④ 지역사회포럼은 조사대상자를 상대로 개별적으로 자료를 수집하는데 유리하다.

⑤ 주요 정보 제공자(key informant)는 조사는 정보제공자의 편향성이 나타날 수 있다.

**6. 사회복지 자료분석 및 해석과정에서 범할 수 있는 '생태학적 오류(ecological fallacy)'에 대한 설명으로 옳은 것은?** 〈2021년 국가공무원〉

① 측정 환경의 불안정으로 수집된 자료값이 일관성을 보이지 못하는 것이다.

② 집단 단위의 조사에 근거한 내용을 개인 단위에 대한 설명으로 사용하는 것이다.

③ 어떤 현상의 원인이나 개념을 지나치게 제한하거나 단순화하는 것이다.

④ 소수의 표본에서 얻은 결과를 전체에서 과도하게 확대 적용하는 것이다.

정답 1. ① 2. ② 3. ② 4. ④ 5. ④ 6. ②

CHAPTER

# 11

# 평가조사

CHAPTER 11

# 평가조사

## 1. 평가조사의 개념

평가조사는 책임성이 요구되는 시대에 맞춰 개입과 프로그램의 효과성을 측정하기 위해 사회조사방법론을 적용하는 대표적인 응용조사이다. 평가조사에서는 서비스나 프로그램이 독립변수, 그것을 통해 의도한 변화 목표가 종속변수의 역할을 한다.

### 1) 평가조사의 목적

#### (1) 프로그램 과정상의 환류적 목적

프로그램 성공 여부에 대해 평가를 실시하고 평가결과를 환류시킴으로써 프로그램의 유지, 축소, 확대 혹은 중단 여부에 대해 합리적인 판단을 하게 한다.

#### (2) 기관운영의 책임성 이행

기관의 예산을 포함한 인적·물적 자원이 본래 의도한 목적을 얼마나 달성하였는지, 주어진 목적을 달성하는 데 사용된 자원의 양은 얼마나 되는지 등에 관한 효과성과 효율성을 평가하여 그 내용을 공표함으로써 책임성을 이행하였음을 보여줄 수 있다.

### (3) 프로그램 기획 및 개발에 필요한 지식과 정보 획득

평가는 기관의 활동내용이나 그 여부에 대한 일상적인 평가의 의미도 가지고 있지만 최근에는 기관의 성과에 대한 평가라는 의미로 이해되고 있다. 더욱이 평가에 사용되는 방법들은 기관의 개인활동과 계획한 성과 간의 관계에 대한 지식을 개발하고 프로그램을 개발하는 데 필요한 정보를 획득하는 데에도 활용된다.

### (4) 프로그램 진행과정의 개선

형성평가의 경우 계획단계에서는 계획과정을 평가하여 프로그램이 대상집단의 욕구를 반영할 수 있도록 하고, 집행단계에서는 집행과정을 평가하여 프로그램 진행상 장애요인을 해소시켜 원활한 진행이 되도록 하며 집행이 완료된 때에는 그 결과를 환류시켜 앞으로 보다 나은 프로그램이 될 수 있도록 한다.

### (5) 서비스 전달체계의 개선

서비스가 전달되는 과정을 평가하여 서비스가 지체되거나 클라이언트의 접근이 어렵거나 혹은 본래 의도한 목적과는 다른 방향으로 진행될 경우 이를 시정하여 프로그램 진행과정에서 서비스 전달이 원활하게 이루어지도록 한다.

### (6) 합리적인 자원배분

프로그램의 평가결과에 따라 자원을 할당함으로써 자원배분이 합리적으로 이루어질 수 있다. 즉, 효과가 크거나 지속적인 프로그램과 반대로 효과가 작거나 단기적인 프로그램 간에는 차별적인 자원할당이 이루어져야 한다.

### (7) 이론의 형성

실험의 예를 들면 프로그램 실시 이전에 표적집단의 표적행동을 관찰하고 프로그램을 실시한 후 다시 관찰하여 프로그램 실시 전후의 표적행동의 차이를 측정한 후 이 프로그램의 실시가 표적집단의 표적행동에 어떠한 영향을 미쳤는지를 논리적으로 평가함으로써 실험변수와 결과변수 간의 인과관계를 검증하여 이론을 형성할 수 있다.

## 2) 평가의 기준과 평가 요소

평가의 기준은 평가를 위한 준거를 말하는 것으로, 프로그램을 평가하기 위해 프로그램의 어느 측면을 평가의 초점 혹은 기준으로 삼아야 할 것인가를 의미한다. 프로그램 평가 기준이 설정되면 각 기준별로 평가의 대상이 되는 요소를 정할 수 있다. 프로그램의 평가의 기준에는 합법성, 노력성, 효과성, 효율성, 적절성, 접근 가능성, 만족성, 지속성, 적합성, 포괄성, 통합성, 형평성 등이 있다.

## 3) 평가조사의 중요성

프로그램 평가는 사회복지의 책임성에 대한 사회적 요구가 심각히 제기되는 시기에 중요시되며, 사회복지기관들이 기관의 정체성을 확립하는 데 중요하다.

또한 사회복지기관들이 내부적인 기관운영을 효과적이고 효율적으로 수행하기 위한 방법이 되며, 사회복지기관의 전문성을 형성하는 데 중요하다.

프로그램 운영이 클라이언트 친화적 내지 클라이언트 중심적이 되도록 하고, 프로그램의 운영방향을 일관성 있게 설정해 주고 혼란을 방지

하며, 사회복지 프로그램과 관련하여 객관적인 이론을 정립하는 데에도 프로그램에 대한 평가가 중요하다.

## 2. 평가조사와 프로그램의 오류

어떤 프로그램이 효과가 없는 것으로 평가되었다고 하자. 왜 효과가 없었을까? 프로그램이 실패한 이유, 즉 프로그램에서 효과성이 나타나지 않는 이유는 크게 프로그램을 잘 수행하면 특정의 성과로 연결될 거라고 가정한 애초의 가설이 잘못되었기 때문일 수도 있고(이를 '이론적 오류'라 한다), 그러한 가설 자체는 타당하지만 프로그램이 제대로 실행되지 못해 성과로 연결되지 못했기 때문일 수도 있다(이를 '실행적 오류'라 한다). 따라서 프로그램이 효과적이지 않은 것으로 평가되는 경우, 어디서 어떻게 오류가 있었는지를 규명하여 프로그램 개선의 근거로 삼아야 할 것이다.

### 1) 이론적 오류와 실행적 오류

#### (1) 이론적 오류

프로그램 개입을 통해 매개변수의 변화는 초래했지만, 그러한 매개변수의 변화가 야기할 것이라고 가정했던 개입 목표의 성과지표는 변화하지 않은 경우를 말한다. 예를 들어, 취업 동기와 능력(매개변수)을 고양시키면 취업률(성과변수 혹은 종속변수)이 증가할 것이라는 가정하에 직업상담(독립변수)을 통해 취업 동기와 능력은 변화시켰지만 그럼에도 불구하고 취업률에서는 변화가 발생하지 않은 경우를 들 수 있다.

#### (2) 실행적 오류

개입을 실시했는데도 개입 목표(성과변수 혹은 종속변수)는 커녕 매개변수에서조차도 의도된 변화가 발생하지 않는 경우에 해당한다. 실행 오류는 프로그램이 제대로 실행되지 않았던 데서 발생한다. 만일 프로그램이 매개변수만 잘 변화시켰다면 아마도 취업률의 변화를 야기할 수 있었을 때에 그러지 못해서 프로그램이 취업률로 연결되지 못했다고 본다.

### 2) 실제 사례에서 프로그램 오류를 연결

프로그램 운영 과정에서 나타나는 문제(예 상담방법, 상담 시간이나 시간대, 상담자의 자질과 능력, 상담 내용)로 인해 상담을 통해 일에 대한 태도를 변화시키는 과정에서 문제가 발생했다면 이는 실행 오류에 해당한다. 반면 상담을 통해 일에 대한 태도가 변화되었어도 그것이 취업률 향상으로 연결되지 못했다면(노인 취업이라는 것이 노인의 태도만으로 결정되는 게 아니라 다른 여러 요인들에 영향을 받기 때문에) 이는 이론 오류에 해당한다.

## 3. 평가조사의 종류

### 1) 평가 목적 및 수행절차에 따라 : 형성평가와 총괄평가

#### (1) 형성평가(formative evaluation)

프로그램 운영 중에 이루어지는 평가로 프로그램이 원활하고 성공적으로 수행되도록 하기 위하여 진행 과정에서의 문제점을 발견하여 프로그램을 수정, 보완하고자 하는 목적을 가진 평가조사이다. 프로그램 모니터링(monitoring)과 서비스의 질 관리(quality assurance)를 위한 노력이 포함된다. 형성평가를 위한 평가 질문(평가 내용)들은 다음과 같다.

- 프로그램은 원래 계획대로 운영과 활동이 이루어지고 있는가?
- 프로그램의 인적, 물적 자원은 계획 시점에서 투입되고 있는가?
- 프로그램의 표적 집단은 적절히 선정되어 서비스를 받고 있는가?
- 프로그램은 관련된 법규나 규정에 맞게 수행되고 있는가?

### (2) 총괄평가(summative evaluation)

프로그램의 성과(outcome)와 영향(impacts)을 파악하여 프로그램의 유지, 확대, 취소 등에 대한 행정적 결정의 근거로 삼고 긍정적 결과를 다른 비슷한 프로그램, 상황 또는 대상에 대하여 일반화시키려는 목적이다. 프로그램이 종료되는 시점이나 완전히 종결된 이후 연역적 · 객관적 방법으로 실시하는 평가이다. 프로그램의 표적 집단에 어떤 변화가 일어났는지(효과성)와 투입된 비용에 비추어 그 성과가 정당화될 수 있는지(효율성)에 관심이 있다.

총괄평가는 크게 효과성 평가(effectiveness evaluation)와 효율성 평가(efficiency evaluation)로 구분된다. 효과성 평가는 프로그램이 원래 달성하고자 설정했던 목표가 달성되었는지에 초점을 두며, 효율성 평가는 프로그램의 결과가 투입된 비용에 비추어 정당화될 수 있는지에 초점을 둔다.

총괄평가를 통해 답하고자 하는 주요 평가 질문(평가 내용)은 다음과 같다.

- 프로그램 효과는 프로그램 때문에 발생한 결과인가?
- 프로그램의 효과는 원래 의도했던 사회문제 해결에 어느 정도 기여하고 있는가?
- 프로그램의 효과는 당초 선정한 프로그램 목표에 대비하여 어느 정도인가?

- 프로그램에 투입된 비용과 사회문제 감소로 인한 사회적 비용은 얼마인가?
- 프로그램의 효과는 총비용을 상쇄할 만큼 크게 나타나고 있는가?

## 2) 자료의 성격과 조사방법에 따라 : 양적 평가와 질적 평가

### (1) 양적 평가(정량적 차원에 대한 분석)

평가를 위해 주로 계량화(수량화)된 자료를 수집하여 분석하는 조사이다. 실험 등을 통한 객관적 자료 수집을 추구하며, 연역적 방법에 의한 조사를 강조한다. 보통 구조화된 질문지를 이용하여 숫자, 비율 등 강성자료(hard data)를 수집한다.

### (2) 질적 평가(정상적 차원에 대한 분석)

자연스러운 상황에서 수량화되지 않는 자료를 수집하여 귀납적으로 분석하는 조사이다. 인터뷰와 관찰을 통해서 수집되는 수량화될 수 없는 연성자료(soft data)에 기초하여 분석한다. 프로그램 평가에서 질적 평가는 프로그램의 성과를 객관적으로 평가하는 것이 아니라 프로그램 관리자와 대상자를 중심으로 한 면접과 관찰을 토대로 프로그램 자체 및 프로그램을 둘러싼 상황을 이해하여 프로그램을 개선하는 데 더 큰 관심을 갖는다.

## 3) 평가의 시점에 따라 : 적합성 평가와 메타평가

### (1) 적합성 평가(appropriateness evaluation)

개별 프로그램의 평가가 이루어지기 전에 그 프로그램의 가치를 따져보는 데 의의를 두는 평가이다. 사전평가 혹은 적극적 평가라고도 한다. 적합성이란, 프로그램이 추구하는 수단이나 전략보다는 프로그램이 추구하는 목표가 궁극적으로 사회적 가치에 부합하는지를 가리키는 개념이다. 적합성 평가는 효과성 평가와 효율성 평가가 진행되기 이전에 그 평가들이 추구하는 목표가 사회적 가치나 사회 정책적 입장에서 바람직한지에 관해 검토하는 평가이다.

#### (2) 메타평가(meta evaluation)

이미 이루어진 프로그램 평가를 차후에 종합적으로 검토해 보는 평가이다. 평가에 대한 평가(evaluation of evaluation), 사후평가, 소극적 평가라고도 불린다. 이미 완성된 평가를 최종 보고서로 발간하기 이전에 평가방법의 적정성, 자료수집의 오류 여부, 그리고 평가 결과의 해석 타당성 등을 종합적으로 검토한다. 기존 평가연구를 통합 정리하는 평가방법을 지칭하기도 한다.

### 4) 평가의 대상에 따라 : 프로그램 평가와 기관평가

#### (1) 프로그램 평가(program evaluation)

프로그램의 효과성, 효율성, 영향, 질, 클라이언트 만족도에 주된 관심을 두는 평가이다.

#### (2) 기관평가(agency evaluation)

기관이 설립 이념과 목적에 따라 운영되고 있는지에 초점을 둔다. 기관평가에는 프로그램 평가도 포함되지만 그 외에도 조직 및 시설관리, 재정관리, 인력관리, 지역사회 관계 등을 포함한다.

## 5) 평가의 주체에 따라 : 외부평가와 내부평가, 자체평가

### (1) 외부평가(outsider-evaluation)

프로그램을 수행하는 조직의 구성원이 아닌 조직 밖의 전문가에 의해서 수행되는 평가이다. 고문평가라고도 불린다.

### (2) 내부평가(inhouse-evaluation)

사회복지기관의 최고 관리자, 프로그램 관리자, 프로그램 수행 인력 등 조직 내의 구성원에 의해서 이루어지는 평가이다. 일반적으로 평가를 통해서 얻은 결과를 토대로 조직 운영이나 프로그램을 개선하려는 목적을 갖는다.

### (3) 자체평가(self-evaluation)

프로그램 담당자가 스스로 행하는 평가로 평가비용을 절약하고 장기적으로 계속할 수 있다는 장점이 있는 반면 공정성을 확보하기 어렵다는 단점이 있다.

## 6) 기타 평가조사 유형

### (1) 투입평가(input evaluation)

프로그램을 위한 투입이 프로그램 서비스 단가, 최상의 실천 기준, 프로그램 목적과 목표, 지역 욕구 등을 얼마나 잘 반영하고 있는지 확인하고 사정하는 평가를 말한다. 투입평가에서 확인하는 내용들은 다음과 같다.

- 프로그램 목적과 목표 : 투입이 프로그램의 목적과 목표들을 얼마

나 잘 지원하고 있는가?
- 지역 욕구 : 프로그램 투입이 지역 욕구에 대해 얼마나 잘 대응하고 있는가?
- 최상의 실천 기준 : 프로그램의 목적을 성취하기 위해서 필요하다고 생각되는 최상의 실천 기준을 만족하고 있는가?
- 단가 : 서비스 단위당 비용이 적절한가?

### (2) 과정평가(process evaluation)

프로그램이 어떻게 전달되고 있는가(혹은 전달되었는가)를 점검함으로써 프로그램 기획 시에 가정했던 점들이 제대로 실행되고 있는지(혹은 실행되었는지)를 평가하는 조사이다. 이를 위해 과정평가에서는 프로그램의 작동과 내적 역동성을 평가하여 프로그램이 실행되는 방식과 제공되는 서비스의 질을 측정한다. 과정평가를 통해 답하고자 하는 주요 평가 질문들은 다음과 같다.

- 서비스 전달체계가 클라이언트들에게 얼마나 영향을 주었는가?
- 클라이언트들에게 제공되고 있는 서비스들은 다양한 직원들에 의해 제공되고 있는가?
- 클라이언트의 참여와 투입이 서비스 전달체계의 모든 단계에서 요구되고 있는가?
- 서비스 제공자와 클라이언트 사이 관계의 질은 어떠한가?
- 서비스 전달을 위한 기관의 정책이나 절차가 존재하는가? 이 정책이나 절차들이 규칙적으로 적용되고 있는가?
- 서비스가 효과적이고 안정적으로 꾸준히 전달되고 있는가?

### (3) 성과평가(outcome evaluation)

프로그램이 수혜자들에게 미친 전반적인 영향을 평가하는 것이다. '프로그램이 성공적으로 목적하는 바를 성취하였는가?'와 '수혜자들이 프로그램으로부터 서비스를 제공받은 이후 어떻게 달라졌는가?'에 초점을 둔다. 성과평가를 위해서는 양적 자료들이 주로 사용되는 편이다. 성과평가를 수행하려면 반드시 성과를 평가할 수 있는 측정단위가 존재해야 하며, 가장 최선의 측정단위를 선택하는 것이 중요하다.

### (4) 비용 – 효과분석(비용–효과성 분석, cost–effectiveness analysis)

비용 – 성과분석이라고도 하는데, 프로그램 수행에 투입된 비용을 프로그램의 효과(성과)와 비교하여 분석하는 방법이다. 프로그램에 투입된 것(물질/비물질적인 내용)을 화폐가치로 환산하고, 그것을 프로그램 시행 결과의 총 단위로 나눈 값으로 계산한다. 비용 – 편익분석의 경우 투입과 성과를 모두 화폐가치로 환산하여 비교하는 것과 달리, 비용 – 효과분석에는 투입 비용만을 화폐가치로 환산하고 성과는 프로그램의 성과단위를 그대로 사용한다는 점에서 차이가 있다.

### (5) 비용 – 편익분석(cost–benefit analysis)

프로그램의 궁극적 효과를 현재의 화폐가치로 환산한 것(이득)과 프로그램 시행에 투입한 비용(비용)을 비교하는 방법이다. 비용 – 혜택분석이라고도 하며, 그 결과의 값이 1 이상 나오면 일반적으로 타당성이 있다고 본다. 비용과 편익 모두 화폐가치로 환산하여 비교한다는 점에서 비용 – 효과분석과 차이가 있다.

사례로 본 사회복지조사

## 아이 없는 맞벌이 신혼부부 계속 늘어

지난해 국내 신혼부부 수가 집계 이후 가장 크게 감소한 것으로 나타났다. 코로나19로 혼인이 급감한 탓이다. 맞벌이 신혼부부 비중은 꾸준히 늘어난 반면 아이를 낳는 신혼부부 비중은 계속 줄었다.

통계청이 12일 내놓은 2021년 신혼부부 통계를 보면 지난해 신혼부부 수는 110만 1,000쌍으로 전년 대비 7.0%(8만 2,000쌍) 감소했다. 지난해 신혼부부 수는 집계를 시작한 2015년 이후 가장 적었는데 감소 폭 역시 가장 컸다. 통계청은 혼인신고 이후 만 5년이 지나지 않은 부부를 신혼부부로 규정하고 있다.

신혼부부 감소율은 2016년 2.4%에서 매년 폭이 커지고 있다. 특히 1년차 신혼부부 수의 감소율은 지난해 10.4%로 전체 감소율에 큰 영향을 미쳤다. 향후 신혼부부 감소율이 더 커질 것으로 예상할 수 있는 대목이기도 하다.

통계청은 혼인 감소세 속에 지난해 코로나19로 인해 신혼부부 수가 평소보다 더 크게 줄어들었다고 설명했다.

초혼 신혼부부 중 아이를 낳은 부부 비중은 54.2%로 1년 새 1.3%포인트 하락했다. 2016년 63.7%에서 5년 새 10%포인트 가까이 줄어들었다. 신혼부부의 평균 자녀 수도 지난해 0.66명으로 꾸준한 하락세를 이어갔다. / 경향신문 2022-12-12

### 생각해 봅시다

- 신혼부부통계는 저출산 주요정책 수립 등에 필요한 기초자료를 제공하기 위하여 2016년(2015년 11월 1일 기준)부터 매년 작성하고 있습니다. 신혼부부를 대상으로 직접 조사하지 않고, 정부 부처 및 공공기관에서 수집 · 보유하고 있는 행정자료와 기조사자료를 기초로 구축한 각종 데이터베이스를 상호 연계하여 작성합니다. 일종의 2차 자료 분석으로 볼 수 있습니다. 사용되는 자료에는 인구동향(혼인 · 이혼 · 출생 · 사망)조사, 인구 · 가구 · 일자리행정통계 · 주택소유통계DB, 보육자료, 소득자료, 대출(금융권)자료 등이 있습니다. 작성대상은 매년 11월 1일 기준 혼인 신고한 지 5년이 경과되지 않은 부부 중에서 혼인관계를 유지 중이며, 국내에 거주(부부 중 1명 이상)하고 있는 부부입니다. 이처럼 2차 자료를 찾아보도록 합시다.

CHAPTER 11

# 관련문제

1. A복지관에서는 전년 대비 예산축소로 인해 현재 운영하고 있는 서로 다른 프로그램들의 비용과 성과를 화폐 가치기준으로 평가하여 차등 지원하였다. 이때 사용된 평가방법은? 〈9회〉

① 메타(meta)평가
② 형성(formative)평가
③ 비용편익(cost-benefit)평가
④ 비용성과(cost-outcome)평가
⑤ 비용효과(cost-effectiveness)평가

2. 외부평가자와 비교하여 내부평가자를 활용할 때의 장점이 아닌 것은? 〈10회〉

① 프로그램 관련 정보에 대한 접근성이 용이하다.
② 프로그램에 관한 많은 지식을 갖고 있다.
③ 현실적인 제약요건들을 융통성 있게 감안하여 평가할 수 있다.
④ 프로그램 운영자로부터 평가에 대한 협조를 구하기가 수월하다.
⑤ 해당 기관으로부터 객관성과 독립성을 유지할 수 있다.

3. 다음 내용에서 프로그램 평가의 오류에 관한 설명으로 옳지 않은 것은? 〈9회〉

> A노인복지센터에서는 상담을 통해 노인의 일에 대한 태도를 변화시켜 취업률을 향상시키는 프로그램을 시행하였다. 프로그램 시행 이후 효과성 평가를 실시한 결과, 효과적이지 못한 것으로 나타났다.

① 이론오류 - 노인의 취업기회가 부족하여 취업률이 낮다.
② 이론오류 - 노인의 취업은 노인의 일상생활 수행능력과 관계가 있다.
③ 이론오류 - 노인은 집단상담보다 개별상담을 선호한다.
④ 실행오류 - 노인복지센터 상담자의 연령에 따라 다르게 나타난다.
⑤ 실행오류 - 노인은 밝은 상담장소를 선호한다.

**4. 다음 괄호 안에 들어갈 사회복지프로그램 평가유형을 순서대로 바르게 나열한 것은?** 〈2019 국가공무원〉

> ( ㉠ ) : 프로그램 진행 중에 원활하고 성공적으로 프로그램이 수행되도록 문제점을 찾아내고 수정 보완할 목적으로 실시된다.
> ( ㉡ ) : 프로그램 종결 후 연역적 · 객관적 방법으로 프로그램이 달성하고자 했던 목표를 얼마나 잘 성취했는가의 여부를 평가한다.
> ( ㉢ ) : 프로그램 평가를 차후에 종합적으로 검토해 보는 평가를 말하며, 평가에 대한 평가로 표현되기도 한다.

| | ㉠ | ㉡ | ㉢ |
|---|---|---|---|
| ① | 형성평가 | 메타평가 | 총괄평가 |
| ② | 메타평가 | 형성평가 | 총괄평가 |
| ③ | 총괄평가 | 메타평가 | 형성평가 |
| ④ | 형성평가 | 총괄평가 | 메타평가 |

**5. 사회복지프로그램 평가에 대한 설명으로 옳지 않은 것은?**

〈2022년 국가공무원〉

① 총괄(summative)평가는 사회복지프로그램 존속 여부와 성공 여부를 결정하는 평가방식이다.

② 형성(formative)평가는 프로그램 계획과정이나 실행 중에 수행되는 평가방식이다.

③ 목표달성(goal attainment)평가는 평가하고자 하는 프로그램이 목표를 얼마나 달성했는가를 알아보는 평가방식이다.

④ 비용효과분석(cost-effectiveness analysis)평가는 프로그램에 들어가는 비용뿐만 아니라 프로그램의 성과도 화폐적 가치로 환산하는 평가방식이다.

정답 1. ③ 2. ⑤ 3. ③ 4. ④ 5. ④

CHAPTER

# 12 질적 조사방법론

1. 질적 연구의 개념
2. 질적 연구의 방법
3. 질적 연구의 과정

CHAPTER 12

# 질적 조사방법론

## 1. 질적 연구의 개념

### 1) 질적 연구의 개념과 목적

질적 연구는 조사자 자신이 조사도구가 되고 작은 규모의 연구대상자로 시작하며 주로 이야기 방식의 기술적인 묘사가 특징을 이룬다. 그리고 조사대상자의 자연스러운 삶의 현장이 연구의 장이 되며, 논리적으로는 귀납적이고 탐색적인 성격을 띤다.

질적 연구는 잘 알려지지 않은 주제에 대한 탐색적 접근을 하고자 하는 경우, 민감하고 정서적으로 깊이 있는 주제를 심층적으로 조사하고자 하는 경우, 실제로 어떤 삶을 살고 있는 사람에게서 생생한 경험에 대한 이해와 그 의미를 도출하고자 하는 경우, 사회복지실천에서 프로그램이나 정책 및 기관의 내면을 탐구, 평가하고자 하는 경우에 주로 사용된다.

질적 조사는 한 사람이나 일정한 환경, 한 집단의 문화적 패턴과 관점, 한 집단의 매일의 활동과 사회적 구조 사이의 관계 그리고 참여자들이 경험하는 현상 등에 관심을 둔다. 이러한 질적 조사는 조사자가 현장에 집중적으로 참여하고, 참여한 현장활동으로부터 세부적인 자료를 수집하고, 그 수집된 자료의 의미를 해석하고 종합하는 과정을 거친다. 연구를 진행하는 과정에서 조사자는 종종 문제형성, 자료수집,

자료분석 그리고 결과제시 단계를 이리저리 넘나드는 듯한 느낌을 받는다.

이러한 과정에서 조사자는 얼마든지 새로운 발견점을 토대로 조사질문을 재구성하거나 새로운 조사대상을 찾고자 시도할 수도 있으며 새로운 질문을 갖게 되기도 한다.

## 2) 질적 연구의 특징

질적 조사에서 자연적 장면은 자료의 직접적인 출처가 되며 조사자는 중심 도구가 된다. 따라서 질적 조사자는 조사상황에 조작을 가하지 않고 자연적으로 발생하는 현상을 기록하고 이해하려고 노력하며, 어떤 상황적 변인을 조작하거나 통제하거나 제거하려고 하지 않는다. 아울러 질적 자료는 수치보다는 글이나 그림의 형태로 수집되며 질적 조사자는 조사결과뿐 아니라 조사과정을 중요시한다.

또한 질적 조사자는 자료를 귀납적으로 분석하고자 하는데 질적 조사는 구체적인 관찰에서부터 출발해서 일반적인 원리를 구축한다는 의미에서 귀납적이다.

질적 조사는 총체적 관점을 선호한다. 질적 조사자는 특정 상황에 있어서 통일적인 특성, 즉 총체성을 찾으려고 한다. 총체적 접근방법에서는 소수의 선정된 변인들 사이의 관계를 측정하고 조작하는 대신에 연구상황에 대한 포괄적이고 온전한 모습에 관한 자료를 수집하려고 한다. 이러한 총체적 관점은 독특성, 복잡성 및 상호 관련성에 관심을 기울일 수 있게 한다.

### (1) 주관적인 세상

양적 접근과 질적 접근방법들에 있어서의 근본적인 차이점은 각자가 갖는 세계관에서 나타난다. 양적 접근방법에서는 관찰자로부터 독립된 객관적인 현상이 존재한다고 보지만 질적 접근에서는 그것이 불가능하다고 본다. 따라서 연구자의 주관이 개입되지 않은 완전한 객관적인 관찰이라는 것도 믿지 않으며 관찰이라는 바로 그 행위가 연구되는 현상에도 영향을 준다고 본다. 따라서 질적 조사연구에서는 조사자와 조사대상자들의 주관적인 인지나 느낌, 해석 등을 모두 합법적인 자료들로 간주한다.

### (2) 과정에 대한 관심

일반적으로 양적 조사가 산출결과에 관심이 있다면 질적 조사는 과정에 보다 많은 관심이 주어진다. 예를 들어, 장애 아동을 가진 가정을 두고서 양적 조사에서는 무엇이 원인이 되어 어떤 문제들이 발생하는지 등에 관심을 갖는다면 질적 조사에서는 아동과 부모의 의사소통의 양식, 상호작용 및 상호변화, 외부의 영향들에 대한 반응, 가족 체계의 적응 과정 등에 관심을 가질 것이다.

### (3) 절차의 유연성

질적 조사는 양적 조사에 비해 유연하고 직관적이다. 질적 조사에서는 조사에 필요한 절차나 단계들을 사전에 엄격하게 결정하지 않으며, 조사연구자들은 그것들에 구애받지 않고 상황에 따라 적절한 방법들을 채택해 나간다. 또한 연구자들의 경험이나 직감 등에 의존하여 조사단계나 절차들을 결정하고, 그것을 통해 새로운 설명적인 개념들을 추출해 낸다.

### (4) 귀납적 방법

양적 조사들과 마찬가지로 질적 조사들도 과학적인 방법론을 주창한다. 그것은 곧 논리와 경험을 결합하여 현상에 대한 설명을 시도한다는 뜻이다. 그러나 논리와 경험을 결합하는 방법에 있어서는 두 접근 간에 차이가 있다. 양적 조사연구들은 이론에서 출발하여 그것을 경험적으로 검증해 보는 연역적인 방법을 주로 사용하지만 질적 조사연구들은 경험들을 수집하면서 그것을 근거로 하여 잠정적인 이론에 도달하는 귀납적 과정을 선호한다.

### (5) 내용의 질적 풍부성

질적 조사에서 나타나는 결과들은 복잡하고 풍부한 내용들을 가지고 있다. 연구대상이 되는 사람들이나 케이스들의 현실상황이나 맥락들을 중요시한다. 따라서 다양하게 연결되어 있는 상황들을 질적으로 묘사하기 위해 보통 이야기식의 서술 형태를 자료로 산출하는 것이 보통이다. 이러한 접근에 의해서 도출된 결과들은 특정 문제나 현상에 대해 질적으로 풍부한 묘사를 담을 수 있고 그로 인해 질적 조사 연구자들에게는 연역적-양적 연구들에 비해 결정주의나 환원주의적 성향이 적게 나타난다.

### (6) 일반화의 한계

질적 조사에 의해 도출된 이론들은 널리 일반화되기에는 한계가 있다. 이것은 반드시 질적 조사연구만의 한계는 아닌데 양적 조사들에서도 일반화의 문제는 존재하기 때문이다. 다만, 양적 조사에 비해서 질적 조사에서 도출되는 이론들은 보다 잠정적이라는 특성을 갖는다. 질적 이론들은 대개 특정한 집단에 관련된 경험들을 깊이 있게 다루고 있으므로 비록 그 집단에 대해서는 가장 적절한 설명이나 이론이 될지 모르나 다른 집단들에 대해서는 유보적이기 쉽다.

폭넓은 상황들에 이해될 수 있는 일반적인 이론을 만들 것인지 아니면 비록 일반화의 한계는 있지만 특정한 상황에 대한 풍부하고 깊이 있는 이해를 구할 것인지는 일종의 손익교환 결정이 된다.

## 2. 질적 연구의 방법

### 1) 참여관찰

참여관찰이란 연구대상자의 생활이나 활동영역에 참여하여 관찰하는 방법을 말한다. 이 방법은 어떤 특수한 행위의 미묘한 감정관계 등 외부에 나타나지 않는 사실까지 직접 경험할 수 있고, 관찰대상을 자연적인 상태에서 파악할 수 있는 장점이 있다. 참여관찰은 질적 방법이기 때문에 탐색적 · 기술적 수준의 지식을 생산하는 데 유리한다.

#### (1) 유형

참여관찰은 관찰자의 참여정도와 공개 여부에 따라 완전참여자, 관찰참여자, 참여관찰자, 완전관찰자의 네 가지 유형으로 구분할 수 있다.

첫째, 완전참여자로, 현장연구조사에서 관찰대상자들은 완전참여자의 진짜 신분과 목적을 모른다. 완전참여자는 필수적인 매일의 역할을 성공적으로 할 수 있거나 하도록 배울 수 있는 상황에서 관찰대상의 어떤 생활영역이든 관심을 가지고 있으며 받아들일 수 있는 영역에서 가능한 한 자연스럽게 관찰대상들과 상호작용한다. 어떤 경우에는 완전참여자의 역할을 맡으면 연구자가 아니라 참여자로 보이도록 한다. 참여하는 관찰자가 어떤 일을 하든 하지 않든 관찰자는 대상에 영향을 미치게 될 것이고 이는 불가피하다.

둘째, 관찰참여자로, 관찰참여자 역할을 하는 연구조사자는 연구를 하는 집단에 완전히 참여하지만, 자신이 연구조사를 수행하고 있다는 점을 분명히 한다. 연구자는 조사대상 집단의 일원으로 활동하면서 집단 동료에게 자신이 무엇을 하고 있는지를 알린다.

셋째, 참여관찰자는 자신이 조사연구자라고 신분을 밝히고 사회과정에서 참여자들과 상호 작용을 하지만 실제 참여자인 것처럼 언행을 하지 않는다. 노숙자에 관해 조사하는 연구자는 노숙자들을 면담하고, 그들이 생활하는 곳을 방문하고 숙식하는 것을 보며 병든 노숙자를 병원에 동행하면서 필요한 정보를 얻는다. 그러나 조사대상 집단에 완전히 참여하지는 않는다.

넷째, 완전관찰자는 어떤 방식으로든 사회과정의 일부가 되지 않으면서 사회과정을 관찰한다. 연구대상은 연구조사자가 비관여적이기 때문에 자신이 연구대상이라는 것을 인식하지 못할 수도 있다. 완전관찰자가 완전참여자보다 연구대상에 영향을 미칠 가능성이 적은 반면, 연구대상을 완전히 이해하게 될 가능성도 적다. 관찰은 피상적이고 일시적이 될 수 있다.

### (2) 참여관찰의 단계

첫째, 연구장소를 선택하여야 한다. 연구장소는 연구문제의 성격에 따라 좌우되며 가능한 한 오랜 시간을 두고 관찰이 가능한 영구적이고 안정성 있는 장소이어야 한다.

둘째, 연구대상의 접근이다. 연구장소가 얼마나 공개적인가, 관찰대상자들이 관찰되는 것을 얼마나 꺼리는가에 따라 접근의 용이성이 결정된다. 이 과정에서는 현장에 대한 사전 예비지식을 습득해야 한다. 연구자의 역할을 확립하고 현장의 피조사자들과 충분한 신뢰관계를 수립하는 것이 기본일 것이다.

셋째, 표집이다. 대부분의 현지관찰은 의도적 표집을 사용한다. 주로 연구문제나 연구목적이 표본의 크기를 결정하는 중요변수로 작용한다.

넷째, 자료수집이다. 연구계획에 따라 현장작업을 실시한다. 현장작업을 조직화하여 작업이 일사불란하게 이루어질 수 있도록 하고 표본을 추출한다. 대부분 비확률표집을 사용하며 추출된 표본을 대상으로 자료를 수집한다.

다섯째, 현장에서 철수한다. 지금까지 연구를 공개적으로 해왔다면 상관없지만 비공개적이었던 경우에는 각별히 유의할 필요가 있다. 철수상황 자체가 연구대상자들에게 영향을 미칠 수 있을 뿐 아니라, 연구대상자들이 몰래 관찰된 사실을 안다면 연구자에 대해 나쁜 감정을 폭발시킬지도 모르기 때문이다.

여섯째, 자료분석 및 보고를 한다. 자료의 처리, 분석, 해석을 한 후 보고서 작성을 마침으로써 참여관찰을 완료한다.

## 2) 심층면접

심층면접은 응답의 이유, 의견, 가치, 동기, 경험 등 언어적인 표현뿐만 아니라 몸짓, 표정 등 비언어적인 반응까지 관찰이 가능하다. 개인면접과 달리 면접시간이 많이 걸리고 내용도 깊어져서 매우 상세한 정보를 얻을 수 있다. 심층면접은 무작위 표집방법을 사용하지 않고 표본수도 작기 때문에 면접의 결과를 일반화시키는 데 무리가 있고 조사과정에서 면접위원의 편견 개입 등이 문제가 된다.

### (1) 비공식 대화면접

가장 개방적인 면접형태로서 관찰과정 중에서 면접자와 응답자 사이에 계획되지 않고 예측되지 않는 상호작용이다. 이 방법은 연구자가 현장관찰을 시행하고 있으면서 연구자가 관찰하고 있는 사람들이 현재 일어나고 있는 일에 대해 어떻게 생각하는지에 대한 이해를 극대화하고자 할 때 자연스럽게 일어나는 면접의 유형이다.

#### (2) 면접지침 접근법

면접에 대해 미리 계획하여 개방적이지만 비공식 대화면접보다는 더 구조화된 면접지침을 가지고 관찰하는 면접법이다. 이 방법은 사전에 계획되어 면접자의 편견을 줄일 수 있고 면접 후 자료분석이나 보고서 작성에 더 효과적이다. 면접지침 접근법은 고도로 구조화된 면접법의 경우 면접이 부자연스러워지고 면접자가 예상하지 못했던 상황에 대한 질문의 준비 등 융통성이 없다는 단점과 완전히 구조화되어 있지 않은 비공식 대화면접의 단점을 보완한 형태라고 볼 수 있다.

#### (3) 표준화 개방형 면접

면접에서 하게 될 질문을 미리 정확하게 써놓고 순서와 표현에 주의를 기울이면서 면접하는 방법이다. 면접자의 영향과 편견을 최소화하면서 일관성을 유지하고 자원이 부족하여 응답자와 포괄적으로 면접을 추구할 시간이 없을 때 유용한 방법이다.

### 3) 역사연구

역사연구는 어느 특정 시대나 지역, 특별한 소그룹이나 국가에 대한 관심을 넣어서 통시적으로 사회적 형태의 발전을 추적하고 그러한 문화 간의 발전적 과정을 비교하는 연구이다. 역사연구는 어떠한 현상의 변화, 발전과정을 통시적으로 고찰하면서 과거의 시대적 현상과의 관계를 설명하여 그 현상에 대한 이론을 체계화하는 데 그 목적이 있다.

### 4) 사례연구

연구자에 따라 사례연구의 목적이나 응용방법이 조금씩 달라질 수 있다.

먼저 탐색적 사례연구는 연구자가 선택한 특정 사례에 대한 보다 나은 이해를 얻고자 하는 탐구적 목적에서 이루어진다.

두 번째인 도구적 사례연구는 특정한 사례를 검토 연구함으로써 기존의 이론을 더욱 발달시키거나 문제점을 분석해 보고자 하는 도구적 의도를 지니고 있다.

세 번째인 집합적 사례연구이다. 이 사례연구는 연구대상 사례가 지닌 어느 한 가지 측면에 특별한 관심을 집중하기보다는 모집단이나 보편적인 조건 혹은 관련 현상 등을 하나로 연계한 다양한 관심사항들을 총체적으로 탐구하려는 경우이다.

### 5) 민속지학

민속지학(ethnography)이란 연구자가 오랜 기간 동안 한 장소에서 연구대상자와 자연스럽게 함께 거주하면서 관찰하는 과정을 말한다. 인류학자와 사회학자에 의해 처음으로 시행된 민속지학은 점차 확대되어 이제 사회과학 전반에 걸쳐 시행되고 있다. 민속지학에서는 관찰, 면접, 일지기록, 현존 서류분석, 사진, 비디오 녹화 등 상당히 다양한 연구기법이 사용되는데 질적 연구방법인 현지관찰, 집중진단, 심층면접, 사례연구 중 몇 가지를 중복해서 사용한다.

### 6) 포커스 그룹 면접

수용자나 소비자의 태도와 행위를 이해하기 위해 동원되는 연구전략이다. 6명에서 12명을 동시에 면접하는데 핵심주제에 대해 상대적으로 자유로운 토론을 하게 되고 응답자들을 이끄는 한 사람의 사회자가 있다. 포커스 그룹 면접은 어떤 주제나 현상에 대해 예비적인 정보를 수집하는 데 주로 사용되며 예비조사로 다른 조사방법을 이용하는 조사를 발전시키기 위한 아이디어를 발견하는 데 활용된다.

### 7) 내러티브 탐구

내러티브 탐구(narrative inquiry)는 설화적 조사라도고 하며, 조사문제나 주제를 이야기 식으로 서술하는 조사이다. 조사대상자로 하여금 자연스럽게 그의 어린 시절부터 현재에 이르게 된 과정까지 이야기하게 함으로써 조사대상자의 성장 과정을 이해하는 것이다. 이때 조사자의 의견이나 이론적 전제가 조사 과정에 영향을 미치지 않도록 조심해야 한다.

내러티브 탐구 절차는 한 개인 또는 2명 이상의 개인의 개인적 또는 사회적 이야기를 찾아내는 데 초점을 두고 조사문제 선정 → 장시간 면접을 통해 생활 이야기를 들려주고 필요한 경우에 증거 자료를 보여줄 수 있는 1명이나 2명 이상의 개인 선택 → 개인의 생활 이야기를 시간 순으로 재구성 → 조사대상자를 조사 과정에 관여시켜 개인의 내러티브를 만드는 순으로 진행된다.

### 8) 참여행동연구

참여행동연구에서는 연구대상자들이 보통 소외계층인 경우가 많고 연구자는 이들이 자신들의 이익을 위해 효과적으로 일할 수 있는 기회를 제공하는 역할을 수행한다. 연구대상자들이 그들의 문제를 정의하고 필요한 해결책을 찾으며 그들의 목적을 실현시키는 데 도움이 될

만한 연구가 어떻게 설계되어야 하는지를 이끌어 간다.

이 연구는 조사연구가 단순히 지식생산의 수단만이 아니라 교육과 의식 개발, 그리고 그런 의식을 행동으로 옮기는 수단으로 기능해야 한다는 신념을 토대로 한다.

그리고 참여행동연구를 옹호하는 사람들은 전통적인 연구가 연구의 주체를 연구의 객체로 환원하는 일종의 엘리트 모델이라고 비판하면서 조사자와 조사대상자 간의 구분이 사라져야 한다고 주장한다. 따라서 조사자뿐 아니라 조사대상자도 조사설계를 비롯한 모든 연구 과정에 참여하여 공동으로 책임지는 관계 속에서 연구가 진행된다.

## 3. 질적 연구의 과정

질적 연구는 일반적으로 다음의 과정을 거쳐 이루어진다.

### 1) 연구주제 및 연구절차 결정

연구주제와 관련된 선행연구와 배경이 되는 이론을 파악하고 이에 입각한 연구대상자와 자료수집 및 자료분석의 연구절차를 결정한다. 기존 연구결과에 나타난 자료수집과정이나 연구대상자 선정의 장애요소 등을 참고하여 구체적으로 계획한다.

### 2) 자료수집 및 자료분석

질적 연구에서는 문헌고찰을 비롯하여 연구자가 문제해결에 적합한 대상에 접근하여 직접 보고 듣고 느끼는 모든 상황을 자료로 수집하게 된다(표집). 이때 연구자는 주관적인 태도와 편견을 가지고 관찰을 시작하므로 연구대상자와의 적절한 관계를 유지하여 중립성을 지켜나가야 한다(관찰). 또한 연구자는 자료수집 기술을 전제로 수집되는 자료를 정리하고 부호화하여 다른 자료와 비교함으로써 개별사례에 의한 잘못된 일반화 또는 해석의 오류를 줄여야 한다(부호화). 부호화된 자료는 그 자료가 어떤 의미를 갖는지 알기 위하여 분류하고, 이 과정에서 누락된 관찰과 앞으로 해야 할 관찰 등에 대한 정보가 제공된다.

이러한 과정은 관찰이 진행되는 동안 환류를 통하여 반복되면서 이론이 형성된다. 케인(Kahane)은 자료를 분석하는 과정에서 범하기 쉬운 문제들을 다음과 같이 말하고 있다.

### (1) 편협성

연구자의 주관성과 편견에 따라 발생하는 오류로서, 특히 비교문화 연구에서 명백하다.

### (2) 원주민화

연구자가 연구대상에 너무 몰입(동일시)하게 되면 나타나는 오류로서, 자신의 정체성을 상실하고 분석을 하는 데 있어서 연구대상자의 입장과 견해를 갖게 되는 경우가 있다.

### (3) 감정적 반응

연구자가 아동학대나 노숙, 아내 구타와 같은 강한 개인적인 반응이나 견해를 가지고 있는 이슈들을 조사할 때 연구대상에 대해 감정적인 반응을 일으킬 수 있다.

#### (4) 성급한 결론

근거자료에 의하여 본질적으로 합당한지를 판단하지 못하고 성급하게 결론을 내리는 오류이다.

#### (5) 의심스러운 원인

어떤 연구결과에 대한 원인을 잘못 판단하여 내리는 오류이다. 예컨대 경기침체로 인해 유료복지시설이 폐쇄되었음에도 운영미숙의 원인으로 폐쇄되었다고 잘못 결론을 내리는 경우이다.

#### (6) 보이지 않는 증거

연구자가 합당하게 추정한 관찰이나 결론을 언급하지 않음으로써 나타나는 오류이다.

#### (7) 잘못된 딜레마

잘못된 문제를 제기함으로써 나타나는 오류이다.

### 3) 보고서 작성 및 결과보고

자료분석의 결과는 보고서로 작성한다. 보고서는 문제의 제기와 기존 이론의 탐색, 연구의 방법 및 분석과 요약으로 구성되는 것이 일반적이다. 양적 연구와 달리 질적 연구는 자료수집과 분석이 동시에 이루어지기 때문에 기술할 때도 자료수집과 분석을 동시에 하여야 하며 분석적 서술 방법을 많이 활용한다. 분석적 서술은 목록부호화와 분석적 메모 및 추상화의 과정에 의하여 제시되는 분류 간의 관계나 형성된 가설 등을 뒷받침하기 위하여 현장기록 가운데 가장 적절한 전형적 자료를 직접 인용하여 사용하는 것이다.

### 4) 양적 연구와 질적 연구의 비교

〈표 12-1〉 양적 연구와 질적 연구의 비교

| 구 분 | 양적 연구 | 질적 연구 |
|---|---|---|
| 관련 이론 | • 체제이론, 구조적 기능주의<br>• 행동주의, 논리실증주의 | • 민속지학, 이상주의, 현상학<br>• 근거이론, 상징적 상호작용이론 |
| 주요 개념 | • 통계분석, 조작적 정의<br>• 조작화된 변인, 신뢰도, 타당도 | • 의미분석, 일상생활 이해<br>• 실제적 목적, 사회적 구성 |
| 연구성격 | • 이론에서 자료를 검증(연역적 방법)<br>• 연구자의 주관성 배제<br>• 객관성 유지(연구자 교체 가능 : 전문가 역할)<br>• 객관적 실재, 양(수), 확정적<br>• 연구대상자와 제한, 격리 | • 자료에서 이론을 도출(귀납적 방법)<br>• 연구자와 대상자의 주관성 인정<br>• 일관성 유지(연구자와 연구대상자 교체 불가 : 학습자 역할)<br>• 구성된 실재, 질(본성), 제안적<br>• 공간적 신뢰 강조, 긴밀한 접촉 |
| 연구방법 | • 논리 실증주의적(실험확증적)<br>• 통계적, 축소주의적, 결과지향적<br>• 논리 경험주의적(확률적), 객관적, 형식적, 질문조사(횡단연구)<br>• 행동의 규칙성과 안정성 중시<br>• 변인에 대한 통제와 측정 가능<br>• 기계론적 관점, 외부자의 관점(비자료), 연구방법 우선 · 추론적, 이론검증, 사실구성, 예측 | • 현상학적, 탐색적, 확장주의적<br>• 과정지향적, 주관적, 직관적<br>• 해석적, 서술적, 자연주의적, 상호작용, 사례연구(종단연구)<br>• 행동의 가변성과 역동성 중시<br>• 변인에 대한 통제 불가능<br>• 인간의 의도 중시, 내부자적 관점(자료), 연구내용 우선<br>• 현실세계 기술, 근거되는 이론 개발, 이해를 높임 |
| 일반화 | • 일반화 가능성 높음 | • 일반화 가능성 낮음 |
| 자료수집 | • 자료수집 후 통계적 분석<br>• 구조화된 조사표, 질문지<br>• 인구통계학적 분석(경성자료)<br>• 대규모 확률표본 추출<br>• 계량화를 위한 부호화<br>• 통제집단이 있음. 표본이 정확<br>• 제한된 체계, 목록, 컴퓨터, 척도 | • 지속적 자료수집과 귀납적 분석<br>• 비구조화된 참여관찰, 심층면접, 사적 기록물(연성자료)<br>• 소규모 임의표본 추출<br>• 준거적 선택, 의미분석<br>• 비대표적 · 이론적인 표집<br>• 개방적 면접, 녹음기, 현장노트 |

사례로 본 사회복지조사

## 작년 1인당 진료비 1위 전남 신안군, 최저는 수원 영통구

지난해 국내 의료보장(건강보험+의료급여) 진료비가 사상 처음 100조 원을 돌파했다. 1년 새 10%가 늘었고, 1인당 진료비도 8.6% 증가해 200만 원대가 됐다.

27일 국민건강보험공단이 발간한 '2021 지역별 의료이용 통계연보'에 따르면, 지난해 전국 의료보장 진료비는 105조 2,248억 원으로 전년(95조 6,940억 원)보다 9조 5,308억 원(10%) 상승했다. 올해로 16번째 발간된 통계연보에서 총 진료비가 100조 원을 넘은 것은 처음이다.

연간 1인당 진료비도 2020년 197만 원에서 지난해 214만 원으로 높아졌다. 코로나19 대유행이 진료비를 끌어올렸을 가능성이 있고, 고령화로 인한 노인 인구 증가도 영향을 미쳤을 것으로 추정된다. 지난해 의료보장 적용 인구는 5,293만 명으로 전년(5,287만 명)에 비해 0.1% 증가에 그쳤지만 65세 이상 노인은 5.1% 늘었다.

지역별 1인당 연간 진료비 격차는 최대 2.5배나 됐는데, 이 또한 노인 인구와 관련이 있다. 지난해 연평균 1인당 진료비 상위 1~3위는 전남 신안군(364만 3,066원), 전남 강진군(359만 4,840원), 전남 부안군(355만 6,737원)이다. 신안군의 경우 전국 평균보다 약 150만 원이 많았다.

하위 1~3위는 경기 수원시 영통구(148만 6,670원), 화성시(161만 3,153원), 용인시 수지구(164만 1,327원)이다. 상위 1~3위가 노인 인구 비중이 높은 반면 하위 1~3위는 모두 젊은 층이 많이 거주하는 경기도의 신도시 지역이었다. / 한국일보 2022-10-27

### 생각해 봅시다

- 지역별 의료이용 통계연보는 국민건강보험공단이 건강보험 및 의료급여 수급권자의 시 · 군 · 구별 의료이용 현황을 조사하여 발표하는 통계입니다. 의료보장 적용인구, 진료실적 현황, 주요 암질환 및 만성질환 현황, 다(多)빈도 상병 현황 등 총 9개의 주제로 구성되어 있습니다. 진료비의 증가로 인하여 나타날 수 있는 여러 현상에 대하여 살펴봅시다.

CHAPTER 12

# 관련문제

**1. 양적 연구와 질적 연구를 통합한 혼합연구방법에 관한 설명으로 옳지 않은 것은?** 〈11회〉

① 양적 연구의 결과에서 질적 연구가 시작될 수 있다.
② 두 가지 연구방법 모두에 대한 전문적 지식이 필요하다.
③ 연구자에 따라 두 가지 연구방법의 비중은 상이할 수 있다.
④ 다양한 패러다임을 수용할 수 있어야 한다.
⑤ 질적 연구결과와 양적 연구결과는 상반될 수 없다.

**2. 양적 연구방법에 관한 설명으로 옳은 것은?** 〈13회〉

① 심층규명(probing)을 한다.
② 연구자의 주관성을 활용한다.
③ 선(先)이론 후(後)조사의 방법을 활용한다.
④ 연구도구로서 연구자의 자질이 중요하다.
⑤ 주로 사용되는 자료수집 방법은 면접과 관찰이다.

**3. 다음은 어떤 연구에 관한 설명인가?** 〈11회〉

- 연구자가 연구대상자보다 우위에 있다는 암묵적 가정에 도전한다.
- 연구대상자는 자신의 문제와 해결책을 스스로 정의한다.
- 연구대상자는 연구설계에 주도적 역할을 수행한다.

① 현상학
② 문화기술지
③ 근거이론
④ 참여행동연구
⑤ 내러티브탐구

**4. 현장연구조사의 특성으로 옳은 것은?** 〈10회〉

① 모수(parameter)를 추정하는 것을 목적으로 한다.
② 원하는 변수를 미리 설정하여 측정한다.
③ 연구대상자를 자연적 상황에서 탐구할 수 있다.
④ 가설을 계량적으로 검증할 수 있다.
⑤ 장기간에 걸친 사회적 과정을 연구하는 데 부적합하다.

**5. 질적 연구의 조사도구에 관할 설명으로 옳은 것을 모두 고른 것은?** 〈12회〉

가. 서비스평가에서 정성적 차원을 분석할 수 있다.
나. 양적 도구가 아니므로 신뢰도를 따질 수 없다.
다. 연구자 자신이 도구가 된다.
라. 구조화와 조작화의 과정을 거친다.

① 가, 나, 다　② 가, 다
③ 나, 라　④ 라
⑤ 가, 나, 다, 라

정답 1. ⑤ 2. ③ 3. ④ 4. ③ 5. ②

CHAPTER

# 13

# 조사보고서의 작성

1. 조사보고서의 개요
2. 보고서 작성 시 유의사항
3. 보고서의 구성
4. 주와 참고문헌

CHAPTER 13

# 조사보고서의 작성

## 1. 조사보고서의 개요

### 1) 보고서 작성의 목적

조사연구의 마지막 단계가 보고서 작성(reporting)이다. 사회조사에서 보고서는 연구의 결과물을 문서로 최종 정리한 것이다. 아무리 훌륭한 조사연구를 수행했다 하더라도 그 결과를 보고서로 만들지 않으면 조사는 쓸모가 없다. 말하자면 보고서는 조사를 완성하는 것이다.

보고서는 연구자의 조사결과를 동료 연구자는 물론 대중에게 공개하는 것이 목적이다. 연구결과를 공개하는 이유는 그러한 연구결과를 원하는 모든 사람들로 하여금 그 내용이나 정보를 공유하게 만드는 것이다. 연구결과의 공개와 공유는 인류의 복지에 기여한다. 우리는 뉴턴(Newton)의 만유인력의 법칙과 아인슈타인(Einstein)의 상대성 원리로부터 많은 혜택을 향유하고 있는데, 그들의 연구결과가 모든 인류에게 공개되었기 때문에 가능한 일이다.

그리고 연구결과가 공개되면 그것이 타당한지 과학적이고 객관적인지 여부도 검증받을 수 있다. 학술지에 연구결과가 게재될 경우 게재여부의 심사과정에서 그 타당성과 객관성이 충분히 검증된다. 그러나 학술지에 게재된 논문이라도 일정 기간 후 부정되는 경우도 없지 않다. 이런 것도 연구결과가 공개되었기 때문에 가능한 일이다.

따라서 조사연구보고서는 조사목적을 달성하기 위하여 조사 결과 발견한 사항들과 이로부터 추론한 내용을 조사문제, 조사대상, 조사방법, 조사절차 등과 함께 체계적으로 정리하여 독자인 내부의 행정책임자, 조사의뢰기관, 지역사회 주민, 일반시민, 학계 등 관련 당사자들에게 직접 제시하는 문서이다.

## 2) 보고서 작성의 유형

### (1) 탐색적 조사연구보고서

조사문제를 규명하거나 가설을 정립하는 데 도움을 주는 성격의 보고서로서 향후 보다 논리적이고 정교한 조사를 실시하도록 하기 위해 수행된 조사의 결과를 보고하는 것이다.

### (2) 기술적 조사연구보고서

조사문제와 관련된 사회적 현상의 특성과 변수 간의 상호 관계성을 서술, 묘사하기 위해 수행된 조사의 결과를 보고하는 것이다.

### (3) 설명적 조사연구보고서

변수와 변수 간의 인과관계를 밝히기 위해 수행된 조사결과를 보고하는 것으로, 인과관계를 설명함에 있어서 독자들이 이 관계를 어느 정도 신뢰할 수 있는지를 판단할 수 있는 근거를 제시해 주어야 한다.

### (4) 제안적 조사연구보고서

수집된 자료의 분석결과에 따라 특정한 정책대안이나 개입방안 창안을 보고하는 것이다.

## 2. 보고서 작성 시 유의사항

연구자가 보고서를 작성할 때 몇 가지 유념해야 할 사항들이 있다.

첫째, 알기 쉽게 기술해야 한다. 연구내용과 연구결과를 보는 사람이 쉽게 이해할 수 있도록 간결하고 평이하게 기술해야 한다는 것이다. 어려운 용어, 긴 문장, 은어, 특수한 용어 등은 사용하지 말아야 한다.

둘째, 보고서 작성의 일반적 순서를 지켜야 한다. 다음에 서술할 보고서 구성에서 보듯이 서론, 이론적 배경, 연구방법, 연구결과의 분석, 결론 등 보고서에 반드시 들어가야 할 내용들을 순서대로 기술해야 한다.

셋째, 보기 쉽게 편집해야 한다. 한 면에 들어가야 할 적당한 분량, 적절한 문단 나누기, 표와 그림의 적절한 배치, 장과 절의 배합, 장, 절별 활자의 크기 등에 유념하여 보고서를 보는 사람이 내용을 파악하기 쉽게 시각적 배치를 잘해야 한다.

## 3. 보고서의 구성

보고서의 내용과 구성은 그것의 성격에 따라 다르다. 연구용역을 받아 만들어진 보고서와 일반 학술지에 실린 논문의 구성이 다르고, 자연과학 논문과 사회과학 논문의 구성이 다르다. 그러나 사회조사를 통해 수집된 자료를 분석해 발표되는 조사보고서는 기본적으로 그 구성이 대동소이하다. 자연과학과 사회과학 조사연구보고서도 보고서 분량의 차이는 있을지언정 목차구성은 비슷하다.

첫째, 연구제목 및 초록이다. 연구제목은 연구주제를 잘 나타내는 것이어야 한다. 연구제목이 너무 긴 것은 좋지 않다. 초록은 연구내용을 요약, 정리한 것이다. 초록은 연구목적을 분명히 드러내야 하고, 연구내용을 잘 함축하고 있어야 한다.

둘째, 서론이다. 보통 서론에서는 연구의 목적이나 필요성, 연구하고자 하는 내용, 연구의 개괄적인 방법 또는 접근방법 등을 서술한다. 즉, 분석단위, 변수, 가설, 조작적 정의 등에 대한 논의가 포함된다.

셋째, 이론적 배경이다. 연구주제와 관련된 기존의 이론들을 정리하고 분석한다. 가설-검증 연구인 경우 이론적 배경의 분석을 통해 연구자의 가설을 설정한다. 이론적 연구는 문헌연구에 의존한다.

넷째, 조사방법이다. 조사설계(실험연구, 질문지조사), 조사대상(조사단위, 표집방법), 자료수집방법(우편조사, 전화조사, 이메일조사, 면접조사), 측정도구(척도, 변수), 자료분석방법(통계기법) 등 조사에 필요한 각종 사항을 자세히 설명한다.

다섯째, 조사결과의 분석 및 제시이다. 조사내용 및 분석결과를 목차별로 상세히 정리해서 보고한다. 기술적 연구인 경우 자료의 통계치를, 가설검증 연구일 경우 가설의 수용 또는 기각 여부를 밝힌다.

여섯째, 결론이다. 보통 조사결과를 요약하고 그것의 이론적 또는 실천적 의미와 의의를 정리, 제시한다. 조사결과의 한계와 후속연구의 필요성에 대해서도 기술한다.

일곱째, 참고문헌이다. 연구에 직접 인용했거나 참고한 문헌들(논문 및 단행본, 인터넷에 공개된 자료인 경우 해당 인터넷 주소)을 목록으로 정리해서 제시한다. 본문에 직접 인용되지는 않았지만 다른 연구자들에게 필요한 것으로 인정되는 자료들은 부록의 형태로 첨부한다.

여덟째, 부록이다. 본문에 포함시키기에는 너무 양이 많고 번잡한 자료지만 연구목적에 비추어 버리거나 생략하기는 곤란한 경우 부록으로 보고서 말미에 첨부한다. 예를 들어, 질문지, 비교적 덜 중요한 통계자료, 그림 등이 있다.

## 4. 주와 참고문헌

보고서의 구독효율을 높이기 위해서는 주와 참고문헌을 적절히 활용해야 한다. 주란 글이나 말의 뜻을 자세히 풀어주거나 보충 설명해 주는 글이나 말을 말한다. 주를 적절히 활용하면 내용전달이 무척 쉬워진다. 주는 각주, 내주, 미주로 구분된다. 각주는 해당 페이지의 말미에 붙이는 주이다. 내주는 해당 페이지 문장 내부에 붙이는 주이다. 보통 괄호 안에 넣어 설명하는 형식을 취한다. 미주는 보고서 말미에 주를 순서대로 정리해 붙이는 주이다. 이 세 가지 방법 중 어느 것을 선택해도 무방하지만, 하나로 통일해야 한다. 다시 말해, 어떤 페이지는 내주로, 어떤 페이지는 각주로 하면 안 된다는 것이다.

참고문헌은 연구자가 연구에 참고한 선행연구들의 목록이다. 연구에 직접적으로 인용한 문헌자료는 반드시 밝혀야 하며, 직접 인용하지 않았지만 간접적으로 관련이 있는 문헌자료도 밝히는 것이 좋다. 그리고 주와 참고문헌에서 중요한 것이 문헌을 표현하는 양식이다. 문헌양식은 상당히 다양하다. 그러나 반드시 들어가야 할 사항은 저자 이름, 저서명 또는 논문 제목, 출판년도, 출판사 등이다. 단, 그 순서는 조금씩 다르다.

이상과 같은 문헌양식에 나타난 각종 부호들, 즉 마침표, 쉼표, 괄호 등은 물론 글씨체(이탤릭체와 명조체)와 띄어쓰기에 유념해야 하며, 모든 문헌자료는 동일한 양식으로 기술해야 한다(문헌양식의 통일). 그리고 출판사 이름과 함께 출판사가 위치한 도시명도 명기하는 경우가 있는데, 사실 출판사 위치와 도시명은 반드시 필요한 것은 아니다. 영문도서인 경우 대부분 출판사 이름과 출판사 위치 도시명이 병기되어 있다. 여기에는 이유가 있다. 출판사 위치명이 뉴욕이면 미국, 런던이면 영국, 시드니면 호주에서 출판된 것이라는 사실을 알 수 있는 것이다. 그러므로 한글로 된 도서라면 구태여 서울이라는 도시명을 밝히지 않아도 된다. 물론 도시명을 병기해도 문제가 없다.

사례로 본 사회복지조사

## ‘취준생 줄고 저임금 감소’ … 청년 고용, 바닥 벗어났지만

코로나19에 따른 사회적 거리두기가 5월 초에 풀리면서 바닥으로 떨어졌던 청년 고용도 반등했다. 경기 침체 우려로 기업의 청년 채용 축소 가능성이 적지 않아 안심하긴 이르다.

통계청이 19일 발표한 ‘2022년 5월 경제활동인구조사 청년층 부가조사 결과’를 보면, 5월 기준 15~29세 청년의 고용 성적은 1년 전 같은 기간보다 대부분 나아졌다. 2020년 초 코로나19 발생 직후 고꾸라졌다가 올해 방역 조치 완화로 코로나19 이전 수준까지 회복한 전체 일자리 지표와 비슷한 흐름이다.

대표 고용 지표인 청년 취업자는 410만 4,000명으로 전년 대비 19만 6,000명 증가했다. 코로나19가 고용시장에 큰 충격을 줬던 2020년 5월보다 33만 4,000명 늘었다. 청년 실업자는 32만 명으로 2020년 42만 6,000명, 2021년 40만 2,000명에 비해 크게 떨어졌다.

직장을 구한 청년이 늘고 실직자는 줄면서 고용률, 실업률도 반등했다. 전년과 비교한 5월 청년 고용률, 실업률은 각각 44.4→47.8%, 9.3→7.2%로 개선됐다. 고용률, 실업률 역시 2020년 5월과 비교하면 회복세는 더욱 가파르다.

청년 일자리의 질도 다소 괜찮아졌다. 고등학교, 대학 졸업 후 첫 직장에 취업할 당시 청년 월급이 200만 원 미만인 경우는 전체의 67.9%로 전년 대비 5.4%포인트 줄었다. 이에 비해 200만 원 이상 월급을 받은 청년은 5.4%포인트 늘어난 32.1%였다.

다만 청년 임금은 올해 월급으로 환산한 최저임금(주 40시간 근무) 191만 원을 밑도는 경우가 적지 않았다. 학교 졸업 후 원하는 직장을 아직 구하지 못하고 당장 수입원이 필요해 단시간 일자리를 선택하는 청년이 그만큼 많다는 뜻이다. / 한국일보 2022-7-19

### 생각해 봅시다

- 최저임금과 근로의욕은 어떤 관련이 있을까요?

CHAPTER 13

# 관련문제

**1. 다음 중 조사보고서에 반드시 들어갈 기본구조에 해당하지 않는 것은?**

〈6회〉

① 표제와 목차　　② 개요
③ 결론 및 제언　　④ 참고문헌
⑤ 연구비 결산내역

**2. 조사보고서 작성에 있어서 옳지 않은 것은?** 〈5회〉

① 정확하고 체계적으로 기술해야 한다.
② 독자들이 충분히 이해할 수 있는 수준으로 기술해야 한다.
③ 서론에는 연구목적, 연구결과의 함의를 기술해야 한다.
④ 본론에는 이론적 배경, 연구방법, 연구결과를 제시해야 한다.
⑤ 결론에는 본문의 핵심내용, 후속 연구에의 제언을 제시해야 한다.

**3. 연구보고서 작성 시 고려해야 하는 요인을 모두 고른 것으로 이루어진 것은?** 〈2회〉

| 가. 연구목적 | 나. 독자수준 |
|---|---|
| 다. 보고서 형식 | 라. 가설설정 |

① 가, 나, 다　　② 가, 다
③ 나, 라　　④ 라
⑤ 가, 나, 다, 라

정답 1. ⑤ 2. ③ 3. ①

# [ 부록 ]

본 조사표에 기재된 내용은 통계법 제33조에 따라 비밀이 보장됩니다.

**통계법 제33조(비밀의 보호)**
① 통계의 작성과정에서 알려진 사항으로서 개인이나 법인 또는 단체 등의 비밀에 속하는 사항은 보호되어야 한다.
② 통계의 작성을 위하여 수집된 개인이나 법인 또는 단체 등의 비밀에 속하는 자료는 통계작성 외의 목적으로 사용되어서는 아니 된다.

| ID | | | | |
|---|---|---|---|---|
| | | | | |

## 제5기 지역사회보장계획수립을 위한 지역주민욕구조사

○○○시군구

안녕하십니까?

○○○시군구에서는 「제5기 ○○○시군구 지역사회보장계획(2023~2026)」 수립에 지역주민의 욕구를 반영하도록 하는 「사회보장급여의 이용·제공 및 수급권자 발굴에 관한 법률」 제35조에 근거하여 지역주민욕구조사를 실시하게 되었습니다.

본 조사의 목적은 ○○○시군구 전반의 사회문제를 확인하여 문제 해결의 우선순위와 개입이 필요한 대상을 파악하고 복지서비스 수요를 전망함으로써 향후 ○○○시군구 사회보장부문 정책 기획의 기초자료로 활용하는 것입니다. 귀하가 응답하신 내용은 향후 ○○○시군구 사회보장 정책 수립과 주민들의 삶의 질 향상을 위한 귀중한 정책 자료로서 활용됩니다. 번거롭고 바쁘시더라도 잠시만 시간을 내주셔서 조사에 적극적으로 협조하여 주시기를 부탁드립니다.

귀하께서 말씀해 주신 모든 내용은 통계법 제33조에 따라 확실하게 비밀이 보장되며, 통계 분석 자료 이외의 용도로는 이용되지 않으니 정확하고 솔직하게 응답해 주시기 바랍니다. 조사 중이라도 귀하께서 원하시면 언제든 응답을 중단하실 수 있으며, 이로 인한 불이익은 없습니다.

감사합니다.

2021년 7월

○○○시군구청장 ○○○

**조사원 기입란**

| | | | |
|---|---|---|---|
| 주소 | 시 도 번 호 | | 11) 서울 26) 부산 27) 대구 28) 인천 29) 광주 30) 대전 31) 울산 36) 세종<br>41) 경기 42) 강원 43) 충북 44) 충남 45) 전북 46) 전남 47) 경북 48) 경남 50) 제주 |
| | 시 군 구 번 호 | | ☞ 리스트 참조해 세 자릿수 기입 |
| | 읍 면 동 번 호 | | ☞ 자체적으로 생성하여 기입 |
| | 세부 주소 | | ☞ 세부주소까지 도로명 주소를 우선으로 기입하고 모르는 경우 지번으로 기입 |
| | | 도로명(신) | ____(시·군·구) ____(도로명)<br>(세부주소) ____ |
| | | 지번(구) | ____(시·군·구) ____(읍·면·동) ____(도로명)<br>(세부주소) ____ |

| | 방문시기 | 방문결과 | 미완사유 |
|---|---|---|---|
| 1차 | __월 __일 __시 __분 | ① 완료 ② 미완 | ※ 미완사유 코드<br>⓪ 비해당(완료)<br>① 늦은 귀가<br>② 장기 출타<br>③ 부재중(원인 미파악)<br>④ 일부 문항 미완<br>⑤ 조사 거부 |
| 2차 | __월 __일 __시 __분 | ① 완료 ② 미완 | |
| 3차 | __월 __일 __시 __분 | ① 완료 ② 미완 | |
| 최종 | __월 __일 __시 __분 | ① 완료 ② 미완 | |

| 조사원 이름 | (인) | 검증원 확인 | ① 완료 ② 미완 | 지도원 확인 | (인) |
|---|---|---|---|---|---|

## A. 가구 일반현황

| 가구주 성명 | 응답자 | | | |
|---|---|---|---|---|
| | 성명 | | 연락처 | - - |

**A1** 가구 일반현황에 대한 문항입니다. 다음 각 항목에 대해 아래 <보기>의 응답코드를 참조해 응답해 주십시오.

**가구원은 지난 1년 중(2020.8.1.~2021.7.31.) 9개월 이상 생계를 같이 하면서 혈연이나 혼인관계 등으로 이어져 있는 가족구성원을 말합니다.**

- 학업(학생), 유학, 군복무(군인), 입원, 요양(노인 등), 해외 및 지방근무를 위해 집을 떠나 있는 경우도 가구원으로 포함합니다.
- 법적 가족관계가 아니더라도, 실질적인 가족(사실혼 등)이면 가구원으로 포함합니다.
- 입주도우미 등 함께 살더라도 생계를 함께 하지 않는 경우는 가구원에 포함되지 않습니다.

**☞면접원** 아래 해당 문항의 응답코드 <보기>를 참고하여 표의 공란에 응답자의 응답에 해당하는 번호를 기입합니다.

**A1-1 총 가구원 수**(응답자 본인 포함 1명 이상) ☐☐ 명

| A1-2 가구원 번호 | A1-3 가구주와 관계 | A1-4 성별 | A1-5 만 연령 | A1-6 교육수준 (최종학력기준) | A1-7 경제활동상태 (지난 3개월) | A1-8 장애 유형 | A1-9 장애 정도 |
|---|---|---|---|---|---|---|---|
| 1 (응답자본인) | | | ☐☐세 | | | | |
| 2 | | | ☐☐세 | | | | |
| 3 | | | ☐☐세 | | | | |
| 4 | | | ☐☐세 | | | | |
| 5 | | | ☐☐세 | | | | |
| 6 | | | ☐☐세 | | | | |
| 7 | | | ☐☐세 | | | | |
| 8 | | | ☐☐세 | | | | |
| 9 | | | ☐☐세 | | | | |
| 10 | | | ☐☐세 | | | | |
| 응답코드 <보기> | ① 가구주<br>② 가구주의 배우자 (사실혼 등 포함, 이하 동일)<br>③ 비혼자녀<br>④ 기혼자녀 혹은 그 배우자<br>⑤ 손자녀 혹은 그 배우자<br>⑥ 가구주 혹은 그 배우자의 부모<br>⑦ 가구주 혹은 그 배우자의 조부모<br>⑧ 가구주 혹은 그 배우자의 형제자매<br>⑨ 기타(직접 내용 기입) | ① 남<br>② 여<br>③ 기타<br>④ 밝히지 않음 | ☞ 주민등록상 생년월일 기준 만 나이 (2021.07.31. 기준)<br>☞ 연령조견표 참조 | ① 미취학 (만5세이하)<br>② 무학<br>③ 초등학교<br>④ 중학교<br>⑤ 고등학교<br>⑥ 대학(4년제 미만)<br>⑦ 대학교 이상<br>☞ 재학 중인 경우는 해당 학력 기재 | ① 상용근로자<br>② 임시·일용 근로자<br>③ 고용주/자영업자<br>④ 무급가족종사자<br>⑤ 일시휴직<br>⑥ 구직활동<br>⑦ 주부<br>⑧ 학업<br>⑨ 무직<br>⑩ 해당없음 (만14세이하) | ① 신체적 장애<br>② 정신적 장애<br>③ 모름<br>④ 해당없음<br>☞ 중복장애의 경우는 주장애 기준으로 응답 (장애정도포함) | (2019년 6월 이전)<br>① 1급<br>② 2급<br>③ 3급<br>④ 4급<br>⑤ 5급<br>⑥ 6급<br>(2019년 7월 이후)<br>⑦ 심한장애<br>⑧ 심하지 않은 장애<br>⑨ 모름<br>⑩ 해당없음 |

:: 제5기 지역사회보장계획 수립을 위한 ○○○시군구 지역주민욕구조사 :: 2

☞면접원 - 모든 가구원 수는 응답자를 포함한 숫자로 기재해 주세요.
- 위의 가구원 현황표와 현황이 일치하는지 확인해 주세요.

| | |
|---|---|
| A1-10 아동(만 17세 이하) 가구원 수 | □□ 명 |
| A1-11 노인(만 65세 이상) 가구원 수 | □□ 명 |
| A1-12 장애인 가구원 수(미등록 포함) | □□ 명 |

**A2** 귀 댁은 다음 각 항목에 해당하는 사항이 있습니까? 가구주를 기준으로 해당하는 곳에 체크(✓)해 주십시오.

☞면접원 위의 가구원 현황표와 현황이 일치하는지 확인해 주세요.

| 귀 댁의 상황 | | 예 | 아니오 | 비해당 |
|---|---|---|---|---|
| A2-1 | 부부가 맞벌이를 하고 있다. | □ ① | □ ② | □ ⑨ |
| A2-2 | 현재 함께 살고 있는 가구원 중에 출생시 국적이나 현재 국적이 외국인 가구원이 있다.(다문화 가족) | □ ① | □ ② | □ ⑨ |
| A2-3 | 국민기초생활보장제도 생계급여 · 의료급여를 수급하고 있다. | □ ① | □ ② | |
| A2-4 | 국민기초생활보장제도 주거급여 · 교육급여를 수급하거나(생계급여 · 의료급여 비해당), 차상위 계층에 해당한다. | □ ① | □ ② | |

**A3** 귀 댁은 현재의 거주지역(해당 시군구)에서 언제부터 살았습니까?

☞면접원 2021.7.31.을 기준으로 최근까지 연속하여 거주한 기간만 해당합니다.

| □□□□ | 년 | □□ | 월부터 |
|---|---|---|---|

:: 제 5 기 지역사회보장계획 수립을 위한 ○○○시군구 지역주민욕구조사 :: 3

## B. 사회보장 관련 욕구

- 사회보장은 모든 국민이 다양한 사회적 위험으로부터 벗어나 행복하고 인간다운 생활을 유지하는데 필요한 제도와 여건을 조성하여 행복한 복지사회 실현을 목표로 합니다.

- B영역에서는 사회보장영역에서 다루는 다양한 사회적 위험과 관련한 욕구를 13개 유형으로 구분하여 다음과 같은 사항을 질문합니다.
  • 해당 사회적 위험에 대해 느끼는 어려움의 정도
  • 해당 위험을 가족 내에서 해결이 어려운 경우 외부 지원과 서비스가 필요한지 여부
  • 중앙정부 또는 지자체가 운영하는 사회보장(복지)서비스 인지 여부, 이용 경험 및 향후 이용 의향

| 구분 | 영역 | 응답 대상 | 해당 페이지 |
|---|---|---|---|
| B1 | 아동돌봄 | 만 17세 이하 아동이 있는 가구만 응답 | ☞ p.5 |
| B2 | 노인돌봄 | 만 65세 이상 노인이 있는 가구만 응답 | ☞ p.6 |
| B3 | 장애인돌봄 | 장애인이 있는 가구만 응답(미등록 포함) | ☞ p.7 |
| B4 | 정신건강 | 모든 가구 응답 | ☞ p.8 |
| B5 | 신체건강 | 모든 가구 응답 | ☞ p.9 |
| B6 | 기초생활유지 | 모든 가구 응답 | ☞ p.10 |
| B7 | 가족 및 사회적 관계 | 모든 가구 응답 | ☞ p.11 |
| B8 | 보호·안전 | 모든 가구 응답 | ☞ p.12 |
| B9 | 교육 | ①, ②, ③: 초·중·고 취학 가구원이 있는 가구만 응답<br>④: 모든 가구 응답 | ☞ p.13 |
| B10 | 고용 | ①, ②, ③, ④, ⑤: 지난 1년간 구직활동(창업) 경험을 한 가구원이 있는 가구만 응답<br>⑥, ⑦, ⑧, ⑨: 지난 1년간 유급노동을 한 가구원이 있는 가구만 응답 | ☞ p.14 |
| B11 | 주거 | 모든 가구 응답 | ☞ p.15 |
| B12 | 법률 및 권익보장 | 모든 가구 응답 | ☞ p.16 |
| B13 | 문화여가 | 모든 가구 응답 | ☞ p.16 |

☞ 응답 대상 확인 후 해당 페이지로 이동

| B1. 아동 돌봄 | 1) 양육비 부담(아동의 양육과정 및 돌봄서비스 이용 등에 소요되는 비용에 대한 부담)<br>2) 양육지원 시설 · 서비스 부족(돌봄에 필요한 시설 및 서비스 이용에 관련한 어려움)<br>3) 경제활동으로 인한 양육시간 부족(직업 등의 이유로 아동돌봄에 참여할 시간이 부족한 경우)<br>4) 양육 관련 정보와 양육 기술 부족(아동 양육 및 발달에 필요한 정보 및 기술 부족)<br>5) 아동의 발달 문제로 인한 어려움(아동의 인지, 정서, 행동 발달상 문제로 인한 어려움) |
|---|---|

☞면접원 B1. 영역은 만 17세 이하 아동이 있는 가구만 응답합니다.
아래 B1-1, B1-2 문항은 아동돌봄에서의 어려움의 경험과 외부 지원 및 서비스의 필요에 관한 문항입니다.

**B1-1** 귀 댁은 지난 1년 중(2020.8.1.~2021.7.31.) 다음의 어려움을 경험하셨습니까?

**B1-2** 귀댁은 해당 어려움을 가족 내에서 해결하기 어려워 외부로부터의 지원 및 서비스가 필요하십니까? (이용여부와 무관하게 필요성을 느끼는 경우 모두 해당)

| | | B1-1 어려움 경험 정도 | | | | | B1-2 외부 지원 및 서비스의 필요성 | | | | |
|---|---|---|---|---|---|---|---|---|---|---|---|
| | | ① 전혀 경험하지 않음 | ② 거의 경험하지 않음 | ③ 가끔 경험함 | ④ 자주 경험함 | ⑤ 매우 자주 경험함 | ① 전혀 필요 없음 | ② 필요 없음 | ③ 보통 | ④ 필요함 | ⑤ 매우 필요함 |
| 아동 양육 부담 | ① 양육비 부담 | □ ① | □ ② | □ ③ | □ ④ | □ ⑤ | □ ① | □ ② | □ ③ | □ ④ | □ ⑤ |
| | ② 양육지원 시설 · 서비스 부족 | □ ① | □ ② | □ ③ | □ ④ | □ ⑤ | □ ① | □ ② | □ ③ | □ ④ | □ ⑤ |
| | ③ 경제활동으로 인한 양육시간 부족 | □ ① | □ ② | □ ③ | □ ④ | □ ⑤ | □ ① | □ ② | □ ③ | □ ④ | □ ⑤ |
| | ④ 양육 관련 정보와 양육 기술 부족 | □ ① | □ ② | □ ③ | □ ④ | □ ⑤ | □ ① | □ ② | □ ③ | □ ④ | □ ⑤ |
| ⑤ 아동의 발달 문제로 인한 어려움 | | □ ① | □ ② | □ ③ | □ ④ | □ ⑤ | □ ① | □ ② | □ ③ | □ ④ | □ ⑤ |

☞면접원 아래 B1-3, B1-4, B1-5 문항은 중앙정부 또는 지자체가 운영하는 사회보장(복지) 지원 및 서비스에 관한 문항입니다.

**B1-3~5** 아동 돌봄과 관련한 중앙정부 또는 지자체가 운영하는 사회보장(복지) 지원 및 서비스의 인지, 이용경험, 향후 이용 의향에 관한 문항입니다. 해당하는 번호에 표시해주시기 바랍니다.

| | B1-3 인지 여부 | | B1-4 이용 경험 | | B1-5 향후 이용 의향 | |
|---|---|---|---|---|---|---|
| | ① 앎 | ② 모름 | ① 있음 | ② 없음 | ① 있음 | ② 없음 |
| ① 양육비 지원 | □ ① | □ ② | □ ① | □ ② | □ ① | □ ② |
| ② 양육지원 시설 · 서비스 | □ ① | □ ② | □ ① | □ ② | □ ① | □ ② |
| ③ 양육 관련 정보 및 기술 지원 서비스 | □ ① | □ ② | □ ① | □ ② | □ ① | □ ② |
| ④ 아동의 발달 문제 지원 서비스 | □ ① | □ ② | □ ① | □ ② | □ ① | □ ② |

| B2. 노인 돌봄 | 1) 개인위생 관리의 어려움(세수, 목욕, 구강관리, 용변처리 등의 어려움)<br>2) 가사활동의 어려움(집안일, 식사준비, 생활필수품 구매 등의 어려움)<br>3) 이동 및 외출의 어려움(이동 및 외출 시 도움이 필요한 경우)<br>4) 재난 관련 대처 어려움(자연재난 및 인적재난으로 인해 겪는 어려움)<br>5) 건강 관련 응급상황 대처의 어려움(심한 출혈, 심장 마비, 의식 상태 변화 등 건강 관련 응급상황)<br>6) 신체적 · 정신적 부담(노인가구원 돌봄으로 인해 가족 구성원이 겪는 신체·정신적 어려움)<br>7) 돌봄비용 부담(노인 가구원 돌봄으로 인해 소요되는 비용의 부담)<br>8) 돌봄시설 및 서비스 부족(돌봄에 필요한 시설 및 서비스 이용에 관련한 어려움) |
|---|---|

☞면접원 B2. 영역은 만 65세 이상 노인이 있는 가구만 응답합니다. (노인 단독가구, 노부부 가구 등 노인만으로 구성된 가구 포함)
아래 B2-1, B2-2 문항은 노인 돌봄에서의 어려움의 경험과 외부 지원 및 서비스의 필요에 관한 문항입니다.

**B2-1** 귀 댁에서 지난 1년 중(2020.8.1.~2021.7.31.) 다음의 어려움을 경험하셨습니까?

**B2-2** 귀댁은 해당 어려움을 가족 내에서 해결하기 어려워 외부로부터의 지원 및 서비스가 필요하십니까?
(이용여부와 무관하게 필요성을 느끼는 경우 모두 해당)

| | | B2-1 어려움 경험 정도 | | | | | B2-2 외부 지원 및 서비스의 필요성 | | | | |
|---|---|---|---|---|---|---|---|---|---|---|---|
| | | ① 전혀 경험하지 않음 | ② 거의 경험하지 않음 | ③ 가끔 경험함 | ④ 자주 경험함 | ⑤ 매우 자주 경험함 | ① 전혀 필요 없음 | ② 필요 없음 | ③ 보통 | ④ 필요함 | ⑤ 매우 필요함 |
| 일상생활의 어려움 | ① 개인위생 관리의 어려움 | □ ① | □ ② | □ ③ | □ ④ | □ ⑤ | □ ① | □ ② | □ ③ | □ ④ | □ ⑤ |
| | ② 가사활동의 어려움 | □ ① | □ ② | □ ③ | □ ④ | □ ⑤ | □ ① | □ ② | □ ③ | □ ④ | □ ⑤ |
| | ③ 이동 및 외출의 어려움 | □ ① | □ ② | □ ③ | □ ④ | □ ⑤ | □ ① | □ ② | □ ③ | □ ④ | □ ⑤ |
| 긴급상황 대처의 어려움 | ④ 재난 관련 대처의 어려움 | □ ① | □ ② | □ ③ | □ ④ | □ ⑤ | □ ① | □ ② | □ ③ | □ ④ | □ ⑤ |
| | ⑤ 건강 관련 응급상황 대처의 어려움 | □ ① | □ ② | □ ③ | □ ④ | □ ⑤ | □ ① | □ ② | □ ③ | □ ④ | □ ⑤ |
| 돌봄 부담 | ⑥ 신체적 · 정신적 부담 | □ ① | □ ② | □ ③ | □ ④ | □ ⑤ | □ ① | □ ② | □ ③ | □ ④ | □ ⑤ |
| | ⑦ 돌봄비용 부담 | □ ① | □ ② | □ ③ | □ ④ | □ ⑤ | □ ① | □ ② | □ ③ | □ ④ | □ ⑤ |
| | ⑧ 돌봄시설 및 서비스 부족 | □ ① | □ ② | □ ③ | □ ④ | □ ⑤ | □ ① | □ ② | □ ③ | □ ④ | □ ⑤ |

☞면접원 아래 B2-3, B2-4, B2-5 문항은 중앙정부 또는 지자체가 운영하는 사회보장(복지) 지원 및 서비스에 관한 문항입니다.

**B2-3~5** 노인 돌봄과 관련한 중앙정부 또는 지자체가 운영하는 사회보장(복지) 지원이나 서비스의 인지, 이용 경험, 향후 이용 의향에 관한 문항입니다. 해당하는 번호에 표시해주시기 바랍니다.

| | B2-3 인지 여부 | | B2-4 이용 경험 | | B2-5 향후 이용 의향 | |
|---|---|---|---|---|---|---|
| | ① 앎 | ② 모름 | ① 있음 | ② 없음 | ① 있음 | ② 없음 |
| ① 개인위생 관리 지원 서비스 | □ ① | □ ② | □ ① | □ ② | □ ① | □ ② |
| ② 가사 지원 서비스 | □ ① | □ ② | □ ① | □ ② | □ ① | □ ② |
| ③ 이동 및 외출 지원 서비스 | □ ① | □ ② | □ ① | □ ② | □ ① | □ ② |
| ④ 응급상황 대처 서비스 | □ ① | □ ② | □ ① | □ ② | □ ① | □ ② |
| ⑤ 돌봄 비용 지원 서비스 | □ ① | □ ② | □ ① | □ ② | □ ① | □ ② |

: : 제5기 지역사회보장계획 수립을 위한 ○○○시군구 지역주민욕구조사 : : 6

| B3. 장애인 돌봄 | 1) 개인위생 관리의 어려움(용변처리, 목욕, 구강관리 등의 어려움)<br>2) 가사활동의 어려움(집안일, 식사준비, 생활필수품 구매 등의 어려움)<br>3) 이동 및 외출의 어려움(이동 및 외출 시 도움이 필요한 경우)<br>4) 재난 관련 대처 어려움(자연재난 및 인적재난으로 인해 겪는 어려움)<br>5) 건강 관련 응급상황 대처의 어려움(심한 출혈, 심장 마비, 의식 상태 변화 등 건강 관련 응급상황)<br>6) 신체적 · 정신적 부담(장애인 가구원 돌봄으로 인해 가족 구성원이 겪는 신체·정신적 어려움)<br>7) 돌봄비용 부담(장애인 가구원 돌봄으로 인해 소요되는 비용의 부담)<br>8) 돌봄시설 및 서비스 부족(돌봄에 필요한 시설 및 서비스 이용에 관련한 어려움) |
|---|---|

☞면접원 B3. 영역은 장애인이 있는 가구만(미등록 포함) 응답합니다. (장애인 단독가구 등 장애인만으로 구성된 가구 포함)
아래 B3-1 , B3-2 문항은 장애인 돌봄에서의 어려움의 경험과 외부 지원 및 서비스의 필요에 관한 문항입니다.

**B3-1** 귀 댁에서 지난 1년 중(2020.8.1.~2021.7.31.) 다음의 어려움을 경험하셨습니까?

**B3-2** 귀댁은 해당 어려움을 가족 내에서 해결하기 어려워 외부로부터의 지원 및 서비스가 필요하십니까? (이용여부와 무관하게 필요성을 느끼는 경우 모두 해당)

| | | B3-1 어려움 경험 정도 | | | | | B3-2 외부 지원 및 서비스의 필요성 | | | | |
|---|---|---|---|---|---|---|---|---|---|---|---|
| | | ① 전혀 경험하지 않음 | ② 거의 경험하지 않음 | ③ 가끔 경험함 | ④ 자주 경험함 | ⑤ 매우 자주 경험함 | ① 전혀 필요 없음 | ② 필요 없음 | ③ 보통 | ④ 필요함 | ⑤ 매우 필요함 |
| 일상생활의 어려움 | ① 개인위생 관리의 어려움 | □ ① | □ ② | □ ③ | □ ④ | □ ⑤ | □ ① | □ ② | □ ③ | □ ④ | □ ⑤ |
| | ② 가사활동의 어려움 | □ ① | □ ② | □ ③ | □ ④ | □ ⑤ | □ ① | □ ② | □ ③ | □ ④ | □ ⑤ |
| | ③ 이동 및 외출의 어려움 | □ ① | □ ② | □ ③ | □ ④ | □ ⑤ | □ ① | □ ② | □ ③ | □ ④ | □ ⑤ |
| 긴급상황 대처의 어려움 | ④ 재난 관련 대처의 어려움 | □ ① | □ ② | □ ③ | □ ④ | □ ⑤ | □ ① | □ ② | □ ③ | □ ④ | □ ⑤ |
| | ⑤ 건강 관련 응급상황 대처의 어려움 | □ ① | □ ② | □ ③ | □ ④ | □ ⑤ | □ ① | □ ② | □ ③ | □ ④ | □ ⑤ |
| 돌봄 부담 | ⑥ 신체적 · 정신적 부담 | □ ① | □ ② | □ ③ | □ ④ | □ ⑤ | □ ① | □ ② | □ ③ | □ ④ | □ ⑤ |
| | ⑦ 돌봄비용 부담 | □ ① | □ ② | □ ③ | □ ④ | □ ⑤ | □ ① | □ ② | □ ③ | □ ④ | □ ⑤ |
| | ⑧ 돌봄시설 및 서비스 부족 | □ ① | □ ② | □ ③ | □ ④ | □ ⑤ | □ ① | □ ② | □ ③ | □ ④ | □ ⑤ |
| | ⑨ 장애아동 돌봄 부담 | □ ① | □ ② | □ ③ | □ ④ | □ ⑤ | □ ① | □ ② | □ ③ | □ ④ | □ ⑤ |

☞면접원 아래 B3-3 , B3-4 , B3-5 문항은 중앙정부 또는 지자체가 운영하는 사회보장(복지) 지원 및 서비스에 관한 문항입니다.

**B3-3~5** 장애인 돌봄과 관련한 중앙정부 또는 지자체가 운영하는 사회보장(복지) 지원이나 서비스의 인지, 이용 경험, 향후 이용 의향에 관한 문항입니다. 해당하는 번호에 표시해주시기 바랍니다.

| | B3-3 인지 여부 | | B3-4 이용 경험 | | B3-5 향후 이용 의향 | |
|---|---|---|---|---|---|---|
| | ① 앎 | ② 모름 | ① 있음 | ② 없음 | ① 있음 | ② 없음 |
| ① 개인위생관리 지원 서비스 | □ ① | □ ② | □ ① | □ ② | □ ① | □ ② |
| ② 가사지원 서비스 | □ ① | □ ② | □ ① | □ ② | □ ① | □ ② |
| ③ 이동 및 외출 지원 서비스 | □ ① | □ ② | □ ① | □ ② | □ ① | □ ② |
| ④ 응급상황 대처 서비스 | □ ① | □ ② | □ ① | □ ② | □ ① | □ ② |
| ⑤ 돌봄비용 지원 서비스 | □ ① | □ ② | □ ① | □ ② | □ ① | □ ② |
| ⑥ 장애아동 돌봄 서비스 | □ ① | □ ② | □ ① | □ ② | □ ① | □ ② |

:: 제5기 지역사회보장계획 수립을 위한 ○○○시군구 지역주민욕구조사 :: 7

| **B4. 정신건강** | 1) 정신건강증진의 어려움(진단받지 않은 심리정서적 문제로 인한 어려움),<br>2) 중증정신질환으로 인한 어려움(진단받은 중증의 정신질환으로 인한 어려움)<br>3) 중독으로 인한 어려움(알코올, 약물, 인터넷, 도박중독으로 인한 어려움)<br>4) 자살관련 문제로 인한 어려움(자살생각, 자살시도, 유가족 문제로 인한 어려움)<br>5) 트라우마로 인한 어려움(신체적, 사회적, 정서적, 영적 안녕에 지속적으로 부정적 영향을 주는 해롭거나 위험한 사건으로 인한 어려움) |
|---|---|

☞면접원 아래 B4-1, B4-2 문항은 정신건강에서의 어려움의 경험과 외부 지원 및 서비스의 필요에 관한 문항입니다.

**B4-1** 귀 댁에 지난 1년 중(2020.8.1.~2021.7.31.) 다음의 어려움을 경험하셨습니까?

**B4-2** 해당 어려움을 가족 내에서 해결하기 어려워 외부로부터의 지원 및 서비스가 필요하십니까? (이용여부와 무관하게 필요성을 느끼는 경우 모두 해당)

| | B4-1 어려움 경험 정도 | | | | | B4-2 외부 지원 및 서비스의 필요성 | | | | |
|---|---|---|---|---|---|---|---|---|---|---|
| | ① 전혀 경험하지 않음 | ② 거의 경험하지 않음 | ③ 가끔 경험함 | ④ 자주 경험함 | ⑤ 매우 자주 경험함 | ① 전혀 필요 없음 | ② 필요 없음 | ③ 보통 | ④ 필요함 | ⑤ 매우 필요함 |
| ① 정신건강증진의 어려움 | □ ① | □ ② | □ ③ | □ ④ | □ ⑤ | □ ① | □ ② | □ ③ | □ ④ | □ ⑤ |
| ② 중증정신질환으로 인한 어려움 | □ ① | □ ② | □ ③ | □ ④ | □ ⑤ | □ ① | □ ② | □ ③ | □ ④ | □ ⑤ |
| ③ 중독으로 인한 어려움 | □ ① | □ ② | □ ③ | □ ④ | □ ⑤ | □ ① | □ ② | □ ③ | □ ④ | □ ⑤ |
| ④ 자살관련 문제로 인한 어려움 | □ ① | □ ② | □ ③ | □ ④ | □ ⑤ | □ ① | □ ② | □ ③ | □ ④ | □ ⑤ |
| ⑤ 트라우마로 인한 어려움 | □ ① | □ ② | □ ③ | □ ④ | □ ⑤ | □ ① | □ ② | □ ③ | □ ④ | □ ⑤ |

☞면접원 아래 B4-3, B4-4, B4-5 문항은 중앙정부 또는 지자체가 운영하는 사회보장(복지) 지원 및 서비스에 관한 문항입니다.

**B4-3~5** 정신건강과 관련한 중앙정부 또는 지자체가 운영하는 사회보장(복지) 지원 및 서비스의 인지, 이용 경험, 향후 이용 의향에 관한 문항입니다. 해당하는 번호에 표시해주시기 바랍니다.

| | B4-3 인지 여부 | | B4-4 이용 경험 | | B4-5 향후 이용 의향 | |
|---|---|---|---|---|---|---|
| | ① 앎 | ② 모름 | ① 있음 | ② 없음 | ① 있음 | ② 없음 |
| ① 정신건강증진 서비스 | □ ① | □ ② | □ ① | □ ② | □ ① | □ ② |
| ② 중증정신질환 관련 서비스 | □ ① | □ ② | □ ① | □ ② | □ ① | □ ② |
| ③ 중독 예방 및 치료 서비스 | □ ① | □ ② | □ ① | □ ② | □ ① | □ ② |
| ④ 자살예방 및 상담서비스 | □ ① | □ ② | □ ① | □ ② | □ ① | □ ② |
| ⑤ 트라우마 관련 서비스 | □ ① | □ ② | □ ① | □ ② | □ ① | □ ② |

:: 제5기 지역사회보장계획 수립을 위한 ○○○시군구 지역주민욕구조사 :: 8

| B5. 신체건강 | 1) 신체적 질환으로 인한 어려움(중증 및 만성질환(암, 심혈관 질환, 고혈압, 당뇨 등)으로 인한 통증, 신체적 기능 저하 등)<br>2) 일상적인 신체 건강 관리의 어려움(질병 예방을 위한 신체활동, 영양 관리, 금연, 절주 등의 관리) |
|---|---|

☞면접원 아래 B5-1 , B5-2 문항은 신체건강에서의 어려움의 경험과 외부 지원 및 서비스의 필요에 관한 문항입니다.

**B5-1** 귀 댁에서 지난 1년 중(2020.8.1.~2021.7.31.) 다음의 어려움을 경험하셨습니까?

**B5-2** 해당 어려움을 가족 내에서 해결하기 어려워 외부로부터의 지원 및 서비스가 필요하십니까? (이용여부와 무관하게 필요성을 느끼는 경우 모두 해당)

| | B5-1 어려움 경험 정도 | | | | | B5-2 외부 지원 및 서비스의 필요성 | | | | |
|---|---|---|---|---|---|---|---|---|---|---|
| | ① 전혀 경험하지 않음 | ② 거의 경험하지 않음 | ③ 가끔 경험함 | ④ 자주 경험함 | ⑤ 매우 자주 경험함 | ① 전혀 필요 없음 | ② 필요 없음 | ③ 보통 | ④ 필요함 | ⑤ 매우 필요함 |
| ① 신체적 질환으로 인한 어려움 | □ ① | □ ② | □ ③ | □ ④ | □ ⑤ | □ ① | □ ② | □ ③ | □ ④ | □ ⑤ |
| ② 일상적인 신체 건강 관리의 어려움 | □ ① | □ ② | □ ③ | □ ④ | □ ⑤ | □ ① | □ ② | □ ③ | □ ④ | □ ⑤ |

☞면접원 아래 B5-3 , B5-4 , B5-5 문항은 중앙정부 또는 지자체가 운영하는 사회보장(복지) 지원 및 서비스에 관한 문항입니다.

**B5-3~5** 신체건강과 관련한 중앙정부 또는 지자체가 운영하는 사회보장(복지) 지원 및 서비스의 인지, 이용 경험, 향후 이용 의향에 관한 문항입니다. 해당하는 번호에 표시해주시기 바랍니다.

| | B5-3 인지 여부 | | B5-4 이용 경험 | | B5-5 향후 이용 의향 | |
|---|---|---|---|---|---|---|
| | ① 앎 | ② 모름 | ① 있음 | ② 없음 | ① 있음 | ② 없음 |
| ① 신체적 질환 관련 지원 서비스 | □ ① | □ ② | □ ① | □ ② | □ ① | □ ② |
| ② 일상적인 신체 건강 증진 서비스 | □ ① | □ ② | □ ① | □ ② | □ ① | □ ② |

: : 제 5 기 지 역 사 회 보 장 계 획 수 립 을 위 한 ○ ○ ○ 시 군 구 지 역 주 민 욕 구 조 사 : : 9

| B6. 기초생활유지 | 1) 생계비 부족(식사, 의복 구입 비용 등의 부족)<br>2) 주거비 부족(임차료 납부의 어려움, 유지수선비의 부족 등)<br>3) 의료비 부족(진료비, 수술비, 약제비 납부의 어려움 등)<br>4) 교육비 부족(입학금 및 수업료, 학교급식비, 교과 도서 구입비, 교육 정보화 지원비 부족 등)<br>5) 냉난방비 부족(냉방비, 난방비 납부의 어려움 등)<br>6) 가계 재정 관리의 어려움(수입대비 과도한 지출, 부채/ 신용불량/압류 등) |
|---|---|

☞면접원 아래 B6-1 , B6-2 문항은 기초생활유지에서의 어려움의 경험과 외부 지원 및 서비스의 필요에 관한 문항입니다.

**B6-1** 귀 댁에서 지난 1년 중(2020.8.1.~2021.7.31.) 다음의 어려움을 경험하셨습니까?

**B6-2** 해당 어려움을 가족 내에서 해결하기 어려워 외부로부터의 지원 및 서비스가 필요하십니까? (이용여부와 무관하게 필요성을 느끼는 경우 모두 해당)

| | | B6-1 어려움 경험 정도 | | | | | B6-2 외부 지원 및 서비스의 필요성 | | | | |
|---|---|---|---|---|---|---|---|---|---|---|---|
| | | ① 전혀 경험하지 않음 | ② 거의 경험하지 않음 | ③ 가끔 경험함 | ④ 자주 경험함 | ⑤ 매우 자주 경험함 | ① 전혀 필요 없음 | ② 필요 없음 | ③ 보통 | ④ 필요함 | ⑤ 매우 필요함 |
| 기초 생활 해결의 어려움 | ① 생계비 부족 | □ ① | □ ② | □ ③ | □ ④ | □ ⑤ | □ ① | □ ② | □ ③ | □ ④ | □ ⑤ |
| | ② 주거비 부족(주택구입비 제외) | □ ① | □ ② | □ ③ | □ ④ | □ ⑤ | □ ① | □ ② | □ ③ | □ ④ | □ ⑤ |
| | ③ 의료비 부족 | □ ① | □ ② | □ ③ | □ ④ | □ ⑤ | □ ① | □ ② | □ ③ | □ ④ | □ ⑤ |
| | ④ 교육비 부족 | □ ① | □ ② | □ ③ | □ ④ | □ ⑤ | □ ① | □ ② | □ ③ | □ ④ | □ ⑤ |
| | ⑤ 냉난방비 부족 | □ ① | □ ② | □ ③ | □ ④ | □ ⑤ | □ ① | □ ② | □ ③ | □ ④ | □ ⑤ |
| ⑥ 가계 재정 관리의 어려움 | | □ ① | □ ② | □ ③ | □ ④ | □ ⑤ | □ ① | □ ② | □ ③ | □ ④ | □ ⑤ |

☞면접원 아래 B6-3 , B6-4 , B6-5 문항은 중앙정부 또는 지자체가 운영하는 사회보장(복지) 지원 및 서비스에 관한 문항입니다.

**B6-3~5** 기초생활 유지와 관련한 중앙정부 또는 지자체가 운영하는 사회보장(복지) 지원 및 서비스의 인지, 이용 경험, 향후 이용 의향에 관한 문항입니다. 해당하는 번호에 표시해주시기 바랍니다.

| | B6-3 인지 여부 | | B6-4 이용 경험 | | B6-5 향후 이용 의향 | |
|---|---|---|---|---|---|---|
| | ① 앎 | ② 모름 | ① 있음 | ② 없음 | ① 있음 | ② 없음 |
| ① 생계비 지원 | □ ① | □ ② | □ ① | □ ② | □ ① | □ ② |
| ② 주거비 지원(주택구입비 제외) | □ ① | □ ② | □ ① | □ ② | □ ① | □ ② |
| ③ 의료비 지원 | □ ① | □ ② | □ ① | □ ② | □ ① | □ ② |
| ④ 교육비 지원 | □ ① | □ ② | □ ① | □ ② | □ ① | □ ② |
| ⑤ 냉난방비 지원 | □ ① | □ ② | □ ① | □ ② | □ ① | □ ② |
| ⑥ 가계 재정관리 지원 서비스 | □ ① | □ ② | □ ① | □ ② | □ ① | □ ② |

: : 제 5 기 지역사회보장계획 수립을 위한 ○○○시군구 지역주민욕구조사 : : 10

| B7. 가족 및 사회적 관계 | 1) 가족관계에서의 어려움(가족간 갈등, 관계소원 및 단절)<br>2) 사회적 관계에서의 어려움(친인척, 이웃간 갈등, 관계 소원 및 단절, 소속집단 내 관계의 어려움) |
|---|---|

☞면접원 아래 B7-1 , B7-2 문항은 가족 및 사회적 관계에서의 어려움의 경험과 외부 지원 및 서비스의 필요에 관한 문항입니다.

**B7-1** 귀 댁에서 지난 1년 중(2020.8.1.~2021.7.31.) 다음의 어려움을 경험하셨습니까?

**B7-2** 해당 어려움을 가족 내에서 해결하기 어려워 외부로부터의 지원 및 서비스가 필요하십니까? (이용여부와 무관하게 필요성을 느끼는 경우 모두 해당)

| | B7-1 어려움 경험 정도 | | | | | B7-2 외부 지원 및 서비스의 필요성 | | | | |
|---|---|---|---|---|---|---|---|---|---|---|
| | ① 전혀 경험하지 않음 | ② 거의 경험하지 않음 | ③ 가끔 경험함 | ④ 자주 경험함 | ⑤ 매우 자주 경험함 | ① 전혀 필요 없음 | ② 필요 없음 | ③ 보통 | ④ 필요함 | ⑤ 매우 필요함 |
| ① 가족관계에서의 어려움 | □ ① | □ ② | □ ③ | □ ④ | □ ⑤ | □ ① | □ ② | □ ③ | □ ④ | □ ⑤ |
| ② 사회적 관계에서의 어려움 | □ ① | □ ② | □ ③ | □ ④ | □ ⑤ | □ ① | □ ② | □ ③ | □ ④ | □ ⑤ |

☞면접원 아래 B7-3 , B7-4 , B7-5 문항은 중앙정부 또는 지자체가 운영하는 사회보장(복지) 지원 및 서비스에 관한 문항입니다.

**B7-3~5** 가족 및 사회적 관계 증진을 위해 중앙정부 또는 지자체가 운영하는 사회보장(복지) 지원 및 서비스의 인지, 이용 경험, 향후 이용 의향에 관한 문항입니다. 해당하는 번호에 표시해주시기 바랍니다.

| | B7-3 인지 여부 | | B7-4 이용 경험 | | B7-5 향후 이용 의향 | |
|---|---|---|---|---|---|---|
| | ①앎 | ② 모름 | ① 있음 | ② 없음 | ① 있음 | ② 없음 |
| ① 가족관계 증진 서비스 | □ ① | □ ② | □ ① | □ ② | □ ① | □ ② |
| ② 사회적 관계 증진 서비스 | □ ① | □ ② | □ ① | □ ② | □ ① | □ ② |

| **B8. 보호 · 안전** | 1) 가족 내 안전유지의 어려움(가족 구성원 간 학대, 폭력, 방임 등)<br>2) 가족외부로부터 안전유지의 어려움(친인척, 이웃, 소속 공동체 내에서의 학대, 폭력, 방임, 착취, 협박 등) |
|---|---|

☞면접원 아래 B8-1 , B8-2 문항은 보호·안전에서의 어려움의 경험과 외부 지원 및 서비스의 필요에 관한 문항입니다.

**B8-1** 귀 댁에서 지난 1년 중(2020.8.1.~2021.7.31.) 다음의 어려움을 경험하셨습니까?

**B8-2** 해당 어려움을 가족 내에서 해결하기 어려워 외부로부터의 지원 및 서비스가 필요하십니까? (이용여부와 무관하게 필요성을 느끼는 경우 모두 해당)

| | B8-1 어려움 경험 정도 | | | | | B8-2 외부 지원 및 서비스의 필요성 | | | | |
|---|---|---|---|---|---|---|---|---|---|---|
| | ① 전혀 경험하지 않음 | ② 거의 경험하지 않음 | ③ 가끔 경험함 | ④ 자주 경험함 | ⑤ 매우 자주 경험함 | ① 전혀 필요 없음 | ② 필요 없음 | ③ 보통 | ④ 필요함 | ⑤ 매우 필요함 |
| ① 가족 내 안전유지의 어려움 | □ ① | □ ② | □ ③ | □ ④ | □ ⑤ | □ ① | □ ② | □ ③ | □ ④ | □ ⑤ |
| ② 가족외부로부터 안전유지의 어려움 | □ ① | □ ② | □ ③ | □ ④ | □ ⑤ | □ ① | □ ② | □ ③ | □ ④ | □ ⑤ |

☞면접원 아래 B8-3 , B8-4 , B8-5 문항은 중앙정부 또는 지자체가 운영하는 사회보장(복지) 지원 및 서비스에 관한 문항입니다.

**B8-3~5** 가족 내외로부터의 보호 · 안전 유지를 위해 중앙정부 또는 지자체가 운영하는 사회보장(복지) 지원 및 서비스의 인지, 이용 경험, 향후 이용 의향에 관한 문항입니다. 해당하는 번호에 표시해주시기 바랍니다.

| | B8-3 인지 여부 | | B8-4 이용 경험 | | B8-5 향후 이용 의향 | |
|---|---|---|---|---|---|---|
| | ① 앎 | ② 모름 | ① 있음 | ② 없음 | ① 있음 | ② 없음 |
| ① 가족 내 학대 · 폭력 대응 서비스 | □ ① | □ ② | □ ① | □ ② | □ ① | □ ② |
| ② 가족 외부의 학대 · 폭력 대응 서비스 | □ ① | □ ② | □ ① | □ ② | □ ① | □ ② |

: : 제 5 기 지역사회보장계획 수립을 위한 ○○○시군구 지역주민욕구조사 : : 12

| **B9. 교육** | 1) 기초학습능력의 부족(읽기, 쓰기, 말하기 능력, 수리계산 능력, 그 외 학습능력 부족 등)<br>2) 학업유지의 어려움(학업 흥미 상실, 교육비 과부담의 어려움)<br>3) 학교생활 적응의 어려움(교우관계의 어려움, 사제관계의 어려움 등)<br>4) 평생교육의 어려움(평생교육 기회 부족 등) |
|---|---|

☞면접원 B9 영역 ①~③은 초,중,고 재학생(대안학교 포함)이 있는 가구만 응답합니다.
아래 B9-1 , B9-2 문항은 교육에서의 어려움의 경험과 외부 지원 및 서비스의 필요에 관한 문항입니다.

**B9-1** 귀 댁에서 지난 1년 중(2020.8.1.~2021.7.31.) 다음의 어려움을 경험하셨습니까?

**B9-2** 해당 어려움을 가족 내에서 해결하기 어려워 외부로부터의 지원 및 서비스가 필요하십니까? (이용여부와 무관하게 필요성을 느끼는 경우 모두 해당)

| | | B9-1 어려움 경험 정도 | | | | | B9-2 외부 지원 및 서비스의 필요성 | | | | |
|---|---|---|---|---|---|---|---|---|---|---|---|
| | | ① 전혀 경험하지 않음 | ② 거의 경험하지 않음 | ③ 가끔 경험함 | ④ 자주 경험함 | ⑤ 매우 자주 경험함 | ① 전혀 필요 없음 | ② 필요 없음 | ③ 보통 | ④ 필요함 | ⑤ 매우 필요함 |
| 학업의 어려움 | ① 기초학습능력의 부족 | □ ① | □ ② | □ ③ | □ ④ | □ ⑤ | □ ① | □ ② | □ ③ | □ ④ | □ ⑤ |
| | ② 학업유지의 어려움 | □ ① | □ ② | □ ③ | □ ④ | □ ⑤ | □ ① | □ ② | □ ③ | □ ④ | □ ⑤ |
| | ③ 학교생활 적응의 어려움 | □ ① | □ ② | □ ③ | □ ④ | □ ⑤ | □ ① | □ ② | □ ③ | □ ④ | □ ⑤ |
| ④ 평생교육의 어려움 | | □ ① | □ ② | □ ③ | □ ④ | □ ⑤ | □ ① | □ ② | □ ③ | □ ④ | □ ⑤ |

☞면접원 B9 영역 ①~③은 초,중,고 재학생(대안학교 포함)이 있는 가구만 응답합니다.
아래 B9-3 , B9-4 , B9-5 문항은 중앙정부 또는 지자체가 운영하는 사회보장(복지) 지원 및 서비스에 관한 문항입니다.

**B9-3~5** 교육에서의 어려움과 관련하여 중앙정부 또는 지자체가 운영하는 사회보장(복지) 지원 및 서비스의 인지, 이용 경험, 향후 이용 의향에 관한 문항입니다. 해당하는 번호에 표시해주시기 바랍니다.

| | B9-3 인지 여부 | | B9-4 이용 경험 | | B9-5 향후 이용 의향 | |
|---|---|---|---|---|---|---|
| | ① 앎 | ②모름 | ① 있음 | ② 없음 | ① 있음 | ② 없음 |
| ① 기초학습능력 증진 서비스 | □ ① | □ ② | □ ① | □ ② | □ ① | □ ② |
| ② 학교생활 적응 관련 서비스 | □ ① | □ ② | □ ① | □ ② | □ ① | □ ② |
| ③ 평생교육 서비스 | □ ① | □ ② | □ ① | □ ② | □ ① | □ ② |

:: 제5기 지역사회보장계획 수립을 위한 ○○○시군구 지역주민욕구조사 :: 13

| B10. 고용 | 1) 원하는 일자리의 부족(일자리 발굴의 어려움, 일자리 수의 부족 등)<br>2) 취업 · 창업 정보 부족(채용공고 및 일자리 정보, 창업 정보 등 부족)<br>3) (재)취업준비 비용 부족(자격증 취득비용, 학원비, 면접 준비 비용 등의 부족)<br>4) 창업자금 부족(창업에 필요한 자금 마련의 어려움)<br>5) 나이 · 성별 · 장애로 취업 어려움(나이 · 성별 · 장애의 차별로 인한 취업의 어려움)<br>6) 사업의 도산폐업, 감원, 일거리 부족(사업장 여건변화로 인한 고용유지의 어려움)<br>7) 근로조건 또는 근로환경이 열악함(낮은 임금, 긴 근로시간, 열악한 환경 등으로 인한 어려움)<br>8) 전공, 기술, 적성이 맞지 않음(전공, 기술, 적성이 맞지 않음으로 인한 고용유지의 어려움)<br>9) 가족돌봄, 가사 등으로 인한 어려움(일 · 가정 양립의 어려움 등) |
|---|---|

☞면접원 B10 영역 ①~⑤는 지난 1년간 구직활동 (창업) 경험을 한 가구원이 있는 가구만, ⑥~⑨는 유급노동을 하는 가구원이 있는 가구만 응답합니다. 아래 B10-1, B10-2 문항은 고용에서의 어려움의 경험과 외부 지원 및 서비스의 필요에 관한 문항입니다.

**B10-1** 귀 댁에서 지난 1년 중(2020.8.1.~2021.7.31.) 다음의 어려움을 경험하셨습니까?

**B10-2** 해당 어려움을 가족 내에서 해결하기 어려워 외부로부터의 지원 및 서비스가 필요하십니까? (이용여부와 무관하게 필요성을 느끼는 경우 모두 해당)

| | | B10-1 어려움 경험 정도 | | | | | B10-2 외부 지원 및 서비스의 필요성 | | | | |
|---|---|---|---|---|---|---|---|---|---|---|---|
| | | ① 전혀 경험하지 않음 | ② 거의 경험하지 않음 | ③ 가끔 경험함 | ④ 자주 경험함 | ⑤ 매우 자주 경험함 | ① 전혀 필요 없음 | ② 필요 없음 | ③ 보통 | ④ 필요함 | ⑤ 매우 필요함 |
| 취/창업의 어려움 | ① 원하는 일자리의 부족 | □ ① | □ ② | □ ③ | □ ④ | □ ⑤ | □ ① | □ ② | □ ③ | □ ④ | □ ⑤ |
| | ② 취업 · 창업 정보 부족 | □ ① | □ ② | □ ③ | □ ④ | □ ⑤ | □ ① | □ ② | □ ③ | □ ④ | □ ⑤ |
| | ③ (재)취업준비 비용 부족 | □ ① | □ ② | □ ③ | □ ④ | □ ⑤ | □ ① | □ ② | □ ③ | □ ④ | □ ⑤ |
| | ④ 창업자금 부족 | □ ① | □ ② | □ ③ | □ ④ | □ ⑤ | □ ① | □ ② | □ ③ | □ ④ | □ ⑤ |
| | ⑤ 나이, 성별 또는 장애를 이유로 취업 어려움 | □ ① | □ ② | □ ③ | □ ④ | □ ⑤ | □ ① | □ ② | □ ③ | □ ④ | □ ⑤ |
| 고용유지의 어려움 | ⑥ 사업의 도산 · 폐업, 감원, 일거리 부족 | □ ① | □ ② | □ ③ | □ ④ | □ ⑤ | □ ① | □ ② | □ ③ | □ ④ | □ ⑤ |
| | ⑦ 근로조건 또는 근로환경이 열악함 | □ ① | □ ② | □ ③ | □ ④ | □ ⑤ | □ ① | □ ② | □ ③ | □ ④ | □ ⑤ |
| | ⑧ 전공, 기술, 적성이 맞지 않음 | □ ① | □ ② | □ ③ | □ ④ | □ ⑤ | □ ① | □ ② | □ ③ | □ ④ | □ ⑤ |
| | ⑨ 가족돌봄, 가사 등으로 인한 어려움 | □ ① | □ ② | □ ③ | □ ④ | □ ⑤ | □ ① | □ ② | □ ③ | □ ④ | □ ⑤ |

☞면접원 아래 B10-3, B10-4, B10-5 문항은 중앙정부 또는 지자체가 운영하는 사회보장(복지) 지원 및 서비스에 관한 문항입니다.

**B10-3~5** 고용에서의 어려움과 관련하여 중앙정부 또는 지자체가 운영하는 사회보장(복지) 지원 및 서비스의 인지, 이용 경험, 향후 이용 의향에 관한 문항입니다. 해당하는 번호에 표시해주시기 바랍니다.

| | | B10-3 인지 여부 | | B10-4 이용 경험 | | B10-5 향후 이용 의향 | |
|---|---|---|---|---|---|---|---|
| | | ① 앎 | ② 모름 | ① 있음 | ② 없음 | ① 있음 | ② 없음 |
| 취/창업의 어려움 | ① 일자리 지원 서비스 | □ ① | □ ② | □ ① | □ ② | □ ① | □ ② |
| | ② 취업 · 창업 정보 제공 서비스 | □ ① | □ ② | □ ① | □ ② | □ ① | □ ② |
| | ③ (재)취업비용 지원 서비스 | □ ① | □ ② | □ ① | □ ② | □ ① | □ ② |
| | ④ 창업자금 지원 서비스 | □ ① | □ ② | □ ① | □ ② | □ ① | □ ② |
| 고용유지의 어려움 | ⑤ 사업체 유지를 위한 지원 · 서비스 | □ ① | □ ② | □ ① | □ ② | □ ① | □ ② |
| | ⑥ 근로조건 · 환경 개선 서비스 | □ ① | □ ② | □ ① | □ ② | □ ① | □ ② |
| | ⑦ 경력 및 기술 개발 지원 서비스 | □ ① | □ ② | □ ① | □ ② | □ ① | □ ② |
| | ⑧ 일 · 가정 양립을 위한 지원 서비스 | □ ① | □ ② | □ ① | □ ② | □ ① | □ ② |

: : 제 5 기 지 역 사 회 보 장 계 획 수 립 을 위 한 ○ ○ ○ 시 군 구 지 역 주 민 욕 구 조 사 : : 14

| B11. 주거 | 1) 화장실 열악(변기, 세면대, 목욕시설 등의 열악함)<br>2) 주방시설 열악(싱크대, 조리시설, 환기시설 등의 열악함)<br>3) 위생 상태 열악(악취, 벌레 등)<br>4) 도배 · 장판 열악(습기, 곰팡이 등)<br>5) 층간방음 열악(이웃 간 층간 소음 등)<br>6) 냉 · 난방 열악(보일러, 에어컨 등의 시설 부족 및 열악함)<br>7) 전기 · 가스시설 열악(낡은 전기 설비, 노후된 배관 등 전기 및 가스시설의 열악함)<br>8) 상하수도 열악(상하수도 시설 낙후 등)<br>9) 지붕노후(누수 등)<br>10) 벽 · 담 등 노후(균열 문제 등)<br>11) 주택 내 장애물로 인한 이동의 어려움(단차, 돌출물, 모퉁이 등으로 인한 이동의 어려움) |
|---|---|

☞면접원 아래 B11-1, B11-2 문항은 주거에서의 어려움의 경험과 외부 지원 및 서비스의 필요에 관한 문항입니다.

**B11-1** 귀 댁에서 지난 1년 중(2020.8.1.~2021.7.31.) 다음의 어려움을 경험하셨습니까?

**B11-2** 해당 어려움을 가족 내에서 해결하기 어려워 외부로부터의 지원 및 서비스가 필요하십니까? (이용여부와 무관하게 필요성을 느끼는 경우 모두 해당)

| | | B11-1 어려움 경험 정도 | | | | | B11-2 외부 지원 및 서비스의 필요성 | | | | |
|---|---|---|---|---|---|---|---|---|---|---|---|
| | | ① 전혀 경험하지 않음 | ② 거의 경험하지 않음 | ③ 가끔 경험함 | ④ 자주 경험함 | ⑤ 매우 자주 경험함 | ① 전혀 필요 없음 | ② 필요 없음 | ③ 보통 | ④ 필요함 | ⑤ 매우 필요함 |
| 주거 내부환경 관련 어려움 | ① 화장실 열악 | □ ① | □ ② | □ ③ | □ ④ | □ ⑤ | □ ① | □ ② | □ ③ | □ ④ | □ ⑤ |
| | ② 주방시설 열악 | □ ① | □ ② | □ ③ | □ ④ | □ ⑤ | □ ① | □ ② | □ ③ | □ ④ | □ ⑤ |
| | ③ 위생 상태 열악 | □ ① | □ ② | □ ③ | □ ④ | □ ⑤ | □ ① | □ ② | □ ③ | □ ④ | □ ⑤ |
| | ④ 도배 · 장판 열악 | □ ① | □ ② | □ ③ | □ ④ | □ ⑤ | □ ① | □ ② | □ ③ | □ ④ | □ ⑤ |
| | ⑤ 층간방음 열악 | □ ① | □ ② | □ ③ | □ ④ | □ ⑤ | □ ① | □ ② | □ ③ | □ ④ | □ ⑤ |
| | ⑥ 냉 · 난방 열악 | □ ① | □ ② | □ ③ | □ ④ | □ ⑤ | □ ① | □ ② | □ ③ | □ ④ | □ ⑤ |
| | ⑦ 전기 · 가스시설 열악 | □ ① | □ ② | □ ③ | □ ④ | □ ⑤ | □ ① | □ ② | □ ③ | □ ④ | □ ⑤ |
| | ⑧ 상하수도 열악 | □ ① | □ ② | □ ③ | □ ④ | □ ⑤ | □ ① | □ ② | □ ③ | □ ④ | □ ⑤ |
| | ⑨ 지붕노후(누수 등) | □ ① | □ ② | □ ③ | □ ④ | □ ⑤ | □ ① | □ ② | □ ③ | □ ④ | □ ⑤ |
| | ⑩ 벽 · 담 등 노후 | □ ① | □ ② | □ ③ | □ ④ | □ ⑤ | □ ① | □ ② | □ ③ | □ ④ | □ ⑤ |
| | ⑪ 주택 내 장애물로 인한 이동의 어려움 | □ ① | □ ② | □ ③ | □ ④ | □ ⑤ | □ ① | □ ② | □ ③ | □ ④ | □ ⑤ |

☞면접원 아래 B11-3, B11-4, B11-5 문항은 중앙정부 또는 지자체가 운영하는 사회보장(복지) 지원 및 서비스에 관한 문항입니다.

**B11-3-5** 주거 내부환경 개선을 위해 중앙정부 또는 지자체가 운영하는 사회보장(복지) 지원 및 서비스의 인지, 이용 경험, 향후 이용 의향에 관한 문항입니다. 해당하는 번호에 표시해주시기 바랍니다.

| | B11-3 인지 여부 | | B11-4 이용 경험 | | B11-5 향후 이용 의향 | |
|---|---|---|---|---|---|---|
| | ① 앎 | ② 모름 | ① 있음 | ② 없음 | ① 있음 | ② 없음 |
| ① 주택개조서비스 | □ ① | □ ② | □ ① | □ ② | □ ① | □ ② |

| B12 법률 및 권익보장 | 1) 법률 문제로 인한 어려움(이혼, 파산/신용불량, 친권상실, 신분상실, 사고보상처리 등의 법률 관련 어려움)<br>2) 차별대우 및 권리침해로 인한 어려움(부당한 차별이나 착취, 인권침해로 인한 어려움) |
|---|---|

☞면접원 아래 B12-1, B12-2 문항은 법률 및 권익보장에서의 어려움의 경험과 외부 지원 및 서비스의 필요에 관한 문항입니다.

**B12-1** 귀 댁에서 지난 1년 중(2020.8.1.~2021.7.31.) 다음의 어려움을 경험하셨습니까?

**B12-2** 해당 어려움을 가족 내에서 해결하기 어려워 외부로부터의 지원 및 서비스가 필요하십니까? (이용여부와 무관하게 필요성을 느끼는 경우 모두 해당)

| | B12-1 어려움 경험 정도 | | | | | B12-2 외부 지원 및 서비스의 필요성 | | | | |
|---|---|---|---|---|---|---|---|---|---|---|
| | ① 전혀 경험하지 않음 | ② 거의 경험하지 않음 | ③ 가끔 경험함 | ④ 자주 경험함 | ⑤ 매우 자주 경험함 | ① 전혀 필요 없음 | ② 필요 없음 | ③ 보통 | ④ 필요함 | ⑤ 매우 필요함 |
| ① 법률 문제로 인한 어려움 | □ ① | □ ② | □ ③ | □ ④ | □ ⑤ | □ ① | □ ② | □ ③ | □ ④ | □ ⑤ |
| ② 차별대우 및 권리침해로 인한 어려움 | □ ① | □ ② | □ ③ | □ ④ | □ ⑤ | □ ① | □ ② | □ ③ | □ ④ | □ ⑤ |

☞면접원 아래 B12-3, B12-4, B12-5 문항은 중앙정부 또는 지자체가 운영하는 사회보장(복지) 지원 및 서비스에 관한 문항입니다.

**B12-3~5** 법률 및 권익보장 문제 해소를 위해 중앙정부 또는 지자체가 운영하는 사회보장(복지) 지원 및 서비스의 인지, 이용 경험, 향후 이용 의향에 관한 문항입니다. 해당하는 번호에 표시해주시기 바랍니다.

| | B12-3 인지 여부 | | B12-4 이용 경험 | | B12-5 향후 이용의향 | |
|---|---|---|---|---|---|---|
| | ① 앎 | ② 모름 | ① 있음 | ② 없음 | ① 있음 | ② 없음 |
| ① 법률 지원 서비스 | □ ① | □ ② | □ ① | □ ② | □ ① | □ ② |
| ② 차별대우 및 권리침해 대응 서비스 | □ ① | □ ② | □ ① | □ ② | □ ① | □ ② |

| B13. 문화 · 여가 | 1) 문화여가 활동 관련 어려움(참여기회 부족, 문화여가시설 열악 등)<br>2) 체육 활동 관련 어려움(참여기회 부족, 체육시설 열악 등) |
|---|---|

☞면접원 아래 B13-1, B13-2 문항은 문화·여가에서의 어려움의 경험과 외부 지원 및 서비스의 필요에 관한 문항입니다.

**B13-1** 귀 댁에서 지난 1년 중(2020.8.1.~2021.7.31.) 다음의 어려움을 경험하셨습니까?

**B13-2** 해당 어려움을 가족 내에서 해결하기 어려워 외부로부터의 지원 및 서비스가 필요하십니까? (이용여부와 무관하게 필요성을 느끼는 경우 모두 해당)

| | B13-1 어려움 경험 정도 | | | | | B13-2 외부 지원 및 서비스의 필요성 | | | | |
|---|---|---|---|---|---|---|---|---|---|---|
| | ① 전혀 경험하지 않음 | ② 거의 경험하지 않음 | ③ 가끔 경험함 | ④ 자주 경험함 | ⑤ 매우 자주 경험함 | ① 전혀 필요 없음 | ② 필요 없음 | ③ 보통 | ④ 필요함 | ⑤ 매우 필요함 |
| ① 문화여가 활동 관련 어려움 | □ ① | □ ② | □ ③ | □ ④ | □ ⑤ | □ ① | □ ② | □ ③ | □ ④ | □ ⑤ |
| ② 체육 활동 관련 어려움 | □ ① | □ ② | □ ③ | □ ④ | □ ⑤ | □ ① | □ ② | □ ③ | □ ④ | □ ⑤ |

☞면접원 아래 B13-3, B13-4, B13-5 문항은 중앙정부 또는 지자체가 운영하는 사회보장(복지) 지원 및 서비스에 관한 문항입니다.

**B13-3~5** 문화 · 여가에서의 어려움과 관련한 중앙정부 또는 지자체가 운영하는 사회보장(복지) 지원 및 서비스의 인지, 이용 경험, 향후 이용 의향에 관한 문항입니다. 해당하는 번호에 표시해주시기 바랍니다.

| | B13-4 인지 여부 | | B13-4 이용 경험 | | B13-5 향후 이용 의향 | |
|---|---|---|---|---|---|---|
| | ① 앎 | ② 모름 | ① 있음 | ② 없음 | ① 있음 | ② 없음 |
| ① 문화여가 활동 지원 서비스 | □ ① | □ ② | □ ① | □ ② | □ ① | □ ② |
| ② 체육 활동 지원 서비스 | □ ① | □ ② | □ ① | □ ② | □ ① | □ ② |

:: 제5기 지역사회보장계획 수립을 위한 ○○○시군구 지역주민욕구조사 :: 16

## C. 정책시급성 및 노력체감도

☞면접원 아래 C1, C2 문항은 사회보장 각 영역의 문제해결을 위한 지자체의 정책 시급성 및 이제까지의 정책 마련 노력에 관한 문항입니다.

**C1** OO시 · 군 · 구가 사회보장 각 영역에서 우선적으로 마련하고 시행해야 할 정책의 시급성은 어느 정도라고 생각하십니까?

**C2** OO시 · 군 · 구가 사회보장 각 영역에서 어느 정도 정책적 노력을 기울였다고 생각하십니까?

| 영역 | C1 정책의 시급성 | | | | | C2 시군구의 노력 정도 | | | | |
|---|---|---|---|---|---|---|---|---|---|---|
| | ① 전혀 시급하지 않음 | ② 시급하지 않음 | ③ 보통 | ④ 시급함 | ⑤ 매우 시급함 | ① 전혀 노력하지 않음 | ② 노력하지 않음 | ③ 보통 | ④ 노력함 | ⑤ 매우 노력함 |
| ① 아동돌봄 | □ ① | □ ② | □ ③ | □ ④ | □ ⑤ | □ ① | □ ② | □ ③ | □ ④ | □ ⑤ |
| ② 노인돌봄 | □ ① | □ ② | □ ③ | □ ④ | □ ⑤ | □ ① | □ ② | □ ③ | □ ④ | □ ⑤ |
| ③ 장애인돌봄 | □ ① | □ ② | □ ③ | □ ④ | □ ⑤ | □ ① | □ ② | □ ③ | □ ④ | □ ⑤ |
| ④ 정신건강 | □ ① | □ ② | □ ③ | □ ④ | □ ⑤ | □ ① | □ ② | □ ③ | □ ④ | □ ⑤ |
| ⑤ 신체건강 | □ ① | □ ② | □ ③ | □ ④ | □ ⑤ | □ ① | □ ② | □ ③ | □ ④ | □ ⑤ |
| ⑥ 기초생활유지 | □ ① | □ ② | □ ③ | □ ④ | □ ⑤ | □ ① | □ ② | □ ③ | □ ④ | □ ⑤ |
| ⑦ 가족 및 사회적 관계 | □ ① | □ ② | □ ③ | □ ④ | □ ⑤ | □ ① | □ ② | □ ③ | □ ④ | □ ⑤ |
| ⑧ 보호·안전 | □ ① | □ ② | □ ③ | □ ④ | □ ⑤ | □ ① | □ ② | □ ③ | □ ④ | □ ⑤ |
| ⑨ 교육 | □ ① | □ ② | □ ③ | □ ④ | □ ⑤ | □ ① | □ ② | □ ③ | □ ④ | □ ⑤ |
| ⑩ 고용 | □ ① | □ ② | □ ③ | □ ④ | □ ⑤ | □ ① | □ ② | □ ③ | □ ④ | □ ⑤ |
| ⑪ 주거 | □ ① | □ ② | □ ③ | □ ④ | □ ⑤ | □ ① | □ ② | □ ③ | □ ④ | □ ⑤ |
| ⑫ 법률 및 권익보장 | □ ① | □ ② | □ ③ | □ ④ | □ ⑤ | □ ① | □ ② | □ ③ | □ ④ | □ ⑤ |
| ⑬ 문화·여가 | □ ① | □ ② | □ ③ | □ ④ | □ ⑤ | □ ① | □ ② | □ ③ | □ ④ | □ ⑤ |

## D. 생활 여건 및 지역 불균형

**D1** 다음은 귀 댁의 생활 여건(경제적 상황)에 관한 질문입니다.

**D1-1** 귀 댁의 지난 1년 동안 (2020.1.1.~2020.12.31.) 세금 및 사회보장부담금 납부 전의 월평균 총가구소득과 총 생활비는 얼마입니까?

| 항목 | | | | | | | | |
|---|---|---|---|---|---|---|---|---|
| 가구 총소득 | 월평균 | 일억 | 천 | 백 | 십 | 일 | 만원 |
| 가구 총 생활비 | 월평균 | 일억 | 천 | 백 | 십 | 일 | 만원 |

**D1-2** 귀 댁의 경제적 상황에 대한 주관적 판단을 여쭙고자 합니다. 현재 경제 상태를 어떻게 생각하십니까?

| □ ① | □ ② | □ ③ | □ ④ | □ ⑤ |
|---|---|---|---|---|
| 매우 어렵다 | 어려운 편이다 | 보통이다 | 여유로운 편이다 | 매우 여유롭다 |

**D2** 다음은 귀 댁의 주거여건에 관한 질문입니다.

**D2-1** 귀 댁의 주거형태는 어디에 해당됩니까?

□ ① 단독주택 □ ② 아파트 □ ③ 연립주택 □ ④ 다세대주택 □ ⑤ 비거주용 건물 내 주택 □ ⑥ 주택 이외의 거처

**D2-2** 귀 댁의 점유형태는 어디에 해당됩니까?

□ ① 자가 □ ② 전세 □ ③ 반전세/보증금 있는 월세 □ ④ 보증금 없는 월세 □ ⑤ 사글세/연세 □ ⑥ 일세 □ ⑦ 무상

**D2-3** 현재 살고 계신 주택의 임차료는 얼마입니까? (해당되는 곳에만 기입)

| 구분 | 금액 | |
|---|---|---|
| ① 전세 | 전세보증금 | ______억 ______만원 |
| ② 반전세/보증금 있는 월세 | 보증금 | ______억 ______만원 |
| | 월 세 | ______월 ______만원 |
| ③ 보증금 없는 월세(사글세, 연세, 일세 포함) | 월 세 | ______월 ______만원 |

: : 제5기 지역사회보장계획 수립을 위한 ○○○시군구 지역주민욕구조사 : : 18

**D3** **다음은 삶의 만족도 및 지역사회 인식에 대한 질문입니다.**

☞면접원 D3 의 경우 응답자 본인을 기준으로 응답합니다.

**D3-1** 아래 제시되는 각 영역별로 전반적인 만족도를 평가하여 주십시오.

| 영역 | ① 매우 불만족 | ② 불만족 | ③ 보통 | ④ 만족 | ⑤ 매우 만족 |
|---|---|---|---|---|---|
| ① 현재 거주하고 있는 주택 | □ ① | □ ② | □ ③ | □ ④ | □ ⑤ |
| ② 현재 거주하는 지역사회의 생활환경 | □ ① | □ ② | □ ③ | □ ④ | □ ⑤ |
| ③ 현재의 삶의 질 | □ ① | □ ② | □ ③ | □ ④ | □ ⑤ |

**D4** **다음은 지역 불균형에 대한 질문입니다.**

☞면접원 D4 의 경우 현재 거주하고 있는 시군구를 기준으로 응답합니다.

**D4-1** OO시군구가 OO 시도의 다른 시군구와 비교해볼 때 얼마나 살기 좋다고 생각하십니까?

| □ ① | □ ② | □ ③ | □ ④ | □ ⑤ |
|---|---|---|---|---|
| 매우 열악하다 | 열악하다 | 보통이다 | 살기 좋다 | 매우 살기 좋다 |

**D4-2** 아래 제시되는 각 영역별로, OO시군구와 OO 시도 내 다른 지역간 불균형이 얼마나 심각하다고 생각하십니까? 귀하의 현재 거주지에서의 삶을 생각하면서 응답해 주시기 바랍니다.

| 영역 | ① 매우 심각하다 | ② 심각하다 | ③ 보통이다 | ④ 별로 심각하지 않다 | ⑤ 전혀 심각하지 않다 |
|---|---|---|---|---|---|
| ① 소득 및 자산 (거주 지역 주민의 평균적인 소득 수준 등) | □ ① | □ ② | □ ③ | □ ④ | □ ⑤ |
| ② 주거 (주택 및 주변시설의 낙후 정도, 대중교통 편리성 등) | □ ① | □ ② | □ ③ | □ ④ | □ ⑤ |
| ③ 일자리 (일자리의 수, 일자리의 질, 임금 수준 등) | □ ① | □ ② | □ ③ | □ ④ | □ ⑤ |
| ④ 교육 시설 및 서비스 (초/중/고등학교, 대학교, 사설학원 등) | □ ① | □ ② | □ ③ | □ ④ | □ ⑤ |
| ⑤ 사회복지서비스 (아동, 노인, 장애인 등 대상 제공 서비스) | □ ① | □ ② | □ ③ | □ ④ | □ ⑤ |
| ⑥ 의료시설 및 서비스 (종합병원, 병원/의원 등) | □ ① | □ ② | □ ③ | □ ④ | □ ⑤ |
| ⑦ 생활편의시설 (마트, 식당, 사우나, 미용실 등) | □ ① | □ ② | □ ③ | □ ④ | □ ⑤ |
| ⑧ 문화·여가 시설 (박물관, 미술관, 공연장 등) | □ ① | □ ② | □ ③ | □ ④ | □ ⑤ |
| ⑨ 전반적인 삶의 질 여건 | □ ① | □ ② | □ ③ | □ ④ | □ ⑤ |

:: 제5기 지역사회보장계획 수립을 위한 ○○○시군구 지역주민욕구조사 :: 19

## E. 코로나-19와 생활 변화

**E1** **다음은 코로나-19 유행 이후 귀댁의 변화와 해당 변화가 미친 영향에 관한 질문입니다.**

☞면접원 E1 의 경우 가구원 전체를 고려하여 응답합니다.

**E1-1** **조사일 현재까지, 귀댁에 코로나-19의 확진자나 확진자와의 밀접접촉 등으로 인한 자가격리자 등이 있었습니까?**

□ ① 가구 구성원 중 코로나-19 확진판정을 받은 사람이 있다.
□ ② 가구 구성원 중 코로나-19 확진판정을 받은 사람은 없으나, 확진자와의 접촉 등으로 자가격리 조치된 사람이 있다.
□ ③ 가구 구성원 중 코로나-19 확진판정을 받은 사람도, 자가격리된 사람도 없다.

**E1-2** **코로나-19 유행 이전과 이후를 비교할 때, 코로나-19 유행 이후 귀댁에는 다음 각 영역에서 어떤 변화가 있었습니까?**

| 구분 | ① 전혀 그렇지 않다 | ② 그렇지 않다 | ③ 변화 없음 | ④ 그렇다 | ⑤ 매우 그렇다 |
|---|---|---|---|---|---|
| ① 정신적 건강 관리(스트레스, 우울, 불안, 자살 충동 등 관리)가 어려워졌다. | □ ① | □ ② | □ ③ | □ ④ | □ ⑤ |
| ② 신체적 건강 관리(중증 및 만성질환 관리, 규칙적인 신체 활동 등)가 어려워졌다. | □ ① | □ ② | □ ③ | □ ④ | □ ⑤ |
| ③ 대인관계나 사교적 활동(지인간 만남, 결혼식, 돌잔치 등)이 어려워졌다. | □ ① | □ ② | □ ③ | □ ④ | □ ⑤ |
| ④ 여행, 취미활동 등 문화여가 활동이 어려워졌다. | □ ① | □ ② | □ ③ | □ ④ | □ ⑤ |
| ⑤ (2인 이상 가구만 응답) 집에 머무르는 시간이 늘면서 가족 내 안전 유지가 어려워졌다. (폭력, 학대 위험의 증가). | □ ① | □ ② | □ ③ | □ ④ | □ ⑤ |
| ⑥ (경제활동 인구가 있는 가구만 응답) 실직·폐업, 가계 빚 등으로 인해 경제적으로 어려워졌다. | □ ① | □ ② | □ ③ | □ ④ | □ ⑤ |
| ⑦ (초,중,고등학생이 있는 가구만 응답) 휴교, 비대면 교육 전환 등으로 학업성적 유지 또는 증진이 어려워졌다. | □ ① | □ ② | □ ③ | □ ④ | □ ⑤ |
| ⑧ (12세 이하 아동이 있는 가구만 응답) 어린이집·유치원·학교의 휴업·휴관·휴교 등으로 아동에 대한 추가적 돌봄이 필요했다. | □ ① | □ ② | □ ③ | □ ④ | □ ⑤ |
| ⑨ (노인, 장애인이 있는 가구만 응답) 복지관·요양기관·주간보호 등의 휴관·휴업으로 노인·장애인에 대한 추가적 돌봄이 필요했다. | □ ① | □ ② | □ ③ | □ ④ | □ ⑤ |

**E1-3** **코로나-19 유행에 대응하기 위한 중앙정부 또는 지자체 사회보장정책의 필요성을 평가하여 주십시오.**

| 구분 | ① 전혀 필요하지 않음 | ② 필요하지 않음 | ③ 보통 | ④ 필요함 | ⑤ 매우 필요함 |
|---|---|---|---|---|---|
| ① 긴급돌봄 등 대면 돌봄서비스 확충 | □ ① | □ ② | □ ③ | □ ④ | □ ⑤ |
| ② 비대면 돌봄서비스 개발 | □ ① | □ ② | □ ③ | □ ④ | □ ⑤ |
| ③ 생계비, 생필품 지원 등 위기가구 생활 안정 지원 | □ ① | □ ② | □ ③ | □ ④ | □ ⑤ |
| ④ 임대료 경감, 세부담 완화 등 소상공인 지원 | □ ① | □ ② | □ ③ | □ ④ | □ ⑤ |
| ⑤ 고용유지지원금 등 사업체 고용유지 지원 | □ ① | □ ② | □ ③ | □ ④ | □ ⑤ |
| ⑥ 근로자 상병수당(유급병가) 지원 | □ ① | □ ② | □ ③ | □ ④ | □ ⑤ |
| ⑦ 재택근무 간접 노무비 지원 등 유연근무 지원 | □ ① | □ ② | □ ③ | □ ④ | □ ⑤ |
| ⑧ 확진자, 유가족, 격리자, 대응 인력 등을 위한 심리 지원 | □ ① | □ ② | □ ③ | □ ④ | □ ⑤ |
| ⑨ 지역주민 정신건강서비스 지원 | □ ① | □ ② | □ ③ | □ ④ | □ ⑤ |
| ⑩ 개인 위생 물품 수급 지원 | □ ① | □ ② | □ ③ | □ ④ | □ ⑤ |
| ⑪ 감염병 관련 정보 제공 | □ ① | □ ② | □ ③ | □ ④ | □ ⑤ |
| ⑫ 기타( ) | □ ① | □ ② | □ ③ | □ ④ | □ ⑤ |

:: 제5기 지역사회보장계획 수립을 위한 ○○○시군구 지역주민욕구조사 :: 20

# [ 참고문헌 ]


금기윤 · 김병찬 · 배은영 · 윤춘모 · 최성철(2012). 사회복지조사방법론. 공동체.

김 훈(2006). 사회복지조사방법론. 대왕사.

김영종(2010). 사회복지조사방법론. 학지사.

김태성 · 김기덕 · 이채원 · 홍백의(2009). 사회복지조사론. 청목출판사.

미국심리학회(2013). *Publication Manual of the American Psychological Association* (6th ed.) 강진령 역, APA 논문작성법. 학지사.

사회복지교육연구센터(2017). 사회복지조사론. 나눔의집.

생각의마을(2016). 사례로 이해하는 사회복지조사론. 생각의마을.

_________(2022). 에쎕 사회복지조사론. 공동체.

손병덕 · 신연희 · 양혜원 · 이상무 · 장신재 · 전미애 · 최선경 · 황혜원(2010). 사회복지조사방법. 학지사.

어대훈(2023). 어대훈의 Human 사회복지학 1교시 : 사회복지기초. 미래가치.

원석조(2017). 사회복지조사론. 공동체.

유태균 역(2008). 사회복지질적연구방법론. 나남.

이익섭 · 이윤로(2009). 사회복지조사방법의 이해. 학지사.

이창희 · 김 병 · 이승명 · 이용환 · 이창안 · 장창균(2011). 사회복지조사론. 창지사.

임병우 · 손용진(2009). 사회복지조사연구방법론. 청목출판사.

임봉호 · 이인수 · 김승훈 · 김동호(2012). 사회복지조사론. 양서원.

정영숙(2012). 사회복지조사방법론. 공동체.

조운희 · 노길희 · 이장희 · 김주동(2015). 사회복지조사론. 양서원.

조흥식 · 정선욱 · 김진숙 · 권지성 공역(2010). 질적연구방법론 : 다섯 가지 전통. 학지사.

최병태 · 김우호 · 서보준 · 박선태(2012). 사회복지조사론. 정민사.

최선희(2014). 사회복지조사방법론. 공동체.

최성재(2009). 사회복지조사방법론. 나남.

최일섭 · 김성한 · 정순둘(2005). 사회복지조사론. 동인.

홍봉수 · 배재덕 · 임안나 · 김덕주 · 김영호 · 송기철 · 강해자 · 이순자 · 곽정국(2014). 사회복지조사론. 공동체.

황찬순 · 김형수 · 노병일 · 도종수 · 유지영(2015). 사회복지조사론. 양서원.

Babbie, E.(1992). *The Practice of Social Research*. Belmont, CA : Wadsworth Publishing.

Mason, J.(1999). 질적 연구방법론. 김두섭 역(2002). 나남.

Neuman, W. Russel(1996). *The Future of Mass Audience*. Cambridge, Cambridge University Press.

Rubin, Allen & Babbie Earl R.(2010). *Research Methods for Social Work*(7th ed.). CA : Brook/Cole Publishing Company.

Sullivan, Thomas J. & Cornell R. Dejong(2001). *Applied Social Research : A Tool for Human Services*. CA : Brook/Cole Publishing Company.

저/자/소/개

■ **함 재 봉**
경북도립대학교 자치행정과 초빙교수
가천대학교 경제학박사
경일대학교 사회복지학박사

■ **전 대 성**
경북전문대학교 사회복지과 학과장
단국대학교 행정학박사
명지대학교 사회복지학석사

■ **백 창 환**
수성대학교 사회복지과 교수
대구대학교 사회복지학박사
대구대학교 사회복지학석사

## 사례로 이해하는 사회복지조사론

|**공저자**| 함재봉 · 전대성 · 백창환

|**1판 1쇄**| 발행 2023년 2월 20일

|**발행인**| 김동훈
|**발행처**| **공동체**

|**주소**| 경기도 고양시 일산동구 호수로 358-39, 동문타워 1차 905호(백석동)
|**전화**| 031)814-3000(대표)
|**팩스**| 031)814-3100
|**홈페이지**| http://www.compub.co.kr
|**전자우편**| compub@naver.com
|**출판등록**| 2005년 10월 6일
|**등록번호**| 제396-2005-36호

|**ISBN**| 979-11-6725-279-1
**정가 18,000원**